[Wissen für die Praxis]

Weiterführend empfehlen wir:

Das aktuelle Erbrecht
ISBN 978-3-8029-4102-3

Die Neue Vorsorge-Mappe
ISBN 978-3-8029-1327-3

So schreibe ich mein Testament
ISBN 978-3-8029-4099-6

Schnellkurs Aktien
ISBN 978-3-8029-3959-4

Weitere Informationen zum Titel und zum Autor auch auf youTube unter:
#Thomas Gasch
#Mach die Rente zu deinem Projekt
#Walhalla Fachverlag

Wir freuen uns über Ihr Interesse an diesem Buch. Gerne stellen wir Ihnen zusätzliche Informationen zu diesem Programmsegment zur Verfügung.

Bitte sprechen Sie uns an:

E-Mail: WALHALLA@WALHALLA.de
http://www.WALHALLA.de

Walhalla Fachverlag · Haus an der Eisernen Brücke · 93042 Regensburg
Telefon 0941 5684-0 · Telefax 0941 5684-111

WALHALLA

Thomas Gasch

Mach die Rente zu deinem Projekt!

Altersvorsorge in jeder Lebensphase mit der AidA-Strategie

3., aktualisierte Auflage

Bibliografische Information der Deutschen Nationalbibliothek
Die Deutsche Nationalbibliothek verzeichnet diese Publikation in der Deutschen Nationalbibliografie; detaillierte bibliografische Daten sind im Internet über http://dnb.dnb.de abrufbar.

Zitiervorschlag:
Thomas Gasch, Mach die Rente zu deinem Projekt!
Walhalla Fachverlag, Regensburg 2021

Hinweis: Unsere Werke sind stets bemüht, Sie nach bestem Wissen zu informieren. Alle Angaben in diesem Buch sind sorgfältig zusammengetragen und geprüft. Durch Neuerungen in der Gesetzgebung, Rechtsprechung sowie durch den Zeitablauf ergeben sich zwangsläufig Änderungen. Bitte haben Sie deshalb Verständnis dafür, dass wir für die Vollständigkeit und Richtigkeit des Inhalts keine Haftung übernehmen.
Bearbeitungsstand: Februar 2021

3., aktualisierte Auflage

Produktion: Walhalla Fachverlag, 93042 Regensburg
Printed in Germany
ISBN 978-3-8029-4128-3

Schnellübersicht

Starten Sie das Projekt RENTE!

„Die gegenwärtige Situation erfordert eine Verlängerung der seit April 2020 laufenden Kurzarbeit in den Abteilungen I, III und IV. Die Neuorganisation der Abteilung II hat zur Folge, dass die meisten Zeitverträge nicht verlängert werden können. Ende der kommenden Woche stellen wir Ihnen zusammen mit dem Betriebsrat die ab April 2021 angedachten neuen Arbeitszeitmodelle vor. Damit wollen wir betriebsbedingte Kündigungen möglichst vermeiden und den Nachwuchskräften eine Perspektive anbieten. Mit einigem Stolz können wir behaupten, dass durch konsequente Prävention in unserem Haus nur zwei Corona-Fälle aufgetreten sind, die frühzeitig erkannt wurden ..." Dass ab April 2021 auch Kantinenzuschuss, Jobticket und Urlaubsgeld gestrichen werden, bekommt Mario K. nicht mehr mit: Seine Frau Heike hoffte auf eine Umwandlung des Zeitvertrags in eine Dauerbeschäftigung – mehr noch: Statt 25 Stunden wollte sie wieder in Vollzeit arbeiten, um den Tilgungsanteil bei der Hausfinanzierung zu erhöhen. Schließlich sollten einige Jahre vor der Rente die Schulden der Vergangenheit angehören.

Diese erneute virtuelle Betriebsversammlung ist am Abend immer noch das vorherrschende Thema bei Familie K. Dank sparsamer Haushaltsführung seit Beginn der Corona-Pandemie, ist das Girokonto noch im Plus. Der Aktienfonds der Tochter wurde nach Anraten eines befreundeten Bankers erst im Dezember 2020 nach deutlicher Markterholung verkauft. Jedoch wird den Eheleuten K. schlagartig bewusst, dass sie das Thema Altersvorsorge bislang nicht strukturiert angegangen sind – frei nach dem Motto: Das Haus ist schuldenfrei und der Rest findet sich irgendwie ...

„Altersvorsorge ist nicht sexy, aber sie ist elementar", so der Chefredakteur der Zeitschrift Capital, Heft 5/2016. Elementar! Vor allem vor dem Hintergrund, dass sich durch die steigende Lebenserwartung die Rentenbezugszeiten deutlich verlängert – seit 1960 sogar verdoppelt – haben. Und nicht nur das: Die qualitativen Ansprüche der Senioren sind in Anbetracht der gewonnenen (gesunden) Lebensjahre (zu Recht) deutlich gestiegen.

„75 ist das neue 65" und ähnliche Thesen zeigen, dass ca. acht bis zehn Lebensjahre hinzugekommen sind, die mit einer relativ guten Gesundheit verbunden werden. „Zehn Jahre länger leben und dabei gesund und glücklich bleiben" – so der Titel im Magazin Focus vom 08.04.2017. In Fachkreisen wird dieser Zeitraum auch mit „Indikator gesunde Lebensjahre" (HLY – Healthy Life Years) oder Gesundheitserwartung umschrieben.

Kampagnen des Versicherers SwissLife wie „Das längere selbstbestimmte Leben" oder „7 Jahre länger" des (GDV) nehmen sich intensiv und sehr differenziert des Themas an (vgl. www.7jahrelaenger.de). Ein anderer spannender Leitartikel vom 14.07.2020 lautet: „Übergewicht ist das neue Rauchen" – also möglichst schnell weg mit den Corona-Pfunden ...

Leider sind viele der gegenwärtig diskutierten Vorschläge für eine „neue Rente 2040" dagegen alter Wein in noch älteren Schläuchen – und schwer verständlich dazu (vgl. zahlreiche Artikel unter: www.portal-sozialpolitik.de).

Rückblende: 1960 hatte mein Vater die Wahl zwischen zwei Arbeitsverträgen: 30 DM mehr brutto im Monat bei Unternehmen A oder 25 DM Betriebsrentenanspruch nach zehnjähriger Zugehörigkeit mit 65 Jahren bei Firma B. Heute (61 Jahre später!) sorgt eben diese Betriebsrente dafür, dass altersbedingte Mehrkosten ihren Schrecken weitestgehend verloren haben. Zur Erinnerung: 1960 lag der Durchschnittsverdienst bei etwa 500 DM im Monat!

Gut, werden Sie jetzt denken, da hat der alte Herr in dieser Hinsicht vieles richtig gemacht. Damals war eine andere Zeit, die Uhren tickten langsamer, die Ansprüche waren nicht so hoch und die Werte fokussierter.

Heute machen – neben COVID-19 – Schlagworte wie Altersarmut, Pflegenotstand, Minuszinsen oder Mehrklassengesellschaft bei der Gesundheitsversorgung die Runde. Hinzu kommen die massive Kritik an der Riester-Rente, die Angst vor unbezahlbarem Wohnraum und eine endlose Diskussion über das Rentenniveau an sich.

Durchdachte Lösungen für diese unglückliche Gemengelage: keine. Falsch: Rente mit 72 und ähnliche Ansagen in diversen Polit-Talkshows sorgen jetzt dafür, den geneigten Fernsehzuschauer kurz vor der eigentlich erholsamen Tiefschlafphase ausreichend die gute Laune zu verhageln: Seit 2010 sind die Schlafstörungen bei Berufstätigen im Alter zwischen 35 und 65 Jahren um 66 Prozent angestiegen. Das zeigt der DAK-Gesundheitsreport 2017 „Deutschland schläft schlecht – ein unterschätztes Problem".

Wenn jetzt Dutzende von Experten über die Rente (auch im Hinblick auf die Grundrente – besser Grundrentenzuschlag – von morgen und übermorgen diskutieren und sich Antworten – wenn überhaupt – nur schwer und kompromissbehaftet abzeichnen: Warum bitte sollte ausgerechnet dieses Buch mit dem Anspruch antreten, Lösungen für eine erfolgreiche Altersvorsorge aufzuzeigen? Sie werden ein neues Zukunftsdenken und Mut für eigene Entscheidungen entwickeln. Versprochen!

Dieses Buch soll sich definitv nicht in die unendliche Sammlung an Lebensratgebern einreihen, die zuhauf originalverpackt im Regal stehen, um bei passender Gelegenheit mit einer Flasche Cabernet an die drittbeste und selbstverständlich seelenverwandte Busenfreundin durchgereicht zu werden.

Auch entspricht es nicht einem klassischen Rechtsratgeber, der vermeintliche Patentrezepte zum Schließen der „Versorgungslücke" enthält. Ehrlich gesagt ist mir bis heute absolut unklar, wie Banken, Versicherungen und andere Finanzexperten messerscharf zukünftige Rentenlücken in 30 oder 40 Jahren kalkulieren und anschließend den Verbrauchern „DIE Versorgungslösungen" verkaufen. Schlimmer noch: In Anbetracht der fehlenden Zinsprodukte werden Anlagestrukturen verändert, indem freiwerdendes Kapital aus niedrigen Risikoklassen (z. B. Sparbrief oder Banksparpläne) in ETFs auf den MSCI World umgelenkt werden, weil die Kosten niedrig sind und das Kapital weltweit arbeiten kann – in Aktien!

Dieses Buch soll Sie zum eigenen Nachdenken, zum Erkennen von Denkansätzen und zum Handeln ermutigen. Sie müssen nur eines verinnerlichen:

Alleine das Wissen um die Notwendigkeit einer intelligenten Altersvorsorgeplanung reicht nicht aus, um hier erfolgreich zu agieren. Sie müssen es auch wollen!

„Es ist die erschütternde Erkenntnis jahrelanger Hirnforschung, dass unser Verstand im Grunde keinerlei Wirkungsmacht hat. Sie werden keine rein rationale Entscheidung treffen und umsetzen können, wenn der Bauch nicht mitspielt und Sie mit Ihren Emotionen nicht dabei sind." – So der Bremer Hirnforscher Gerhard Roth im Magazin Focus (Ausgabe 2/2017) im Zusammenhang mit der Umsetzung von Veränderungsprozessen. Sollen und Wollen müssen so im Einklang miteinander stehen – möglicherweise im Zusammenhang mit einem gewissen Leidensdruck.

Damit bleiben Sie trotzdem selbst für Ihre erfolgreiche Altersvorsorge verantwortlich! Sie sind Unternehmer und Investor in Ihrer Mission „Projekt RENTE"! Genauso verantwortlich wie für Ihr Ideal- oder Wohlfühlgewicht, Ihre Leberwerte, Ihre Beziehung(en), Ihr Glück oder die Zufriedenheit am Arbeitsplatz oder im Kegelverein.

„Es ist der größte Fehler, keine Fehler zu machen", so Finanzguru Robert Kiyosaki in einem Focus Money-Interview im Jahr 2016. Und weiter: „Es ist die Angst, die so viele Menschen daran hindert, ihr Glück in die eigene Hand zu nehmen." – Ziemlich klug, der gute Mann.

Bevor Sie jetzt entnervt dieses Buch zur Seite legen: Denken Sie bitte daran, dass Sie eine einmalige Chance vergeben. Wollen Sie – wie sehr viele Menschen vor Ihnen – bei Ihrem Rentenantrag in den Selbstmitleidskonjunktiv „Hätte ich mal ..." verfallen? Nein?! Gut, dann machen wir weiter. Wenn SIE es wollen.

Vielleicht hilft jetzt auch noch ein wenig „Sisu", um erfolgreich zu starten: Sisu ist ein finnischer Begriff, der eine angeblich nur den Finnen eigene mentale Eigenschaft bezeichnet. Das Wort gilt als unübersetzbar, kann aber mit „Kraft", „Ausdauer" oder „Beharrlichkeit", auch „Unnachgiebigkeit" oder „Kampfgeist", besonders in anscheinend aussichtslosen Situationen wiedergegeben werden – so die Erklärung in Wikipedia. Übrigens: „Sisu" heißt auch ein finnischer Eisbrecher.

Nachfolgend werde ich Ihnen die Grundlagen meiner Vorsorgestrategie genauer vorstellen, die nach einem ganzheitlichen Denkansatz möglichst viele Faktoren von (Alters-)Vorsorgeprozessen aktiv aufgreift.

Selbstverständlich wird das aktuelle Rentenrecht (Stand: Februar 2021 – Berechnungen: Werte ab 1/2021) berücksichtigt und praxis- und lebensnah aus meinem Beratungsalltag berichtet. Gerade Menschen wie „du und ich" lieferten unglaublich viel Input und Inspiration für dieses Buch. Basierend auf dieser schlichten Alltagsrealität entwickeln sich oft überraschende Lösungsansätze für die Vorsorgeplanung.

Zudem werden weitere Themengebiete angesprochen, für die ergänzender fachlicher Rat erforderlich sein kann. Anhand der genialen wie einfachen **AidA**-Strategie (!) werden wir die unterschiedlichen Lebenssituationen ab der Geburt betrachten, Handlungsoptionen beleuchten und konkrete Umsetzungsmöglichkeiten entwickeln – für Sie selbst und die Menschen, die Ihnen am Herzen liegen. Mein Kollege, der kleine Rentenmechaniker, wird penibel darauf achten, dass Recht und Gesetz nicht zu kurz kommen.

Vorsorgen mit der AidA-Strategie

Haben Sie einmal überlegt, dass Sie bereits heute, jeden Tag, zu jeder Stunde oder gar in jeder Minute Ihres Lebens „Altersvorsorge" betreiben? Oder wenigstens „vorsorgen"? Zumindest ein ganz klein wenig? Der passionierte Finanzexperte würde jetzt etwas von Zinseszins und Co. murmeln. Mit 35,2 Cent täglich zum Millionär? Ja – er hat recht. Bei 10 Prozent Zins und nach 24.404,75 Tagen. Summe der Einzahlungen: keine 9.000 Euro!

Altersvorsorge im Supermarkt? Altersvorsorge auf dem Weg zur (Teilzeit-)Arbeit? Oder aber Altersvorsorge sogar für lau? Alterswohlstand statt Altersvorsorge?

Dieses Buch soll Sie motivieren, auch im Alltag Ihren individuellen „Vorsorgeprozess" zu erkennen, diesen zu leben und zu optimieren. Bereits heute machen Sie oft unbewusst Dinge, die in der Rückschau das Prädikat „Altersvorsorge" erhalten können. Im positiven wie negativen Sinne. Tun und Nicht-Tun liegen hier sehr dicht beieinander. Und der innere Schweinehund tobt munter dazwischen herum. Ganz ohne Geld wird es natürlich nicht immer gehen – aber öfter als Sie denken: Zeit statt Geld?

Alles **i**st **d**eine **A**ltersvorsorge: **AidA**

Der Denkansatz für die **AidA**-Strategie geht somit erheblich weiter als die klassischen Faktoren, die später eine (gesetzliche) Rente ausmachen. Diese bemisst sich weitestgehend nach den Beitragszeiten, die typischerweise erst ab dem 16./17. Lebensjahr oder später erworben werden können. Der Übergang in die Rente (manchmal in Verbindung mit Vorruhestandsregelungen unterschiedlicher Art) vollzieht sich meist ebenfalls innerhalb eines engen Zeitfensters. Somit kann dieses aktive „Versicherungsleben" nur maximal etwa 50 Jahre umfassen, legt man die heutigen Altersgrenzen zugrunde.

Bei einer Lebenserwartung von etwa 85 Jahren bei 65-jährigen Menschen (laut Sterbetafel 2010/2012 des Statistischen Bundesamtes) bleiben so über 41 Prozent des menschlichen Daseins bei der

Altersvorsorge unberücksichtigt. Bei nur 40 Versicherungsjahren erhöht sich der Wert sogar auf knapp 53 Prozent.

Das heißt: Mehr als die Hälfte der Lebenszeit wird bei der Altersvorsorgegestaltung ausgeblendet. Hinzu kommt, dass nur bestimmte Sachverhalte als rentenwirksam erfasst werden – genau gesetzlich definiert und oft ohne Beurteilungsspielraum. Wenn Sie beispielsweise sechs Monate durch Island gewandert sind, um Land, Leute und Natur zu studieren, gibt es hierfür keine Rentenpunkte und auch keine Gutschriften bei Riester, Pensionskasse und Co.

Doch nach der **AidA**-Strategie können diese sechs Monate hingegen die wertvollsten Elemente Ihrer Altersvorsorge sein!

Genauso wie eine Entscheidung, die Arbeitszeit dauerhaft zu reduzieren, das Rauchen endlich aufzugeben, einen Fahrradhelm aufzusetzen (auch wenn’s doof aussieht), zum Landschaftsfotografen umzusatteln (statt Buchhalter in der dritten Generation zu bleiben) oder einen spießigen Kleingarten zu pachten.

AidA ist wie das Wetter – immer präsent, oft unbeachtet, ständig anders, stets bewertet und nie perfekt berechenbar.

Weiche Faktoren (sog. soft skills) wirken meist indirekt und entwickeln oftmals eine ungeheure eigene Dynamik: Nach der Rückkehr aus Island den Job als Krankenkassensachbearbeiter auf Teilzeit gesetzt, am Abend Touristik studiert und jetzt Inhaber von zwei Reisebüros mit acht Mitarbeitern in Reykjavik und – glücklich! Natürlich gibt es keine absolute Garantie für diesen Mut. Dabei sind Begriffe wie Garantie, Besitzschutz oder Sicherheitsnetz sowie natürlich Steuervorteil, Top-Ratings und Inflationsausgleich Bezeichnungen, die wir beim Thema Altersvorsorge besonders schätzen. Weiche Faktoren – harte Faktoren. Allein die Abgrenzung bringt schon wieder Probleme mit sich. Das typische Schwarz-Weiß-Muster, das wir Deutsche insgeheim sehr lieben, hat vordergründig seine Vorteile: Die Stempelkarte regelt die Arbeitszeit (aber nicht die Arbeitsinhalte) minutengenau, an der Supermarktkasse geht es exakt der Reihe nach und im Rentenbescheid wird bis zur vierten Stelle hinter dem Komma eine scheinbare Lebenszeitgerechtigkeit ermittelt: überwiegend anhand meiner erzielten Arbeitsentgelte!

Und natürlich muss es überall zackig gehen, schließlich werden die über vier Millionen Arbeitsminuten im Leben täglich weiter optimiert, mittels seelenloser Mikrochips, die uns 24 Stunden am Tag verfolgen, überwachen, auswerten, fremdsteuern und (teuflisch) neue What-auch-immer-Gruppen gründen lassen – dank Sofortismus, Echtzeitwahn, Twitter und Co.

In den sozialen Netzwerken, die Arbeit und Beruf im Fokus haben, häufen sich übrigens Artikel und Ausführungen, die gerade diese soft skills in ein neues Licht setzen (vgl. z. B. unter: www.xing.com).

Halten wir fest: Sie werden jetzt auf eine etwas andere Reise zum Thema „Rente und Co." gehen. Genauer: Sie werden Ihre eigene Lebensreise plötzlich mit anderen Augen sehen. Sie werden Ihre bisherigen Handlungen überdenken. Sie werden über sich selbst erschrecken, lachen (ist bekanntlich gesund), heulen, fluchen – genauso wie über Ihre Umgebung, Freunde, Bekannte, Verwandte, Vorgesetzte, Smartphones und What-auch-immer ...

AidA wird zu Ihrer persönlichen Grundhaltung für eine verlässliche Infrastruktur für das „Renten-Alter", welches Sie, zum Erstaunen aller, völlig frei und jenseits bekannter Grenzen definieren werden. Möglicherweise immer wieder neu. Sofort-Profit inklusive.

Wenn Sie im Supermarkt bewusst die teure Edelschokolade mit dem hohen Kakaoanteil ohne Palmfett auswählen, dann auch noch entspannt den hektischen Turbo-Rentner an der Kasse vorlassen und der Kassiererin lächelnd einen schönen Feierabend wünschen – dann sind Sie mit an Bord. Und in Zeiten von Corona ergänzt die bekannte AHA-Formel perfekt den AidA-Gedanken (www.zusammengegencorona.de/aha).

Vorgestellt: Der kleine Rentenmechaniker

Ein Rentenmalbuch für Erwachsene? Glückskarten für die Altersvorsorge? Pensions-Yoga für Fortgeschrittene? Nein! Bleiben wir realistisch.

Als Berater bei der Deutschen Rentenversicherung habe ich Tausende von Menschen kennengelernt, die aus vielerlei Gründen zum „Rentenamt" kamen: Rentenantrag, Kontenklärung, Selbstständigkeit, Scheidung, Altersvorsorge, Ärger mit anderen Behörden, medizinische oder berufliche Reha und manchmal einfach nur zum Reden (und Zuhören!).

Die von mir praktizierte **AidA**-Strategie versucht, die harten Rentenfakten mit den Faktoren des menschlichen Lebens in Einklang zu bringen. Wir alle kennen unseren stressigen Alltag, der für viele wichtige Dinge unserer begrenzten Lebenszeit (angeblich) keine Zeit lässt. Zeit? Können wir wirklich Zeit haben? Zeit besitzen? Zeit aufteilen? Auch wenn wir es uns gerne einreden: Früher war nicht alles besser – aber anders. Es war schlicht einfacher, da Zugang und Menge an Informationen deutlich begrenzter, dafür aber fokussierter waren. Welchen Mehrwert bietet die am Smartphone verbrachte Lebenszeit?

Wie viele Nudelsorten finden Sie heute im Supermarkt? Wie viele Kombinationsmöglichkeiten bei der Autobestellung gibt es für einen einzigen Fahrzeugtyp? Alleine in der Datenbank der Bundesanstalt für Finanzdienstleistungsaufsicht (BaFin) finden sich über 14.000 Investmentfonds, aus denen Sie wählen können. Auf der anderen Seite wissen viele Menschen nicht einmal, was ein simpler Banksparplan ist und halten ABS und ESP für asiatische Gewürze.

An dieser Stelle greift der kleine Rentenmechaniker in das „Projekt RENTE" ein, indem er die Stellschrauben der Rente und Altersvorsorge nachvollziehbar erklärt.

Beruhigend: Er muss, darf und kann Ihnen nichts verkaufen. Und: Er hebt natürlich auch den Schraubenschlüssel, wenn wir das „Rentenglück" ein wenig zu sehr mit Feng Shui und Glückskeksen strapazieren.

Also ein Mann mit Rat und Tat. Einfach, echt, seriös. Eben ein Handwerker mit Herz und Verstand – und dem Anspruch, Rente unbürokratisch darzustellen.

Kurz noch etwas in eigener Sache: Die dritte Auflage dieses Ratgebers wurde vollständig überarbeitet – auch dank der vielen Rückmeldungen der Leserinnen und Leser der zweiten Auflage. Das Buch lebt von den Impulsen, die mir mannigfaltig tagtäglich zugetragen werden. Auch die Zuhörer/innen von Vorträgen oder Teilnehmer/-innen an Workshops und Webinaren gaben wertvolle Hinweise. Dafür herzlichen Dank an alle Impuls- und Ideengeber/innen.

Und jetzt viel Spaß mit Ihrem „Projekt RENTE".

Thomas Gasch
E-Mail: rente-projekt@t-online.de

Abkürzungen

AHA-Formel	Abstand – Hygiene – Alltagsmaske (+ App + Lüften – Gruppen)
AVOR	Altersvorsorge
BaFin	Bundesanstalt für Finanzdienstleistungsaufsicht
BAföG	Bundesausbildungsförderungsgesetz
bAV	Betriebliche Altersversorgung
BMAS	Bundesministerium für Arbeit und Soziales
BMEL	Bundesministerium für Ernährung und Landwirtschaft
BMFSFJ	Bundesministerium für Familie, Senioren, Frauen und Jugend
BRSG	Betriebsrentenstärkungsgesetz
BVI	Bundesverband Investment und Asset Management e. V.
DAX	Deutscher Aktienindex
DGE	Deutsche Gesellschaft für Ernährung e. V.
DIA	Deutsches Institut für Altersversorgung
DIW	Deutsches Institut für Wirtschaftsforschung
DIY	Do it yourself
dpa	Deutsche Presse-Agentur
DRV	Deutsche Rentenversicherung
DSGVO	Datenschutz-Grundverordnung
EP	Entgeltpunkte
EU	Europäische Union
EStG	Einkommensteuergesetz
ETF	Exchange-traded fund
GDV	Gesamtverband der Deutschen Versicherungswirtschaft e. V.
ggf.	gegebenenfalls
GRV	Gesetzliche Rentenversicherung
HIS	Hinweis- und Informationssystem der deutschen Versicherungswirtschaft
IGeL	Individuelle Gesundheitsleistungen
ISIN	International Securities Identification Number (siehe auch WKN)
KDA	Kuratorium Deutsche Altershilfe
KfW	Kreditanstalt für Wiederaufbau (Förderbank)
KV	Krankenversicherung
KVdR	Krankenversicherung der Rentner
OECD	Organisation für wirtschaftliche Zusammenarbeit und Entwicklung
ÖPNV	Öffentlicher Personennahverkehr

p. a.	per anno (pro Jahr)
PKV	Private Krankenversicherung
RV	Rentenversicherung
SGB VI	Sozialgesetzbuch – Sechstes Buch (Gesetzliche Rentenversicherung)
SGB X	Sozialgesetzbuch – Zehntes Buch (Sozialverwaltungsverfahren und Sozialdatenschutz)
SGB XII	Sozialgesetzbuch – Zwölftes Buch (Sozialhilfe)
SoVD	Sozialverband Deutschland e. V.
UNICEF	Kinderhilfswerk der Vereinten Nationen
VBL	Versorgungsanstalt des Bundes und der Länder
WHO	World Health Organization (Weltgesundheitsorganisation)
WKN	Wertpapierkennnummer (siehe auch ISIN)
ZEW	Zentrum für Europäische Wirtschaftsforschung GmbH

Historische Chance Kreißsaal

Alterssicherung beginnt im Kreißsaal

Eine Geburtsstation in Deutschland: Felix erblickt das Licht der Welt – Tag EINS auf unserem Planeten – und Felix hat einen pfiffigen Großvater. Am Tag der Geburt investiert dieser 1.000 Euro in einen fiktiven Investmentfonds. Dieser Fonds soll pro Jahr 8,2 Prozent Gewinn nach Steuern erwirtschaften. Wie hoch ist die monatliche Einzahlung, damit Felix in 67 Jahren Millionär ist?

Zugegeben, ein etwas provokantes Beispiel – gerade wegen besagter 8,2 Prozent! Die zweite Provokation: 67 Jahre! Altersvorsorge einfach ab Geburt! Lassen Sie doch die Zahlen der folgenden Tabellen einmal auf sich wirken – der nächste Enkel kommt bestimmt. Finanztest hat übrigens in Heft 10/2019 und 11/2020 eben dieses Thema unter der Überschrift „Kursgewinne für Kinder" untersucht und gibt entsprechende Empfehlungen hinsichtlich Anlageformen und Ausgestaltung der Verträge. Zu beachten sind unter anderem Punkte wie Verfügungsberechtigung, Verwaltung der Verträge, steuerliche Freibeträge oder Auswirkungen auf BAföG oder die Familienversicherung in der gesetzlichen Krankenversicherung. In den empfohlenen Fonds (ETFs) dominiert allerdings ein hoher Anteil an US-Titeln.

Kleiner Exkurs: Das Renditedreieck des Deutschen Aktieninstituts (DAI)[1] weist bei einer regelmäßigen Anlage in deutsche Aktien über 40 Jahre immerhin eine Rendite von 8,2 Prozent aus (1979 bis 2019; vgl. www.dai.de). Unter www.dividendenadel.de finden Sie eine Simulation auf den weltweiten Index MSCI World unter Einberechnung der wiederangelegten Netto-Dividende und typischen Kosten für einen entsprechenden Indexfonds: Auch hier werden gute 8 Prozent bestätigt.

Tipp: Beim MSCI World handelt es sich um einen (weltweiten) Industrieländer-Index. Breiter aufgestellt ist man mit dem MSCI ACWI, dem MSCI ACWI IMI oder dem FTSE All-World. Mehr unter: www.justetf.com

Wie sieht es bei kürzeren Zeiträumen aus? Insbesondere auch bei Sparern, die erst mit 50 beginnen? Eine Rückwärtssimulation am Beispiel des Fonds Uniglobal (WKN: 849105) ergab für 17-jährige

---

[1] Das DAX-Rendite-Dreieck des Deutschen Aktieninstituts visualisiert die jährlichen Durchschnittsrenditen eines Aktiendepots, das dem Deutschen Aktienindex (DAX), einschließlich der gezahlten Dividenden, entspricht.

(Klammerwert: 37-jährige) Ansparphasen folgende Renditen am Stichtag:

- 01.09.2000 (Hochphase der Börse im Jahr 2000): 12,36 Prozent (8,02)
- 01.09.2010 (Börsenabschwung 2002 + Finanzkrise 2007): 4,76 Prozent (5,69)
- 01.09.2020 (Finanzkrise + Corona-Crash Frühjahr 2020): 8,62 Prozent (7,28)

Übrigens: Ein Ausstieg zum 01.04.2020 inmitten des Corona-Crash zum 01.04.2020 hätte die letzte Zahlenreihe (nur) auf Werte von 6,74 Prozent (6,51) reduziert.[2]

Zuletzt: Die Sparplanzahlen des Bundesverbands Investment und Asset Management e. V. (BVI) zum 31.12.2020 errechnen für globale Aktienfonds eine Rendite von passablen 6,9 Prozent (35-jährige Ansparzeit/nach Kosten) aus. Ein kostengünstiger(er) Erwerb und eine entsprechende Fondsauswahl können so auch erheblich bessere Ergebnisse liefern (vgl. www.fondsweb.de, www.bvi.de, www.fundresearch.de).

Faktor Zeit

Die Laufzeit in unserem Beispiel liegt bei 67 Jahren, eventuell plus X. Typischerweise fehlen aber selbst dem frühen Altersvorsorgesparer 15 bis 20 Jahre, da erste Vorsorgegedanken häufig erst mit dem Berufseintritt entstehen.

Gerade in den frühen Lebensjahren sind oftmals zahlungskräftige Verwandte vorhanden und auch motiviert, dem neuen Erdenbürger etwas Gutes zu tun – abseits von Designerstrampelanzügen, nervigen Hightech-Rasseln und Multimedia-Kram.

Der Weg zur Rentenmillion ist lang und gesäumt von Zahlenreihen:

Ohne Starteinlage			
Einzahldauer	**Zinssatz***	**Monatliche Rate**	**Ergebnis**
67 Jahre	1,5 %	722,46 EUR	1.000.000 EUR
67 Jahre	5,0 %	152,60 EUR	1.000.000 EUR

[2] Berechnungen über www.fondsweb.de inkl. 5 Prozent Ausgabeaufschlag ohne Depotgebühren – Fondsauswahl zufällig über das Kriterium Mindestalter 37 Jahre Aktienfonds weltweit

Ohne Starteinlage			
67 Jahre	8,2 %	28,74 EUR	1.000.000 EUR
67 Jahre	10,0 %	10,56 EUR	1.000.000 EUR
49 Jahre	1,5 %	1.152,58 EUR	1.000.000 EUR
49 Jahre	5,0 %	395,71 EUR	1.000.000 EUR
49 Jahre	8,2 %	126,93 EUR	1.000.000 EUR
49 Jahre	10,0 %	63,81 EUR	1.000.000 EUR

* Nominaler Zinssatz (entspricht nicht dem Realzins nach Inflation)

Mit Starteinlage von 1.000 EUR			
Einzahldauer	**Zinssatz***	**Monatliche Rate**	**Ergebnis**
67 Jahre	1,5 %	720,50 EUR	1.000.000 EUR
67 Jahre	5,0 %	148,59 EUR	1.000.000 EUR
67 Jahre	8,2 %	23,10 EUR	1.000.000 EUR
67 Jahre	10,0 %	4,29 EUR	1.000.000 EUR
49 Jahre	1,5 %	1.150,19 EUR	1.000.000 EUR
49 Jahre	5,0 %	391,39 EUR	1.000.000 EUR
49 Jahre	8,2 %	120,90 EUR	1.000.000 EUR
49 Jahre	10,0 %	57,00 EUR	1.000.000 EUR

* Nominaler Zinssatz (entspricht nicht dem Realzins nach Inflation)

Diese Zahlen lassen sich einfach mithilfe des kostenlosen Rechners auf der Homepage www.ihre-vorsorge.de (Zielsparrechner) nachvollziehen. Und: Im Idealfall betrug die Einzahlung lediglich knapp 4.500 Euro über 67 Jahre!

Möglicherweise haben Sie jetzt eine Auflistung konkreter Investmentempfehlungen erwartet. Nein: Der bessere Weg ist, einen eigenen Entscheidungsprozess zu entwickeln und umzusetzen. Gestärkte Finanzkompetenz als Folge des zweiten Lockdowns? Tipps zu Entscheidungsprozessen unter: www.karrierebibel.de

Praktizierte Selbstverpflichtung: Keine konkreten Geld- oder Anlage-Tipps im Freundes-, Kollegen- oder Verwandtenkreis! Geht die Investition schief, werden Sie schnell zum Sündenbock!

Selbst wenn ich Ihnen heute seriös recherchierte Fonds oder Aktien oder alternative Investments mittels WKN/ISIN nennen würde, so resultiert eine mögliche Empfehlung immer aus einer Vergangenheitsbetrachtung mit vager Abschätzung der Zukunft.

Fondsmanager Christian Hille im Magazin DWSactive (Ausgabe 3/2016) im Zusammenhang mit der Frage nach dem optimalen Portfolio (Aufteilung des Vermögens in verschiedene Anlageklassen, z. B. Renten, Aktien, Rohstoffe) bei sogenannten Multi-Asset-Fonds: „Die richtigen Ein- und Ausstiegszeitpunkte zu treffen, ist reine Glückssache." Dennoch kann (ggf. aus steuerlicher Sicht) ein klar strukturierter, vermögensverwaltender Investmentfonds als Langzeitinvestment einem selbst zusammengestellten (Fonds-)Depot überlegen sein, da Umschichtungen planvoll erfolgen und die Marktbeobachtung regelmäßig durch Fachleute sichergestellt ist. Gleichwohl stellte Finanztest im Juli 2020 fest, dass gerade viele flexible (aktive) Mischfonds in der Corona-Krise enttäuschten. Daher bieten erste Anbieter sogenannte Portfolio-ETFs an, die entsprechend der hinterlegten Risikoprofile eine Kombination von ETF-Investments vornehmen und regelmäßig eine automatische Neujustierung entsprechend der Wertentwicklung der ausgewählten Anlageklassen umsetzen. Ähnlich emotionslos arbeiten die seit einiger Zeit erhältlichen „Robo-Advisors" als digitale Vermögensverwalter, wobei allerdings Testergebnisse teilweise höchst unterschiedlich ausfallen (vgl. www.finanztip.de/robo-advisor, www.extraetf.com oder www.robo-adviser.de). Auch können fondsgebundene Rentenversicherungen ein sinnvolles Investment sein, sofern die Fondsauswahl stimmt und die Kostenstruktur (siehe Finanztest 12/2020) passt: Dieses beworbene Steueraufschubmodell (Stichworte: Nachkostenvergleich/Versicherungsmantel) sollte Ihnen aber ein ausgewiesener Experte (z. B. www.v-check.de) detailliert vorrechnen.

Merke: Einem Verlust von 50 Prozent muss ein Gewinn von 100 Prozent folgen, um den Einstandskurs wieder zu bekommen.

Ich möchte Sie keineswegs davon abhalten, sich bei der Auswahl eines Fonds(-sparplans) der im Handel erhältlichen Fachzeitschriften zu bedienen, wenn es zum Beispiel wie am 04.01.2017 in der Zeitschrift Focus Money heißt: „Diese Fonds machen aus 9 Euro täglich 1 Million Euro." Oder in Heft 6/2020 von Finanztest: „Sparen – aber richtig".

Nur vertrauen Sie nicht ausschließlich einer einzelnen Informationsquelle und schalten Sie vor allem den eigenen Verstand nicht aus. Die Grundregeln einer erfolgreichen Geldanlage lauten entsprechend Finanztest (Heft 4/2017): Vermögen breit (weltweit) streuen, langfristig investieren, Halten einer eisernen Reserve (Tagesgeld, vorsorglich auch etwas Bargeld), ruhig bleiben und Nerven behalten, nicht gierig werden und nicht jedem vermeintlichen Trend hinterherlaufen sowie unbedingt auf die unterschiedlichen Kosten achten. Und: Der sogenannte Cost-Average-Effekt (Durchschnittskosteneffekt) von Sparplänen kann seine Wirkung – insbesondere gegenüber Einmalanlagen – nur in bestimmten Fällen entfalten: Während der Investitionsphase müssen über längere Zeiträume negative (mittlere) Renditen erzielt und (hohe) Schwankungen ertragen werden. Dennoch: In der Praxis wird wohl kaum ein Anleger sein Gesamtinvestment zu einem einzigen Zeitpunkt tätigen können und kommt daher an einer zeitlich gestaffelten Anlage kaum vorbei. Mehr unter: boersenlexikon.faz.net

Praxis-Tipp:

Lassen Sie sich alle Kosten nicht nur in Prozenten, sondern auch absolut in harten Euros benennen! Mehr zum Thema Anlagepsychologie: unter: www.behavioral-finance.de – hier finden Sie (ausnahmsweise) auch eine wissenschaftlich fundierte und kostengünstige Anlagemöglichkeit, die als Referenz für weitere Vergleiche dienen kann. Das Wichtigste jedoch: Verstehen Sie die Investmentidee und deren Struktur, bevor Sie investieren! Das gilt insbesondere auch für Kryptowährungen wie den Bitcoin. Und lassen Sie sich nicht – wie Anfang Februar 2021 – von (versuchten) Börsenmanipulationen verrückt machen. Qualitätspapiere sind davon eher selten betroffen.

Blick in die Zukunft

Das ist die Zauberformel für Ihre eigene Altersvorsorge. Also weg mit der ewigen Aufschieberitis. Ihre Willenskraft verknüpft mit einer Portion Optimismus, das Thema endlich anzugehen, ist fast die halbe Miete. Sagen Sie „nein" zu Blockaden, Hemmnissen, Problemsuchern, Realitätsleugnern, Neinsagern und den netten Bedenkenträgern und weisen Sie diese in die verdienten Schranken. Die Entscheidung zur Entfaltung Ihrer eigenen Potenziale ist der Schlüssel Ihrer **AidA**-Strategie!

Folgende drei Fragen können Sie möglicherweise bei der Wahl eines geeigneten Investments unterstützen:

1. Was werden wir (Menschen/Tiere/Pflanzen/Umwelt) auch noch in 10 oder 20 Jahren mit Sicherheit benötigen? Richtig, Luft. Aber: Laut einem UNICEF-Bericht Ende Oktober 2016 atmen 300 Millionen Kinder weltweit verschmutzte Luft ein. Das ist jedes 7. Kind. Themen wie Trinkwasser (WHO 2019: Mehr als 2 Milliarden Menschen haben keinen Zugang zu Trinkwasser!), Nahrung, Pflege und Gesundheit oder Infrastruktur sind mit Sicherheit ebenso des Nachdenkens wert. Die Corona-Pandemie zeigt eindrucksvoll Defizite, aber auch Potenziale auf. Fachleute behandeln derartige Überlegungen unter dem Stichwort „Megatrends" (vgl. diverse Artikel unter: www.fundresearch.de).
2. Wie kann ich mich mit gutem Gewissen (im positiven Sinne) beteiligen?
3. Verstehe ich (auch moralisch), was ich (nicht) tue?

Praxis-Tipp:

Schreiben Sie sich die drei Hauptgründe für ein getätigtes Investment auf, archivieren Sie die Informationsquellen und überprüfen Sie mehrmals im Jahr, ob die Entscheidungsgrundlagen noch zutreffen. Falls nicht, seien Sie konsequent und überdenken Sie – ohne die Nerven zu verlieren – Ihr Investment bis hin zu einem möglichen Verkauf. Beachten Sie aber, dass sich die klassischen Bewertungsparameter der Anlageklassen durch die Niedrigzinsphase neu definiert haben. Denken Sie weltweit (!) und ordnen Sie analoge und virtuelle Güter, Dienstleistungen oder Zahlungssysteme neu ein.

Googeln Sie einmal „Bremer Börsenschnack" ... Die Turbulenzen an den Börsen im Frühjahr 2020 haben erneut deutlich gemacht, dass eine allzu starre Fixierung auf einen bestimmten Auszahltermin eine jahrelange (gute) Performance (teilweise) zunichte machen kann. Planen Sie unbedingt ein Ablaufmanagement (Zeitfenster drei bis fünf Jahre!) für diejenigen Investitionen ein, die zuverlässig am Tag X zur Verfügung stehen müssen.

Unter www.fondsweb.de können Sie prüfen, wie sich ein bestimmter Fonds – als Sparplan und/oder als Einmalanlage – zu unterschiedlichen Endzeitpunkten wertmäßig entwickelt hat. Für 2020 nehmen Sie zum Beispiel einmal den 11.02.2020, dann den 19.03.2020 und zuletzt den 31.12.2020. Dann erkennen Sie sehr schön das Hoch vor dem Corona-Crash, das entsprechende Tief und die nachfolgende rasante Erholung. Schauen Sie auch auf den Referenz-Index (z. B. MSCI World) und nutzen Sie den Fondsvergleich!

Deine AidA-Strategie

Verantwortung

Übernehmen Sie Verantwortung für die spätere (Alters-)Versorgung des Nachwuchses. Lösen Sie sich von dem Gedanken, dass das Ersparte für 67 Jahre festliegt. Möglicherweise dient dieses Kapital auch als Grundstock einer späteren Hausfinanzierung oder Selbstständigkeit. Oder das Auslandspraktikum wird davon mitfinanziert.

Sensibilisieren

Thematisieren Sie „Rente und Co." bei Verwandten und Bekannten, die einen Bezug zum neuen Erdenbürger haben. Sie werden erstaunt sein, welche positiven Reaktionen es geben wird. Das Gespenst von der drohenden Altersarmut spukt hier besonders vehement! Eine Analyse der Grundsicherungsstatistik im Auftrag des Forschungsnetzwerks Alterssicherung (FNA) kommt übrigens zu dem Ergebnis, dass das Risiko Altersarmut stark von einem Ignorieren der Vorsorgemöglichkeiten (insbesondere: der gesetzlichen Rente) geprägt ist (vgl. www.fna-rv.de).

Gesundheitsvorsorge für Mutter und Kind

Als verantwortliche Eltern werden Sie natürlich alles für die Gesundheit Ihres Kindes unternehmen. Aber wie steht es um Ihre eigene Gesundheit? Arbeiten Sie an Ihrer eigenen Gesundheitskompetenz und geben Sie dieses wertvolle Wissen weiter. Kleine Provokation: „Man sollte eben nicht aus jeder Befindlichkeitsstörung eine Krankheit machen. Doch es gibt wirtschaftliche Interessen, neue Krankheiten auf den Markt zu bringen." – so der Arzt und Psychiater Manfred Lütz in www.welt.de vom 18.12.2011. Noch mehr unter: www.aok-bv.de (AOK-Bundesverband – Stichwortsuche) oder: www.zentrum-der-gesundheit.de

Vorsorge schon vor der Geburt: Das menschliche Lernen beginnt bereits im Mutterleib. Um diesen Lernprozess optimal zu unterstützen, gibt es eine einfache Methode: Nichts tun, was dem Kind schaden könnte! Das heißt kein Alkohol, kein Nikotin, keine Schadstoffe oder Drogen, Medikamente nur nach ärztlicher Rücksprache usw. Kinder gebildeter Mütter leben gut zwei Jahre länger! Gesunde Ernährung, Bewegung (auch spazieren gehen oder wandern) und Vermeidung von Übergewicht als Leitformel für die glückliche Familie bringen echte (steuerfreie) Mehrwerte ...

Handeln statt hoffen

Überlisten Sie Ihr Unterbewusstsein, das aus Unsicherheit lieber ständig „nein“ zu Neuem und Unbekannten sagt, mit der Gegenfrage, ob erst ein gewisser Leidensdruck als Motivator dienen muss. Wiederholen Sie die Tipps mit den Worten: ICH übernehme Verantwortung ... ICH kann ... ICH werde ...

Tipps vom Rentenmechaniker:

- Zu den Eltern: Die Geburt eines Kindes löst den Anspruch auf Anrechnung von Kindererziehungszeiten im Versicherungskonto aus. Lassen Sie sich von der Deutschen Rentenversicherung oder einem gerichtlich zugelassenen Rentenberater umgehend (innerhalb von zwei Monaten nach der Geburt) hierzu beraten. Die Datenstelle der Rentenversicherung informiert Sie ebenfalls zeitnah!
- Sollte das Kind gesundheitliche Probleme haben, können Kinderheilverfahren zulasten der Rentenversicherung die spätere Erwerbsfähigkeit positiv beeinflussen. Heilverfahren (Kuren) können selbstverständlich auch Erwachsene beanspruchen. Für Kinder mit frühen Beeinträchtigungen gibt es eine besondere Erwerbsminderungsrente nach 20 Beitragsjahren. Lassen Sie sich beraten!
- Sollte ein Elternteil versterben, entsteht grundsätzlich ein Anspruch auf Waisenrente – aber nur wenn die sogenannte Wartezeit (Mindestversicherungszeit) erfüllt ist oder als erfüllt gilt. Ggf. ist die Zahlung von freiwilligen Beiträgen in das Versicherungskonto der Elternteile angeraten.

  Für das Kind selbst gibt es zunächst keine Möglichkeiten innerhalb der bestehenden (klassischen) Altersvorsorgesysteme zu starten. Jedoch steht der freie Kapital- und Anlagemarkt jedem offen.

Achtung: Wenn ein Depot (oft aus steuerlichen Gründen) auf den Namen des Kindes läuft, haben Sie ab dem 18. Lebensjahr keinerlei Zugriff mehr. Auch der BAföG-Anspruch kann entfallen.

Im Idealfall ergibt die intelligente Kombination unterschiedlicher Bausteine (Asset-Allocation: systematische Reduzierung des Anlagerisikos durch Verteilung (Diversifikation) des Vermögens auf unterschiedliche Anlagen) eine risikoreduzierte und renditeträchtige Vorsorge. Mit einer guten Handvoll Fonds lassen sich weltweit die verschiedenen Anlageklassen, Regionen und Branchen nahezu vollständig abbilden. Scheuen Sie einen regelmäßigen Depotcheck, bieten sich (ggf. auch aktiv gemanagte) Fondslösungen an, die einer nachvollziehbaren Strategie (z. B. ethische Investments mit begrenztem Aktienanteil) und somit auch einem vermögensverwaltenden Ansatz folgen. Forscher haben laut einem Artikel in GEO Wissen (Nr. 64, S. 33) festgestellt, dass aufwendige Investment-Algorithmen nur in einem von sieben Fällen erfolgreicher waren als ein gleichmäßiges Investieren in mehrere Anlageformen.

Tipp: Neben Bank- oder Fondssparplänen (oft ab 25 Euro im Monat/zweimonatlich oder auch quartalsweise) werden zunehmend auch Sparpläne auf Zertifikate mit bestimmten Strategien (z. B. nachhaltige Dividendenzahlungen von Weltmarktführern) oder auch auf Einzelaktien (z. B. aus dem DAX) angeboten. ETFs als börsengehandelte Indexfonds sind aufgrund ihrer passiven Konstruktion kostengünstiger als aktiv gemanagte Fonds. Viele Direktbanken bieten hier attraktive Bedingungen und günstige Kosten – auch Fondsvermittler sind eine gute Adresse. Ein (kostenloses) Musterdepot kann eine gute Hilfestellung für weitere Anlageentscheidungen sein.

Informationen zum Fondssparen zum Beispiel unter: www.bvi.de; www.test.de/geldanlage-banken; www.fondsweb.de; www.finanztest.de; www.justetf.com; www.kleingeldhelden.com; www.extraetf.com

Informationen zu Direktbanken unter: www.bankenonline.org

Wichtig: Beachten Sie den Unterschied zwischen Nominal- und Realzins. Letzterer berücksichtigt die Inflation und nur so kann die Wertveränderung des Vermögens sicher beurteilt werden.

- Ergänzend zu diesem Vorsorgesparen können bereits Versicherungen auf den Gesundheitszustand des Kindes abgeschlossen werden. Wichtig sind eine sinnvolle Leistungshöhe (über Sozialhilfeniveau), eine verlässliche (prognostizierte) Beitragskalkulation und das Vermeiden von unübersichtlichen Paketlösungen.

Fazit

Der Rentenmechaniker ist in erster Linie auf das Rentenkonto der Eltern fixiert. Eine freiwillige Versicherung für Kleinkinder innerhalb der gesetzlichen Rente direkt gibt es nicht. Jedoch kann ein heute begonnener konservativer Sparvorgang genutzt werden, um ab dem 16./17. Lebensjahr freiwillige Rentenbeiträge zu zahlen. Dazu später mehr in Kapitel 3. Inwieweit Sie sich auf die genannten Zinseszinsrechnungen (auch für sich selbst) einlassen, bleibt Ihnen überlassen.

Aber wenn Sie das machen, was alle (nicht) machen, bekommen Sie das, was alle (nicht) bekommen. Also: 25 Euro im Monat = 83 Cent/Tag – Das Leben ist eine Reise – einfach mal losgehen!

Riester-Kinder

Die Familienplanung ist in vollem Gange und an die Altersvorsorge wird nur noch sporadisch gedacht. Eigentlich überhaupt nicht mehr und wenn, dann nur noch, wenn Impulse von außen kommen: Schreiben von der Renten- oder Lebensversicherung oder die Nachricht vom Bankberater, dass etwas mit der Zulage im Riester-Vertrag nicht stimmt. Als erfolgreiche Familienmanagerin hat Mariana W. genug um die Ohren und Papa Armin S. verhandelt gerade mit seinem Chef den Erziehungsurlaub. Auch ist jeder Monat immer einige Tage zu lang für das Girokonto. Tipps für Paare und junge Familien unter: www.beziehungs-investoren.de

Tippt man dann noch jeden zweiten Alltagsbegriff in eine Suchmaschine, um stets die optimale Lösung für Erziehungsprobleme,

Frühförderung, vegane Ernährung, Verhaltenstherapien und kindgerechte Gesundheitsversorgung zu finden, reichen 24 Stunden pro Tag ohnehin nicht mehr aus. Nicht zu vergessen, die sozialen Medien, Schwiegermutter, beste Freundin, zweitbeste Freundin, Oma Hilde und alle, die wir lieb haben.

Dabei befinden Sie sich als junge Eltern gerade jetzt in einer sehr entscheidenden Phase bei der Planung Ihrer eigenen Altersvorsorge und – nicht zu vergessen – der Rentenplanung für den Nachwuchs.

Zunächst einmal zu den jungen Eltern, die unmittelbar nach der Geburt Post von der Deutschen Rentenversicherung erhalten, nämlich zu folgenden Themen:

Kindererziehungszeiten

Als Erziehungsperson erhalten Sie ab dem Folgemonat der Geburt für jedes Kind 36 Monate Pflichtbeiträge (Geburten bis 31.12.1991: 30 Monate) in Höhe eines Durchschnittsverdieners (2021: 41.551 Euro jährlich) gutgeschrieben. Grundsätzlich geschieht das im Versicherungskonto der Mutter – ein Übertragen auf den Vater ist möglich. Da hier ggf. eine schriftliche Erklärung gegenüber dem Rentenversicherungsträger erfolgen muss (Frist: zwei Monate rückwirkend), sollten Sie sich bei der Rentenversicherung unbedingt melden. Bei Mehrlingsgeburten sollten Sie das grundsätzlich tun (wegen eventueller Aufteilung der Zeiten)! Umgangssprachlich werden Kindererziehungszeiten auch als „Mütterrente" bezeichnet.

Berücksichtigungszeiten

Neben der Beitragszeit wegen der Kindererziehung gibt es die sogenannte Kinderberücksichtigungszeit. Sie gilt jeweils ab der Geburt bis zum 10. Lebensjahr des Kindes.

Berücksichtigungszeiten steuern indirekt Berechnungselemente der Rente. Darüber hinaus werden sie bei der Mindestversicherungszeit von 35/45 Jahren für vorzeitige Altersrenten sowie als Grundrentenzeiten (ab 2021) berücksichtigt. Während der Kinderberücksichtigungszeiten bleibt ein Anspruch auf Rente wegen verminderter Erwerbstätigkeit bestehen.

Für Kindererziehende, die in der Kinderberücksichtigungszeit erwerbstätig sind, werden ggf. zusätzliche Entgeltpunkte für Pflichtbeiträge ermittelt. Bei der Rentenberechnung werden danach unterdurchschnittliche Entgelte um 50 Prozent erhöht. Die Erhöhung beträgt maximal 0,33 Entgeltpunkte pro Jahr und darf zusammen mit den Entgeltpunkten aus der Erwerbstätigkeit, die neben der Kindererziehung ausgeübt wird, einen Entgeltpunkt nicht übersteigen. Das gilt für Beitragszeiten ab 1992.

Kindererziehende, die gleichzeitig zwei oder mehrere Kinder unter 10 Jahren erziehen und deshalb nicht erwerbstätig sind, erhalten unter bestimmten Voraussetzungen für jedes Jahr der Mehrfacherziehung außerhalb der Kindererziehungszeiten eine Gutschrift von 0,33 Entgeltpunkten. Klingt nicht besonders viel, jedoch entsprechen 0,33 Rentenpunkte gegenwärtig 11 Euro Monatsrente zusätzlich. Fünf Jahre „Mehrfacherziehung" ergeben somit 55 Euro!

Fazit: Zeiten der Kindererziehung werden rentenrechtlich bis zum 10. Lebensjahr des (jüngsten) Kindes unterschiedlich wirksam. In den ersten 36 Monaten sind es „echte" Beitragszeiten; danach schließen sie zumindest Lücken im Versicherungsverlauf. Ein Telefonanruf kurz nach der Geburt bei der Rentenversicherung bringt Klarheit (Tel. 0800/1000 4800).

Riester-Rente

Fragt man jüngere Menschen, warum die Riester-Rente eigentlich Riester-Rente heißt, erntet man meist Kopfschütteln oder Schulterzucken. „Das war irgend so ein Typ" – eine fast perfekte Antwort. In der Tat hat Deutschland eine Rente nach ihrem Schöpfer, dem Ex-Arbeitsminister Walter Riester, benannt. So wie Herr Müller die Müller-Milch schuf. Als Pendant zur gesetzlichen Rente brachte Bert Rürup die gleichnamige Rürup-Rente für die private Versicherungswirtschaft in die Welt. Im Visier: Selbstständige, Besserverdienende und Beamte.

In den offiziellen Verlautbarungen der Bundesregierung und der Rentenversicherung wird die Riester-Rente als „Staatlich geförderte Altersvorsorge zum Ausgleich eines langfristig sinkenden Rentenniveaus" beschrieben. Stimmt. Würde man das Rentenniveau nicht absenken, bräuchte man keine Riester-Rente. Stimmt auch. Das Rentenniveau ist eine Rechengröße, die den Sicherungsstandard der Renten widerspiegelt: Es drückt das prozentuale Verhältnis der Rentenhöhe nach 45 durchschnittlichen Beitragsjahren (Eckrentner) gegenüber einem Durchschnittsverdiener aus – netto vor Steuern. Aktuell liegt es bei 48,16 Prozent (Quelle: BMAS). Diese 48 Prozent sind nunmehr der untere Grenzwert durch den jüngsten Rentenpakt bis zum Jahr 2025.

Nähern wir uns diesem „Ausgleichsinstrument" einmal ganz vorsichtig. „Mehr als 16 Millionen Menschen haben eine Riester-Rente!", jubelt die Bundesregierung. Es stellt sich die Frage: Nur weil 16 Millionen wie die Lemminge über die Klippen springen, spring ich einfach mit? Aber bleiben wir sachlich:

Wenn das Rentenniveau also zukünftig – ab 2026 – (weiter) fällt, soll der Bürger etwas dagegen tun. Vater Staat verspricht: Ich helfe dir dabei durch Förderung mit Zulagen und ggf. Steuervorteilen in der Ansparphase. Dafür bekomme ich aber in der Auszahlphase ggf. Steuern und spare mir manchmal Leistungen aus der Grundsicherung.

Rolle rückwärts: Die seit 2018 existierenden Freibeträge bis 223 Euro im Monat werden Letzteres meist aushebeln, denn nach heutiger Betrachtung der Einzahlwerte werden viele Riester-Renten kaum einen dreistelligen Wert erreichen (mehr unter: www.zfa.deutsche-rentenversicherung-bund.de).

Riestern leicht gemacht

Schritt 1: Gehöre ich zum förderberechtigten Personenkreis?

Förderberechtigt sind:

- in der gesetzlichen Rentenversicherung pflichtversicherte Arbeitnehmer und Auszubildende sowie Beschäftigte im Minijob, sofern keine Versicherungsfreiheit besteht
- rentenversicherungspflichtige Selbstständige
- Beamte und Empfänger von Amtsbezügen
- freiwillig Wehr- und Zivildienstleistende
- Mütter oder Väter während der anrechenbaren Kindererziehungszeit
- nicht erwerbsmäßig tätige Pflegepersonen
- Personen, die nach dem Gesetz über die Alterssicherung der Landwirte pflichtversichert sind
- Personen, die eine gesetzliche Rente wegen voller Erwerbsminderung, Erwerbsunfähigkeit oder eine Versorgung wegen Dienstunfähigkeit beziehen

Nicht förderberechtigte Personen können eine abgeleitete Förderung erhalten, sofern der Ehepartner selbst förderfähig ist. Gut zu wissen: Ein einziger Tag im Jahr reicht aus, um die volle Förderung für das komplette Kalenderjahr zu erhalten.

Schritt 2: Wer zahlt was?

ICH: 4 Prozent meines beitragspflichtigen Bruttogehalts (max. bis 52.500 Euro) des Vorjahres abzüglich der Grund- und Kinderzulage(n)

STAAT: Grundzulage (seit 2018: 175 Euro), Kinderzulage (Geburt vor 2008: 185 Euro, danach: 300 Euro p. a.) und einmalig einen Einsteigerbonus (bis zum 25. Lebensjahr: 200 Euro p. a.). Dazu eine sogenannte Günstigerprüfung beim Finanzamt (erweiterter Sonderausgabenabzug des Gesamtbeitrags).

Beispiel:

A erzieht zwei Kinder (beide ab 2008 geboren) und verdient 20.000 Euro p. a.:

4 % von 20.000 EUR	=	800 EUR Gesamtbeitrag
– Grundzulage	=	175 EUR
– Kinderzulagen	=	600 EUR (2 Kinder)
Eigenbeitrag	=	(25) EUR – mindestens 60 EUR (Mindesteigenbeitrag)

Die Förderquote (vgl. Kapitel 11.1, Tabelle 3) liegt hier bei über 90 Prozent! Also ein Muss!

Schritt 3: Welches Produkt?

Zunächst zum besseren Verständnis: Die Riester-Rente gibt es weder bei Herrn Riester direkt noch bei der gesetzlichen Rentenversicherung. Sie ist vielmehr ein ganz normales Kapitalmarktprodukt, das bestimmte Zertifizierungskriterien erfüllen muss, die Fluch und Segen zugleich sind.

Nehmen wir beispielsweise die Zusage des Anbieters, dass zum Rentenbeginn die Beiträge und Zulagen in vollem Umfang zur Verfügung stehen müssen. Toll – aus Sicht des Verbrauchers. Wirklich? Der Anbieter hat vom ersten Tag das Problem, dass er genau weiß, wann der Anleger bei ihm auf der Matte stehen und die (zugesagte) Leistung einfordern wird.

Je älter der Kunde, umso defensiver agiert der Anbieter für diesen Jahrgang am Kapitalmarkt. Außerdem müssen die Kosten ebenfalls noch (sicher) erwirtschaftet werden. Deshalb sind bestimmte Produkte ab einem gewissen Alter überhaupt nicht mehr erhältlich: Der normale Banksparplan funktionierte in der Vergangenheit immer, allerdings ist er nunmehr vom Aussterben bedroht.

Warum eigentlich? Dieses Produkt war (zu) einfach zu verstehen: Die Einzahlungen gingen 1:1 auf eine Art Sparbuch mit festgelegten Zinsen. Am Jahresende erfolgten Zinsgutschriften und etwaige Gebühren waren klar erkennbar. Ziemlich übel für manchen Vertreter in der Finanzbranche – allerdings gut für den Verbraucher …

Weitere Problematik:

- Sie investieren nur in „Geldwerte". Sie erhalten einen Gegenwert in Geld. Und Geld ist bedrucktes Papier. Möglicherweise kann die Inflation oder ein Währungsschnitt hier Werte vernichten.
- Das erreichte Kapital muss verrentet werden. Für die Zeit bis zum 85. Lebensjahr geschieht dies aus dem Kapital selbst. Für das Restrisiko 85+ muss die Bank für Sie eine (mit Kosten behaftete) Rentenversicherung abschließen, die das Langlebigkeitsrisiko abdeckt. Deren Werte, sprich Anteile am Gesamtkapital, können heute meist nur geschätzt werden.

Im Ergebnis erhalten Sie bei Abschluss des Vertrags nur eine vage Aussage über die mögliche Rentenleistung.

Welche Produkte gibt es überhaupt und welches Angebot passt zu wem?

Mit der Anlageform Banksparplan machen Sie insoweit nichts verkehrt, sofern Sie heute noch keine endgültige Produktauswahl treffen können, da Sie immer ohne Verluste in ein anderes Produkt wechseln können.

Transparenz, Kosten und die Niedrigzinsen haben allerdings dafür gesorgt, dass nach Angaben des Finanzportals „Finanztip" im Dezember 2019 ein Neuabschluss von Riester-Banksparplänen nur noch regional bei sechs Anbietern möglich ist. Bundesweit werden nur noch Altverträge weiter geführt.

Bei den weiteren Produkten müssen Sie die Grundsatzentscheidung treffen, ob Sie einen Ansparvorgang wählen oder aber eine (schnellere) Entschuldung einer selbstgenutzten Immobilie bevorzugen. Bei Letzterem kann die Variante „Wohnriester" (Eigenheimrente) von Interesse sein.

Ich möchte an dieser Stelle eine generelle Anmerkung machen: Die einzelnen Produkttypen zu „Riester" hier im Detail auseinander zu dividieren, würde zwar das Buch schneller füllen, entspricht aber nicht dem eigentlichen Sinn meines Ratgebers. Hierzu gibt es genügend geeignete Literatur. Dennoch gebe ich Ihnen eine kleine Weichenstellung.

Wie bereits erwähnt, hat der Immobilienbesitzer die Option, die Riester-Beiträge und Zulagen für die schnellere Tilgung bzw. für die Bedienung eines Bausparvertrags zu verwenden. Allein unter dem Gesichtspunkt „Raus aus den Schulden" ein vernünftiger Gedanke. Soll stattdessen das ursprünglich errechnete Darlehen dank Riester höher ausfallen, um „mehr Luxus" zu finanzieren: Hände weg!

Wer sich hingegen an den weltweiten Kapitalmärkten beteiligen möchte, für den kommen Fondslösungen (Investmentfonds) in Betracht. Oftmals werden jüngere Kunden hiervon angesprochen, da der Faktor Zeit ein schlagendes Argument darstellt. Allerdings stehen den eventuell größeren Chancen in der Regel auch höhere Kosten (Management, Vertrieb etc.) gegenüber und natürlich das größere Risiko am Ende wegen Kursverlusten „nur eine Nullnummer" (Kapitalerhalt) zu fahren. Fondsbesitzer, aber auch am Neuabschluss Interessierte sollten unbedingt die Anbieter über deren Strategie während der Turbulenzen am Kapitalmarkt in der der Corona-Pandemie befragen bzw. die Wertentwicklung im Krisenjahr 2020 kritisch prüfen.

Bleiben im Wesentlichen noch die klassischen Versicherungsprodukte (klassische oder fondsgebundene Rentenversicherung): Hier vertrauen Sie darauf, dass die jeweilige Gesellschaft die Finanzprodukte im Markt erkennt, die relativ sichere Erträge bei moderatem Risiko bringen. Immerhin erhalten Sie bereits bei Vertragsabschluss Aussagen zur Rentenhöhe, wobei zum Beispiel Rentenanteile aus Überschussbeteiligungen nicht garantiert sind (Zahlenbeispiele auch in Kapitel 11.3).

Tipp: Vergleichen Sie das Angebot Ihres Anbieters im Internet mit denen der klassischen Direktversicherer (vgl. www.direktversicherer.com).

1

Riester-Fazit

Hätte die Politik die Riester-Anteile in der guten alten Rentenversicherung belassen, ginge es manchem Verbraucher deutlich besser, denn er stünde nicht vor einer weiteren, schwierigen Langfristentscheidung. Aktuell werden die Forderungen nach Reformen und Alternativen lauter.

Meine Faustformel für Riester: Niedrige Entgelte (Teilzeit/Minijob) und Kinder. Dann ist Riester wegen der Zulagen oft ein Muss, wenn Produkt (Kosten), Anbieter und Förderung (Förderquote – siehe Kapitel 11.1, Tabelle 5) passen. Daneben profitieren Besserverdienende durch den erweiterten Sonderausgabenabzug. Diese Einschätzung bestätigt auch der vom Bundesministerium für Arbeit und Soziales veröffentlichte „Endbericht Verbreitung der Altersversorgung 2015 (AV 2015)".

Die Rürup-Rente als Steuersparmodell für Beamte und Besserverdienende bzw. als eigenständige Vorsorge für Selbstständige muss sich den Vergleich mit der gesetzlichen Rentenversicherung gefallen lassen und steht so momentan oftmals in der zweiten Reihe. Abschlusskosten und ein niedriges Zinsniveau lassen grüßen. Ohne ausführliche Beratung zu den unterschiedlichen Produkttypen und Tarifen sollte kein Abschluss erfolgen (mehr unter: www.ihre-vorsorge.de; www.test.de/thema/ruerup-rente).

Kinderladen „Stöpsel": Die Versicherungs-Erstausstattung

Kommen wir zurück zum Thema Altersvorsorge in der Lebensphase Baby/Kleinkind. Eine wirkliche Trennung der Vorsorgeformen zwischen Kind und Eltern ist schwierig, da bestimmte Abhängigkeiten nicht wegdiskutiert werden können. Das Thema Zinseszins haben wir bereits besprochen. Dessen Ernte lässt sich aber nur einfahren, wenn dieser Prozess ohne Störungen verläuft. Somit gilt es, vor allen Sparvorgängen zunächst den Nachwuchs einem Existenztest zu unterziehen. Im Klartext: Was kann alles passieren, dass die geplante Altersvorsorge NICHT funktioniert? Dem Kind selbst bzw.

denen, in deren Obhut das Kind sich befindet? Hier kommen auch bestimmte Versicherungen ins Spiel.

Welcher Versicherungsschutz für Kinder ist sinnvoll?

Die wichtigste „Versicherung" für Kinder sind naturgemäß die Eltern. Eltern geben ihren Kindern Liebe, Schutz, Erziehung, Wertevermittlung, Glücksgefühle und sorgen für deren Lebensunterhalt und Ausbildung(en). „Liebe ist das Beste, was Eltern ihren Kindern mitgeben können" – so eines der vielen Zitate von Warren Buffett, dem bekannten Großinvestor.

Erschreckend: Weltweit haben mindestens 175 Millionen Kinder keinen Zugang zu vorschulischer Bildung. Damit wird rund die Hälfte aller Drei- bis Sechsjährigen nicht vor dem Schulbeginn gefördert, in den ärmsten Ländern erhält sogar nur jedes fünfte Kind eine vorschulische Bildung. Das geht aus einer aktuellen UNICEF-Studie hervor. Während etwa in Deutschland und den meisten anderen westeuropäischen Ländern fast jedes Kind Vorschulbildung erhält, waren es beispielsweise in Burkina Faso 2017 nur 4 Prozent. Die Hauptursachen sind Armut, der Bildungsstand der Mutter, Kriege und Katastrophen (Quelle: www.stern.de).

Doch nutzt die beste „Kinderversicherung" nichts, wenn Sie selbst als Eltern nicht richtig abgesichert sind und der Ernstfall eintritt: Können Sie beispielsweise nicht mehr arbeiten, wird schnell das Geld knapp und die Familie leidet darunter.

Sinnvolle (Zusatz-)Versicherungen für Eltern

Ereignis	Obligatorische Leistungen durch	Zusatzschutz	Fazit
Tod der Eltern/ eines Elternteils	Rentenversicherung (Unfallversicherung) Betriebsrente	Risikolebensversicherung mit mindestens 250.000 EUR Versicherungssumme	unverzichtbar; Laufzeit eher großzügig wählen
Verlust der Arbeitskraft durch Krankheit	Rentenversicherung (Unfallversicherung) Betriebsrente	Berufsunfähigkeitsversicherung; evtl. auch Alternativen wie Dread-Disease-Police u. ä.	sinnvoll mit Einschränkungen (beratungsintensiv); vgl. u. a. www.fairtest.de

Sinnvolle (Zusatz-)Versicherungen für Eltern			
Krankheit, Pflegefall	Krankenkasse Pflegekasse	Auslandskrankenversicherung/ Ergänzungstarif	sehr sinnvoll
Unfallfolgen	ggf. gesetzliche Unfallversicherung	Private Unfallversicherung (mit Progression)	sinnvoll

Deshalb gilt: Erst nachdem Sie sich in Verantwortung für Ihre Kinder selbst vernünftig abgesichert haben, können Sie sich anschließend mit speziellen Versicherungen für den Nachwuchs beschäftigen. Der Markt bietet hier unzählige Varianten an, deren Nutzen höchst unterschiedlich bewertet wird. Dass Sie eine solide Privathaftpflichtversicherung (mit nötigen Zusatzleistungen) abgeschlossen haben, setze ich voraus.

Sinnvolle (Zusatz-)Versicherungen für Kinder			
Ereignis	**Obligatorische Leistungen durch**	**Zusatzschutz**	**Fazit**
Kind erkrankt	Gesetzliche bzw. private Krankenversicherung	Zusatzpolice für Krankenhaus/Arztwahl	durchaus sinnvoll
Kind verunfallt	Krankenversicherung, ggf. gesetzliche Unfallversicherung	Private Unfallversicherung (mit Progression)	bedingt sinnvoll
Kind wird invalide – keine Erwerbstätigkeit möglich	Kranken-/Pflegeversicherung, ggf. gesetzliche Unfallversicherung/Grundsicherung bei Bedürftigkeit, Sonderregelung der gesetzlichen Rentenversicherung bei Invalidität vor Erwerbstätigkeit	Invaliditätsversicherung/ggf. mit zusätzlicher Einmalzahlung (z. B. für den Umbau der Wohnung)	sinnvoll, wenn die Versicherungsleistung im Leistungsumfang Bedürftigkeit vermeidet

Sinnvolle (Zusatz-)Versicherungen für Kinder			
Kind erkrankt im Ausland	eingeschränkte Leistungen durch Krankenversicherung möglich	Auslandskrankenversicherung (im Regelfall Mitversicherung im Elterntarif)	sehr sinnvoll
Kind benötigt Ausbildung	höchst unterschiedlich: BAföG/Ausbildungsbeihilfe etc.	Ausbildungsversicherung; Sparpläne	sinnvoller: Sparplan und Risikolebensversicherung der Eltern

Letztlich obliegt es Ihrer Risikobewertung und Ihrem Geldbeutel, hier bereits weitere Vorsorge zu betreiben. Falls ja, sollten Sie gezielt konkrete Versicherungen abschließen und sich nicht ein All-In-Paket aufschwatzen lassen. Zudem sollten Sie ein Leistungsniveau versichern, das Sie oder Ihr Kind vom Sozialamt unabhängig macht und so ein selbstbestimmtes Leben sicherstellt. Bei der Ermittlung der Versicherungssummen sind pauschale Verfahren nur mit Vorsicht anzuwenden (z. B. X mal Jahresverdienst = Versicherungssumme). Besser ist es, die zu versichernde Situation einmal vollumfänglich (= maximaler Schaden) zu durchdenken. So wird eine (ausfallende) Erziehungsleistung oftmals nicht im Versicherungsschutz mit berücksichtigt.

Praxis-Tipp:

Weitere wertvolle Hinweise erhalten Sie unter: www.test.de/Versicherungscheck, www.oekotest.de,www.biallo.de, www.finanztip.de oder Bedarfscheck unter: www.bundderversicherten.de

Ausführliche Checklisten finden sich regelmäßig in Publikationen wie „Finanztest" oder anderen einschlägigen Verbrauchermagazinen, Versicherungsratings zum Beispiel unter: www.morgenundmorgen.com sowie weitere Informationen unter: www.bafin.de

Bedingt durch die Corona-Pandemie sollten Sie bestehende/neu abzuschließende Verträge auf Umstellung/Anpassung prüfen (lassen). Manche – vor allem auf der Gesundheit beruhende Risiken – müssen ggf. neu bewertet werden.

1

Kostenbeispiele für bestimmte Versicherungen		
Versicherungsart	**Jährliche Kosten**	**Bemerkungen**
Haftpflicht (Versicherungssumme bis 50 Mio. EUR)	ca. 100 EUR	inkl. deliktunfähige Kinder und Forderungsausfall
Risikolebensversicherung (Versicherungssumme: 250.000 EUR)	ca. 350 EUR	Eintritt 35 Jahre, Laufzeit 30 Jahre, Comfortschutz, Nichtraucher
Berufsunfähigkeit (1.500 EUR Monatsrente)	ab 1.200 EUR	Eintritt 35 Jahre, Laufzeit 32 Jahre, stark berufs- und gesundheitsabhängig; Tipp: Gruppenvertrag über Arbeitgeber prüfen; Nachversicherung einschließen
Kinderinvalidität (1.000 EUR Monatsrente)	ab 240 EUR	altersabhängig; Zusatzleistungen anbieterabhängig möglich (z. B. Einmalzahlungen)

Quelle: Tarife unter anderem von Europa/Haftpflichtkasse Darmstadt/Basler und CosmosDirekt, August 2020 (Rabatte möglich, z. B. bei papierloser Vertragsverwaltung)

Deine AidA-Strategie

Eltern in Doppelfunktion

Als frischgebackene Eltern haben Sie nunmehr eine Doppelfunktion inne: Zum einen müssen Sie selbst die Grundlage schaffen, den Erziehungsprozess optimal mit harten und weichen Faktoren zu gestalten, damit der Nachwuchs ein gutes Fundament für seine spätere Altersvorsorge erhält. Zum anderen ist Ihr eigener Vorsorgeprozess durch das Ereignis „Junge Familie“ betroffen und es gilt, entsprechend zu handeln (vgl. z. B. Sonderheft „Finanztest Spezial Familien-Set“; mehr unter: www.familienwegweiser.de).

Übernehmen Sie Verantwortung

Neben der Anschaffung eines Familien-Kombis wird man sein Alltagsverhalten der neuen Verantwortungssituation anpassen (müssen). Die Plakataktionen der Berufsgenossenschaften und des Deutschen Verkehrssicherheitsrats weisen recht eindrucksvoll auf

Situationen hin, die Sie sicherlich nicht erleben wollen: „Einer rast, zwei sterben" oder „Runter vom Gas".

Unter www.kenn-dein-risiko.de finden sich erstaunliche Erkenntnisse über die gängigen Lebensrisiken. Ein Selbsttest zeigt, wie oft wir mit eigenen Einschätzungen daneben liegen. Haben Sie gewusst, dass das tödliche Unfallrisiko auf Landstraßen mit Abstand am höchsten ist? Stellen Sie sich der Realität echter Zahlen und nicht der situativen Panikmache mancher Medien. Mehr zum Thema Risikokompetenz unter: www.harding-center.mpg.de/de

Berufsunfähigkeit vorbeugen

Die Berufsunfähigkeitsversicherung wird in Fachkreisen als eine der wichtigsten Versicherungen neben der Haftpflicht- und Risikolebensversicherung genannt. Im Prinzip ist das auch richtig. Nur leider muss man den Versicherungsschutz auch zu bezahlbaren Preisen bekommen können. Im obigen Beispiel zahlt ein Bäcker deutlich mehr als 3.400 Euro pro Jahr, sofern eine abstrakte Verweisung auf eine beliebige Tätigkeit ausgeschlossen ist.

Tipp: Anwärter auf einen „Risikoberuf" sollten eine Absicherung bereits als Schüler/Student prüfen (lassen). Eine gute Checkliste finden Sie unter: https://vorsorge.biallo.de/wiki/berufsunfaehigkeitsversicherung; ausführliche Informationen auch unter: www.finanztip.de/berufsunfaehigkeitsversicherung/bu-schueler-studenten/

Wichtig: Das Hinweis- und Informationssystem (HIS) der deutschen Versicherungswirtschaft hat die Aufgabe, die Risikoprüfung effizient zu gestalten und Versicherungsbetrug zu bekämpfen. Das bedeutet, das HIS registriert auch abgelehnte Versicherungskunden (z. B. wegen Vorerkrankungen), was bei weiteren Anträgen des Versicherungsschutzsuchenden bis zur Unversicherbarkeit führen kann.

Berufsfähigkeit aktiv leben – das größte Kapital des Menschen

Was tun? Haben Sie schon einmal an Berufsfähigkeit gedacht? Ohne „un"? Wer rechtzeitig Fort- und Weiterbildungen (Stichwort: lebenslanges Lernen) besucht, dem bieten sich hier möglicherweise eine Vielzahl an Alternativtätigkeiten, und zwar nahtlos! Für Un- bzw. Angelernte bieten sich (mehrere) Teilqualifikationen oder gar die Teilnahme an einer Abschlussprüfung über die Berufserfahrung (Externenprüfung) an. Sprechen Sie Ihren Arbeitgeber oder auch die Bundesagentur für Arbeit an. Eventuell ist ein schleichender

Berufswechsel ohne den Umweg Arbeitslosigkeit möglich. Die Digitalisierung der Arbeitswelt basiert letztlich auf digitalem Lernen: Flexibel hinsichtlich Zeit und Ort ergeben sich heute Weiterbildungschancen, die vor kurzem undenkbar waren. Haben Sie schon einmal einen virtuellen Klassenraum besucht? Mehr unter: www.arbeitsagentur.de/karriere-und-weiterbildung; www.ilias.de, www.lernen.net oder: www.vitero.de

Entwicklung des Kindes

In der Fachliteratur finden sich zahlreiche Aufsätze zu den ersten Lebensjahren eines Kindes. Es ist tatsächlich erstaunlich, was ein Kind in dieser kurzen Zeit alles lernen und entwickeln musste: Bewegung, Sprache, Kommunikation, Spielen, Entdecken der eigenen Persönlichkeit, von der Kontrolle diverser Körperfunktionen ganz abgesehen. Unterstützung erhält das Kind dabei von den Eltern bzw. sollte es erhalten, denn in dieser Lebensphase gemachte strategische Fehler können immense Auswirkungen auf das spätere Leben und somit die Rente haben.

Noch einen draufgesetzt: Das Ergebnis der „Kinderstudie 2013" von Iconkids & Youth zeigt, dass die zentralen Glücksquellen von Kindern die eigene Familie und Freunde sind. Die wahren Bedürfnisse von Kindern sind: Freiräume, Geborgenheit, nachvollziehbare Regeln, Zukunft und Zuversicht, Freundschaften und ein solides wirtschaftliches Fundament. Die meisten dieser Faktoren sind kostenlos und auch nicht per App bei Amazon, Zalando oder Media Markt erhältlich. Unter diesem Aspekt ist Geiz noch viel geiler, wenn es gelingt, den allgegenwärtigen Konsumfallen zu entgehen. Dinge zahlen keine Miete und bedeuten Pflege- und Instandhaltungsaufwand. Weitere Ideen unter: www.frugalisten.de oder www.einfachbewusst.de

Entwickelt sich mein Kind gesund? Das ist eine der zentralen Fragen, die sich Eltern regelmäßig stellen. Bei bis zu 14 Vorsorgeuntersuchungen von der U1 am ersten Lebenstag bis hin zur J2 im jungen Erwachsenenalter werden Kinder ihrem Alter entsprechend daraufhin untersucht, ob sie sich gesund und altersgerecht entwickeln. Relevante Auffälligkeiten in der kindlichen Entwicklung und schwerwiegende Erkrankungen sollen hierbei frühzeitig festgestellt und dadurch erfolgreich behandelt werden. Die Schwerpunkte der Untersuchungen liegen entsprechend dem Alter des

Kindes auf unterschiedlichen Bereichen, wie zum Beispiel Beweglichkeit, Sprechen, Stoffwechselstörungen und soziales Verhalten.

Die elf Vorsorgeuntersuchungen für Kinder und Jugendliche sind kostenfrei und werden von den Krankenkassen übernommen. Aber: Die zusätzlichen Vorsorgeuntersuchungen der U10, U11 und J2 werden nicht von allen Kassen getragen (mehr unter: www.krankenkasseninfo.de; www.kindergesundheit-info.de).

Seien Sie gut zu sich selbst

Fazit: Wenn Ihr Kind gesund auf die Welt gekommen ist, ist das die beste Voraussetzung für dessen gute und glückliche Rente – sofern dieser gesunde und intelligente Körper ein Mindestmaß an Pflege und Aufmerksamkeit erhält. Dabei ist es egal, dass diverse Tests die Zahncreme nur „gut" bewertet haben oder die Äpfel nicht vom Biomarkt sind. Der grundsätzlich gute Umgang mit sich selbst ist die entscheidende Voraussetzung. Das müssen Sie als Eltern mit Ihrem Kind trainieren – und mit sich selbst (Kampagne „Die ersten 1000 Tage" von Milupa Nutricia und der Deutschen Familienstiftung).

Weniger ist mehr

Besonders nervig sind sogenannte Helikopter- oder Drohneneltern, die ständig um das Kind kreisen und diesem die Möglichkeit auf eigene Entdeckungen, Erfolge und Eigenverantwortung nehmen – natürlich unterstützt durch die wunderbare Welt der Apps. Weniger ist mehr!

Haustiere

Tiere haben eine positive Wirkung auf gestresste Kinder (und Erwachsene). Verantwortlich hierfür soll nach bisherigen Erkenntnissen das „Kuschel-Hormon" Oxytocin sein. Das ist das wesentliche Ergebnis einer deutsch-österreichisch-schweizerischen Pilotstudie, die 2010 auf einem internationalen Kongress in Stockholm vorgestellt wurde.

Die Wissenschaftler gehen davon aus, dass die Berührung oder schon die bloße Anwesenheit eines Hundes in der betreffenden Situation die Bildung einer größeren Menge Oxytocin bewirkt und zur Absenkung des Cortisol-Spiegels beiträgt (mehr dazu unter: www.kinder-und-tiere.de).

Tipps vom Rentenmechaniker:

- Versorgungsbedarf: Entsprechend der Lebenssituation empfiehlt sich zunächst eine abgestufte Bedarfsermittlung nach Dringlichkeiten: Rechtliche Verpflichtungen (z. B. Schuldentilgung oder Unterhaltszahlung), dringender Bedarf (z. B. Wohnen oder Lebensunterhalt) und Komfortbedarf (z. B. Urlaub oder Freizeitgestaltung). Sinnvoll ist es, in Monatsbeträgen zu rechnen (vgl. dazu Kapitel 11.2 und 11.3).
- Vermögensverhältnisse vor und nach dem jeweiligen Versorgungsfall prüfen: Die Struktur und Höhe der Einkommen wird sich entsprechend unterschiedlich darstellen. Die spätere Rente ersetzt das bisherige Erwerbseinkommen.

  Tipp: Jahresmeldungen sofort nach Erhalt prüfen! Steuersätze und Freibeträge ändern sich. Kann angespartes Vermögen verzehrt oder verrentet werden? Wie verändert sich das soziale Netzwerk? Besteht die Gefahr von Bedürftigkeit?
- Erkennen der Notwendigkeit zusätzlicher Maßnahmen: In jungen Jahren wird zunächst die Risikovorsorge bei Invalidität (Pflegebedürftigkeit), Tod oder Arbeitslosigkeit im Vordergrund stehen. Später kommen Planungen hinzu, bestimmte Zeiträume bis zum Renteneintritt mittels Kapitalbeträgen zu überbrücken bzw. die endgültige Rentenphase auszugestalten.
- Vorsorgekonzept: Die aus der Analyse gewonnenen Erkenntnisse müssen in Maßnahmen umgesetzt werden:
  - Analyse und Optimierung der bestehenden Vorsorge
  - Prüfung betrieblicher Vorsorgemöglichkeiten
  - Abschluss notwendiger Versicherungen, kapitalbildende Versicherungen oder „Kombiprodukte" von Banken und Versicherungen stehen hierbei nicht im Fokus: Ein Abschluss derartiger Produkte erfordert neben viel Weitsicht eine kompetente und neutrale (!) Beratung.

  - Weitere Kriterien: Risikobereitschaft, Gesundheitszustand, Vererbbarkeit, flexible Beitragszahlung oder „Hartz IV"-Sicherheit

- Gesetzliche Hinterbliebenenrenten (auch Erziehungsrenten) reichen für eine ausreichende Absicherung oftmals nicht aus. Daher ist eine Risikolebensversicherung unverzichtbar! Hinsichtlich Versicherungshöhe und Laufzeit sollte eine individuelle Ermittlung erfolgen (z. B. durch Beratung bei der Verbraucherzentrale, der Deutschen Rentenversicherung oder durch einen Versicherungs- oder Rentenberater). Der Pauschalansatz von X Jahresgehältern kann nur eine erste Orientierung sein. Auf alle Fälle ist der Wert sechsstellig!

- (Private) Versicherungsbeiträge jährlich zu zahlen, schont die knappe Familienkasse. Die Ersparnis liegt bei etwa 5 Prozent! Packen Sie jeweils monatlich 1/12 der Jahressumme auf ein Tagesgeldkonto, tut es nur im ersten Jahr richtig weh.

- Ziehen Paare zusammen, können doppelte Versicherungen kurzfristig gekündigt werden.

- Es empfiehlt sich, die Preise/Tarife für abgeschlossene Versicherungen regelmäßig zu prüfen. Evtl. bietet sich ein Tarif- oder Versichererwechsel an. Auch kann das Erreichen bestimmter Altersgrenzen einen Handlungsbedarf auslösen.

- Mitglieder in Versorgungswerken (z. B. Architekten) erhalten ebenfalls Kindererziehungszeiten in der gesetzlichen Rentenversicherung gutgeschrieben. Ggf. stellt sich hier die Frage nach der Zahlung von freiwilligen Beiträgen auch im Hinblick auf die spätere Krankenversicherung als Rentner, die nach der derzeitigen Rechtslage deutlich günstiger sein kann. Grundvoraussetzung: Bezug einer Rente aus der gesetzlichen Rentenversicherung unabhängig von der Rentenhöhe sowie „Dauermitglied" in der gesetzlichen Krankenversicherung.

- Beamte erhalten Kindererziehungszeiten als Versorgungszuschlag in ihrer Pension. Eine mögliche Beitragserstattung früherer Rentenbeiträge sollte nur nach ausführlicher Beratung erfolgen. Seit 2010 können Beamte uneingeschränkt Beiträge zur gesetzlichen Rentenversicherung zahlen und diese steuerlich geltend machen.

- Nutzen Sie bei Versicherungsvergleichen im Internet mehrere Plattformen. Nicht jeder Anbieter bietet alle (günstigen) Gesellschaften an und jeder will an Ihnen verdienen. Bei Versicherungen, die den Gesundheitszustand als Grundlage haben, kann unter Umständen eine anonymisierte Anfrage über einen Makler/Versicherungsberater vor einer Negativspeicherung im HIS schützen bzw. die Versicherbarkeit erst ermöglichen.
- Kinder helfen beim Steuern sparen. Sofern nennenswerte Vermögenswerte vorhanden sind, können durch Übertragung (Schenkung) Freibeträge für Erträge genutzt werden. Ggf. sind jedoch Grenzen einzuhalten, um nicht den Anspruch auf Familienversicherung bei der gesetzlichen Krankenversicherung oder auf BAföG zu verlieren.

Fazit

Es gilt eine Menge zu bedenken für das Leben „später" – sowohl für den Nachwuchs als auch für die Eltern. Und das auch noch in Zeiten knapper Kassen, insbesondere wenn das Familieneinkommen neu definiert wird.

Dennoch gilt: Damit Sie später Versäumtes nicht bereuen, sollten Sie sich gerade in Familiengründungsphasen mit dem Thema (Alters-) Vorsorge auseinandersetzen. Sie tun es ausschließlich für sich selbst und Ihre Familie!

Hier noch ein kleiner **AidA**-Tipp von Bundesverkehrsminister Andreas Scheuer: „Looks like shit. But saves my life." – Auch die etwas umstrittene (weil freizügige) Fahrradhelm-Kampagne gehört letztlich zu „deiner" Altersvorsorge.

Rente goes Schulhof

2

Mit der Rente spielt man nicht

Die Schulzeit ist die schönste Zeit – vor allem für die Eltern, die endlich eine geregelte betreuungsfreie Zeit haben. Von wegen.

Anruf der Schulleitung: Der kleine Boris hat mal wieder den Turnbeutel vom sensiblen Fritz in den Kastanienbaum geworfen. Bitte kommen Sie jetzt! Sofort! – Da auch Schule 2021 als kollektive Rückversicherungseinheit ausgestaltet ist, werden Sie diese Anrufe bei jeder Kleinigkeit erreichen. Die Selbstheilungskräfte der Kindheit scheinen bei der heutigen Generation Schulkind wie weggeblasen. Vom wem eigentlich?

Elternabende, Projektwochen, Schweigewochen, vegane Wochen, die Klassenfahrt über Paris nach Madrid, dazu Fahrdienste zum Fußballturnier, Ballettunterricht oder Abholen von der Polizeistation, klimaneutralen Kuchen backen oder den monatlichen Kinderflohmarkt organisieren ... Ohne Worte (Ostseezeitung vom 20.03.2019): Schulklassen bekommen Geldprämien, wenn sich die Schüler einen Monat nicht betrinken (mehr unter: www.klar-bleiben.de).

Im Prinzip könnte man die Lebensphase vom 6. bis 15. Lebensjahr der Kinder für die Altersvorsorgeplanung erst einmal vergessen. Der Terminkalender aller Beteiligten ist brechend voll, die Nerven liegen meist blank und blank ist auch das Konto.

Doch so einfach kommen Sie nicht raus aus der Nummer, schließlich haben Sie bislang durchgehalten. Wollen Sie wirklich weitere zehn Jahre potenzieller Vorsorgeaktivität einfach so ignorieren? Hat das Hamsterrad „Leben" Sie jetzt schon so kalt erwischt, dass Sie es vorziehen, sich später in den Ausredekonjunktiv zu flüchten?

Wieder einmal geht es um die (fließende) Abgrenzung zwischen eigener Vorsorge und der des Nachwuchses. Keiner kann ohne den anderen. Und das ist gut so – schließlich sprechen wir auch über den (ungeschriebenen) Generationenvertrag, der ausschließlich über das Umlageverfahren funktioniert.

Umlageverfahren vs. Kapitaldeckungsverfahren

Diese Streitfrage unter den Renten- und Vorsorgeexperten ist seit Jahren im Gange. Letztlich liegen beide Meinungen dicht beieinander: Es kann nur verteilt werden, was auch erwirtschaftet wird. Schließlich beeinflusst Wirtschaft die Kapitalmärkte und ist gleichzeitig von ihnen abhängig. Was war also zuerst da? Das Wirtschafts-Huhn oder das Renten-Ei?

Die Investition in das „Wirtschaftsgut Kind" wird immer wieder diskutiert und mit fragwürdigen Renditen ausgestattet. Dazu kommen die Forderungen, dass (freiwillig oder unfreiwillig) Kinderlose mehr in die Rentenkasse einzahlen sollen. Im Prinzip geht es jedoch ausschließlich um die Erschließung neuer Finanzquellen, um von den wirklichen Problemen abzulenken:

- Der Familienlastenausgleich ist ein gesamtpolitisches Thema und über das Steuerrecht zu finanzieren (was auch grundsätzlich geschieht). Dennoch kommt eine Studie von Prof. Martin Werding (Ruhr-Universität Bochum) für die Bertelsmann-Stiftung zu dem Ergebnis, dass das deutsche Rentensystem erziehende Eltern benachteiligt, da diese zwei Generationen zugleich bedienen, nämlich über die Rentenbeiträge die Elterngeneration und über die Erziehungsleistung die eigenen Kinder. Demnach bringt jedes Kind dem Rentensystem ein Plus von 160.000 Euro (Finanztest, Heft 6/2016).
- Allerdings muss angemerkt werden, dass der Automatismus „Viele Kinder = Stabiles Rentensystem" nur dann funktioniert, wenn sich der Nachwuchs problemlos in diese Wertschöpfungskette einfügt. Bei „Hartz IV-Karrieren" in dritter Generation oder nicht integrierbaren „Parallelgesellschaften" ist hier wahrlich Hopfen und Malz verloren, fungieren dann doch die (kinderlosen) „Luxusrentner" über das Steuer- und Krankenversicherungssystem eher als Nettozahler im Zuge einer 180-Grad-Kehrtwendung.
- 10 Jahre Elterngeld – Auszug aus der Pressemitteilung des Bundesfamilienministeriums im Jahr 2017: „Die bekannteste Familienleistung feiert Geburtstag. Vor zehn Jahren, am 01.01.2007, wurde das Elterngeld eingeführt – der Beginn einer Erfolgsgeschichte: Denn seitdem haben 8 Millionen Mütter und Väter diese Familienleistung bezogen. Die Resonanz ist eindeutig: 82 Prozent der Bezieherinnen und Bezieher sagen, dass das Elterngeld besonders wichtig für ihr Familieneinkommen ist."

  Die damalige Bundesfamilienministerin Manuela Schwesig: „Außerdem hat das Elterngeld dazu geführt, dass Frauen wieder stärker in den Beruf einsteigen können und dass sich Väter mehr Zeit für ihre Kinder nehmen. Mich freut es besonders, dass heute bereits jeder dritte Vater in Elternzeit geht. Das zeigt, dass wir den Wünschen und den Bedürfnissen der heutigen Eltern gerecht werden." In der Bilanz „10 Jahre Elterngeld" heißt es weiter: Kinder profitieren von der Zuwendung beider Eltern. Mit dem Elterngeld werden insbesondere Väter erfolgreich adressiert. Es ist wissenschaftlich nachgewiesen, dass ein intensives Vater-Kind-Verhältnis sich positiv auf die Entwicklung von Kindern auswirkt, insbesondere wenn Väter sich aktiv an Pflege- und Erziehungstätigkeiten beteiligen. Die positiven Effekte umfassen beispielsweise die Entwicklung des Intellekts, des Gedächtnisses, von Problemlösungsstrategien ebenso wie sprachliche Entwicklung, Schulleistungen oder Empathiefähigkeit. 2020 wurden 7,25 Milliarden Euro für die Zahlung von Elterngeld aufgewendet – finanziert von der gesamten Gesellschaft. Egal, ob kinderlos oder nicht. Außerdem gilt zu bedenken: Der formell Kinderlose wirkt oftmals in vielen Bereichen an der Nachwuchsförderung (indirekt) mit: im Ehrenamt oder Sportverein, in Stiftungen, durch interne Unterstützungen innerhalb der Familie und Freundeskreise oder einfach durch die Übernahme von Zusatzarbeiten/Überstunden/Dienst zu ungünstigen Zeiten im Betrieb.

- Im Zuge der Überleitung der DDR-Rentenanwartschaften hat das Bundesverfassungsgericht (strafrechtliche) Sanktionen für DDR-Unrecht im Rentenrecht unterbunden. Darf der „Tatbestand Kinderlosigkeit" dagegen jetzt bestraft werden? Der Staat zahlt bei der geförderten Altersvorsorge pro Kind (!) höhere Zulagen als für einen kinderlosen Arbeitnehmer. Der absolute Betrag ist allerdings mit 300 Euro p. a. nur ein bescheidener Baustein für die auf Langlebigkeit ausgelegte Altersvorsorge.

- Am 21.03.2019 hat der Bundestag das Gesetz zur zielgenauen Stärkung von Familien und ihren Kindern durch die Neugestaltung des Kinderzuschlags und die Verbesserung der Leistungen für Bildung und Teilhabe (Starke-Familien-Gesetz) beschlossen. Das Starke-Familien-Gesetz stärkt Familien mit kleinen Einkommen und schafft faire Chancen auf gesellschaftliche Teilhabe für ihre Kinder. Der Kinderzuschlag für Familien mit kleinen Einkommen wird neu gestaltet und die Bildungs- und Teilhabeleistungen für Kinder und Jugendliche werden verbessert (Quelle: www.bmfsfj.de).

- Im Arbeits- und Gesellschaftsleben gibt es zu Recht zahlreiche Privilegien für Menschen mit Kindern (z. B. Familienrabatte, Rücksichten bei der Urlaubsplanung, Mütter-/Väterparkplätze etc.). Aber: Warum nutzt beispielsweise die Tourismusbranche die begrenzten Zeitfenster von Familien bei der Preisgestaltung so schamlos aus?

- Zu guter Letzt: Die Studie „Rentenperspektiven 2040" des Prognos-Instituts vom November 2015 macht deutlich, dass im Wesentlichen die Ausgestaltung der Erwerbsbiografie, deren Unterbrechung(en), überhaupt die Wahl des Berufs und dessen Lohngefüge (Stichwort „Lohngerechtigkeit" – mehr unter: www.equalpayday.de) sowie das Risiko von Arbeitslosigkeit die Schlüsselfaktoren für die Höhe der Rente darstellen. Daneben spielt die Rentenkaufkraft eine nicht zu unterschätzende Rolle. Die heutigen „Rentnerparadiese" im Osten der Republik werden in 20 Jahren wohl anderweitig zu suchen sein.

Ich denke, es bringt niemanden weiter, bestimmte Personenkreise gegeneinander auszuspielen. Aus meinen Beratungen weiß ich, dass bei der Frage nach Kindern während der Aufnahme eines Rentenantrags – also dem Moment, in dem das Leben „final" abgerechnet wird – bei einem kinderlosen Antragsteller folgende Antwort überwiegt: „Leider keine!"

Liebe Fußball-Eltern: Ihr kleiner Dreckspatz mutiert schlagartig zur Lichtgestalt.

Deine AidA-Strategie

Die oben angedeutete Neiddiskussion bringt keinen wirklich weiter. Also verschwenden Sie Ihre kostbare Lebenszeit nicht damit.

Die Entscheidung für oder gegen Kinder kann eben nicht im Rahmen einer 160.000-Euro-Frage beantwortet werden. Auch nicht von Herrn Prof. Dr. „Excel".

Der Lebenserwartungsrechner des Deutschen Instituts für Altersvorsorge (DIA) prognostiziert für einen kinderlosen Ledigen eine Lebenserwartung von 77 Jahren (Jahrgang 1974). Lebt dieser in einer Partnerschaft mit Kindern, steigt diese auf 85,3 Jahre. Erhöht man zum Beispiel den Risikofaktor Alkohol auf ein Maximum, verbleiben nur noch 70,7 Jahre (mehr unter: www.wie-alt-werde-ich.de).

Aus dem Armutsbericht 2017: „Ältere Menschen, die arm sind, erkranken häufig deutlich schwerer und leben deutlich kürzer [laut Max-Planck-Institut für Demografie ein Minus von etwa fünf Jahren, Anm. d. Verf.] als ältere Menschen mit gesichertem Einkommen. (...) Psychosoziale Faktoren, wie soziale Isolation, durch Einkommensarmut erzeugter Stress, mangelndes Selbstwertgefühl und anderes mehr tragen ebenfalls dazu bei, dass die Gesundheitsrisiken älterer Menschen besonders hoch sind." (vgl. www.der-paritaetische.de oder www.demogr.mpg.de)

Kinderlose im Verwandten- oder Bekanntenkreis sind oft besser als ihr Ruf. Das lässt sich nicht nur für eine „100-Euro-Patenschaft" nutzen.

Fragen Sie einfach einmal Ihre eigenen Eltern, ob diese mit der Entscheidung „Pro Kind" in der Rückblende glücklich sind. Aber Achtung: Wahrheit kann manchmal auch sehr hart sein!

Tipps vom Rentenmechaniker:

Es gab in den letzten 30 Jahren weitere entscheidende Verbesserungen, insbesondere für Eltern oder Erziehungspersonen innerhalb der gesetzlichen Rentenversicherung. Leider werden diese oft schnell vergessen oder nur schlecht kommuniziert, zum Beispiel:

- Einführung der Witwerrente 1986. Leider bis heute immer noch recht unbekannt.
- Erhöhte Freibeträge bei der Einkommensanrechnung im Fall von Kindererziehung oder Zuschläge in der Berechnung der Hinterbliebenenrente.
- Ebenfalls recht unbekannt: Die Erziehungsrente bei Versterben des geschiedenen Ex-Ehegatten und weiteren Fallgestaltungen.

  Tipp: Ein Todesfall ist immer ein Grund für die Kontaktaufnahme mit der Rentenversicherung.
- Reduzierung der Mindestversicherungszeit für eine Regelaltersrente von 15 auf fünf Jahre. Sondernachzahlungen, zum Beispiel wegen bei Heirat erstatteter Rentenbeiträge. Anrechnung der Kindererziehung bis zum 10. Lebensjahr als Anwartschaftserhaltungszeit für eine Erwerbsminderungs-

rente. Bei Mehrfacherziehung in diesem Zeitraum zusätzliche Rentenpunkte.

- Ebenso die Berücksichtigung der Kindererziehung bis zum 10. Lebensjahr bei der beliebten abschlagsfreien (!) Rente nach 45 Jahren bzw. bei der Altersrente an langjährig Versicherte (mit Abschlag) nach 35 Jahren. Positive Auswirkungen bei der Bewertung beitragsfreier Zeiten.
- Die Anrechnung der bereits besprochenen Kindererziehungszeiten für Rentenanspruch und Rentenhöhe – zuletzt ausgeweitet im Jahre 2019 (Stichwort: Mütterrente).
- Die Einführung der Grundrente (besser: individuelle Zuschläge in der eigenen Rente) zum 01.01.2021 für langjährige Geringverdiener. Dazu kommt ein neuer Freibetrag, der bis zu 223 Euro aus der gesetzlichen Rente bei der Grundsicherung freistellt (§ 82a SGB XII).

Fazit

Man kann davon ausgehen, dass durch den gesellschaftlichen Druck (= weicher Faktor) auch zukünftig deutliche Verbesserungen für Familien (gleich welcher Definition) Eingang in das Renten- und Sozialrecht finden werden, die wirksamer sind als eine bloße Erhöhung des Rentenniveaus. Allerdings entbindet dies den Einzelnen nicht von seiner Eigenverantwortung.

Armes Kind – Reiches Land

Sicherlich sind Ihnen bereits die vielfältigen Wechselwirkungen Kleinkind/Kind – Eltern bei den Altersvorsorgeüberlegungen aufgefallen. Hier die Überlegung den Zinseszins über viele Jahre zu nutzen, dort die notwendigen Versicherungen für die Eltern (und ggf. Kinder) zum Schutz des Kindes und seines Vorsorgeplans. Das lässt sich durch die bestehenden Abhängigkeiten gedanklich einfach nicht komplett trennen. Und: Bislang hatten wir unterstellt, dass unsere fiktive Familie finanziell einigermaßen gut aufgestellt ist und so (theoretisch) ausreichend Vorsorgemöglichkeiten bestehen.

Die Ausgangslage ist bundesweit bedauerlicherweise höchst unterschiedlich: In Bremen bezogen im Jahr 2019 nach Statistiken der

Bundesagentur für Arbeit 30 Prozent aller Kinder Leistungen nach Hartz IV, in Bayern dagegen nur 5,8 Prozent. Die Armutsquote in Deutschland liegt im Schnitt bei 12,2 Prozent. Insbesondere wenn beide Eltern ohne Job sind, ist Kinderarmut vorprogrammiert. Ist ein Elternteil hingegen in Vollzeit beschäftigt, verbessert sich die Chance, der Armut zu entkommen, um 75 Prozent!

Die regionalen Schwankungen sind erheblich und damit auch die Ursachen und Auswirkungen. Alleinerziehend, Beschäftigung im Niedriglohnsektor, ausstehender Unterhalt (Hinweis: Antrag auf Unterhaltsvorschuss beim Jugendamt stellen!) und vieles mehr sind ein fataler Nährboden für schlechte Bildung, schlechte Gesundheit, schlechten Job und damit eine schlechte Rente.

Aber was tun? Mit Geld kommen wir an dieser Stelle nur begrenzt weiter. Doch vielleicht helfen zunächst unsere „weichen" Faktoren weiter – und die Einsicht derer, die in Deutschland das Glück haben, sich im oberen Drittel der Einkommensverteilung zu befinden. Also eine Herausforderung für unsere **AidA**-Strategie, der es ein Anliegen ist, möglichst alle Menschen zu erreichen und möglichst auch im Hier und Jetzt zu wirken.

Deine AidA-Strategie

Gesundheit

Auch eine ungünstige finanzielle Ausgangslage rechtfertigt es nicht, auf gesunde Ernährung zu verzichten und auf vermeintlich billigere Fertiggerichte zurückzugreifen. So ruiniert man sich nicht nur selbst die Gesundheit, sondern auch die der eigenen Kinder. Studien (z. B. Forschungsprojekt „EarlyNutrition") belegen, dass gerade Fehlernährung in der Kindheit fatale Folgen für die Gesundheit im Erwachsenenalter und die spätere Lebenserwartung hat.

In einem Artikel im Magazin „Stern – Das wahre Elend" (Heft 52/2004 !) wird resümiert, dass ungesundes Verhalten insgesamt teurer ist als gesundes und Armut nicht der Auslöser des schlechten Gesundheitszustands der (neuen) „Unterschicht" ist. Vielmehr ist es der Mangel an Disziplin und die Neigung zu „demonstrativem Konsum". Hausärzte oder Krankenkasse stellen zahlreiche Hilfsangebote zur Verfügung, um aus dieser Situation herauszukommen. Nach einer Bestandsaufnahme im Glücksatlas 2011 ist eine gute Gesundheit mit Abstand der Glücksbringer Nr. 1 und umgekehrt zugleich unrühmlich das Top-Glückshemmnis. 2020 stehen zusätzlich Nachhaltigkeit und Sorgen um den Klimawandel im Fokus.

Stress

Selbst 7- oder 8-Jährige klagen heute schon über Stress. Originalzitat einer Schülerin der 2. Klasse im Bekanntenkreis: „Mein Papa hat ja im Außendienst immer viel Stress – aber bei mir ist der Tag auch zu kurz.“ Wir Erwachsene schimpfen ständig über Arbeitsverdichtung, optimieren aber gleichzeitig den Zeitplan unserer Kinder. Zwischen Schule, Ergotherapie und Ballettunterricht bleibt doch immer noch ein Zeitfenster für den Besuch bei Tante Hilde im Pflegeheim. Wo bleibt da die schöne Zeit der Kindheit? Mehr kindgerechte und displayfreie Ideen unter: www.draussenkinder.info

Kinderarbeit

Damit ist nicht tägliche Mitarbeit im Haushalt gemeint. Voraussetzung für einen echten Job ist, dass die Einschränkungen des Jugendschutzgesetzes beachtet werden. Es regelt, wie viel und wie lange Jugendliche arbeiten dürfen.

Demnach dürfen Kinder bis zu einem Alter von 13 Jahren überhaupt nicht arbeiten, ältere Jugendliche nur unter bestimmten Voraussetzungen.

Schüler ab 13 dürfen ihr Taschengeld durch leichte Arbeiten aufbessern. Zeitungen austragen, Babysitten, Hilfe beim Einkaufen oder Nachhilfe geben sind erlaubt. Während der Schulzeit dürfen Kinder und Jugendliche maximal zwei Stunden pro Tag und nur zwischen 8 und 18 Uhr Geld verdienen.

Bildung

Natürlich spielt auch hier Geld eine entscheidende Rolle. Nur – wenn man dem Kind vorlebt, dass ein Leben auf Kosten des Sozialamts erstrebenswert ist, hat man den Erziehungsauftrag gerade in den Phasen der Identitätsfindung des Nachwuchses schlicht verpasst. Der bereits genannte Artikel aus dem Magazin Stern schließt mit dem Fazit, dass Investitionen in die Köpfe der Menschen (und nicht in den Bauch) die wahre Investition in die Zukunft sind. Aus Sozialhilfeempfängern werden so (gesündere) Steuer- und Beitragszahler (mehr Informationen über das Infotelefon zur Weiterbildungsberatung des Bundesministeriums für Bildung und Forschung: Tel. 0800/20 17 909).

Das Leben ist bekanntlich kein Ponyhof. In Krisenphasen – nicht nur in der Corona-Pandemie – ist es entscheidend, mit welcher Einstellung man an die entsprechende Situation herangeht. Wenn Sie sich von vornherein als Opfer fühlen, lassen Sie und Ihr falsches Verhalten es zu, dass andere über Sie verfügen: Ausreden, Leugnen von Realitäten, Schuldzuweisungen, Konjunktivsätze oder das Wettern gegen „die da oben". Ernsthaft: Wollen Sie, dass Ihr Kind diese „Kompetenz" erlernt und irgendwann über die „kleine" Rente jammert? Und mit Almosen ruhig gestellt wird?

Geld

Hat man oder hat man nicht (genug). Bei Hartz IV wohl eher nicht. Eine alleinerziehende Mutter mit einem Kind im Alter von 6 bis unter 14 Jahren erhält ab 2021 exakt 747 Euro zuzüglich der Kosten für eine angemessene warme Wohnung. Damit werden Theater- und Kinobesuche, Klassenfahrten und der Wunsch nach einem Smartphone natürlich zum Problem. Aber letztlich ist die eigene Selbstdisziplin gefragt. Insbesondere bei den (unbesonnenen) Ausgaben. Es ist keine Schande, sich hier professionellen Rat zu holen. Vielleicht hilft schon ein einfaches Haushaltsbuch?

Tipp: Finanzwegweiser für Alleinerziehende: www.finanzen.de, www.kinderinfo.de oder www.hartz4.de

In Zeiten der hippen Wegwerfgesellschaft sollte das eigene Konsumverhalten ohnehin regelmäßig hinterfragt werden. Also weg mit Newslettern, personalisierten Shopping-Accounts und verkaufsoffenen Sonntagen. Warum nicht Secondhand, Tauschbörsen oder einmal den Keller aufräumen? Oder Dinge einfach länger nutzen. Bieten Sie doch in Kleinanzeigen kleinere Dienstleistungen an, die jeder gerne aufschiebt, etwa gegen kleines Geld den Keller zu entrümpeln (z. B. www.vinted.de, www.ebay-kleinanzeigen.de).

Bitte nicht missverstehen: Dass Hartz IV kein erstrebenswerter (Dauer-)Zustand ist, weiß ich aus meinen Beratungen zur Genüge. Aber wenn man den Betroffenen einen Perspektivwechsel aufzeigt und vor allem ein wenig Mut zuspricht, kann das die Grundlage für ein erfolgreiches Vorstellungsgespräch aufgrund der eigenen Initiativbewerbung zwei Wochen später sein.

Bei aller Begrenztheit der Mittel sollte dem Nachwuchs regelmäßig ein angemessenes Taschengeld zur Verfügung stehen. Nur so kann frühzeitig ein Lernprozess zum Thema Geld in Gang gesetzt werden.

Einsicht statt Kohle horten

Das letzte Hemd hat keine Taschen. Zahlreiche Untersuchungen zeigen, dass ab einem bestimmten Einkommen/Vermögen ein gewisser materieller Glückspegel erreicht ist, der sich – wenn überhaupt – nur kurzfristig steigern lässt, da die Gewöhnungseffekte überwiegen (sog. hedonistische Adaption). In dieser Erkenntnis kann es doch befriedigender sein, der nahen Umgebung etwas „Glück" zu spendieren, das man tagtäglich genießen kann: einen Baum spenden, ein Straßenfest organisieren (und bezahlen), damit sich neue soziale Kontakte ergeben oder gemeinnützige Projekte mit Rat und Tat (und Geld) unterstützen (z. B. die Nachbarschaftsplattform www.nebenan.de). Vielleicht wirkt man so auch der eigenen Alterseinsamkeit entgegen.

Arbeit

Tatsächlich ist auch Arbeit ein wesentlicher Schlüsselfaktor zum Glück (vgl. Glücksatlas), dagegen macht Arbeitslosigkeit krank und unglücklich (Top 3 der Glückshemmnisse).

Bemerkenswerte Praxiserfahrung: Die ersten zwölf Monate einer Arbeitslosigkeit sind entscheidend, ob eine Rückkehr in einen angemessenen Job gelingt, gerade bei Älteren oder Alleinerziehenden. Im Regelfall also vor dem Absturz in Hartz IV. Ein einfacher Grund ist übrigens, dass die beruflichen Kontakte (Netzwerke) von Monat zu Monat nach dem Ausscheiden aus dem alten Job abnehmen.

Tipp:

Gutes Netzwerken beginnt immer mit Geben statt Nehmen. Seien Sie präsent und sichtbar für andere, auch in guten Zeiten. Somit sind Sie automatisch Mitglied im verdeckten Arbeitsmarkt, in dem die (noch nicht) sichtbaren Jobs gehandelt werden.

Bedenklich: Fast die Hälfte (41 Prozent) der rund 5,8 Millionen Hartz IV-Empfänger in Deutschland waren im Juni 2018 bereits vier Jahre oder länger abhängig von der staatlichen Sozialleistung. 61 Prozent der Regelleistungsberechtigten waren zwei Jahre oder länger hilfebedürftig. Das zeigen die Verweildauern aus der Statistik der Bundesagentur für Arbeit. Besonders dramatisch ist die Situation in Berlin, Mecklenburg-Vorpommern, Thüringen, Hamburg, Bremen und Nordrhein-Westfalen.

Bedrückend: Der Bundesrechnungshof kritisiert in seiner Prüfungsmitteilung vom 23.12.2016 das Absolventenmanagement der Jobcenter während und nach Fortbildungsmaßnahmen von Hartz IV-Empfängern. Das traurige Ergebnis: Maßnahmen bleiben oft ohne Wirkung, Demotivation der Teilnehmer und Verfestigung der Langzeitarbeitslosigkeit.

Arbeit 4.0

Im vom Bundesministerium für Arbeit und Soziales vorgestellten Weißbuch zur Arbeit 4.0 heißt es in der Zusammenfassung unter anderem: „Die Umbrüche der Arbeitswelt 4.0 erfordern es, frühzeitig in die Stärkung von Qualifikationen und die Verbesserung von Aufstiegsperspektiven zu investieren. Die Unterstützung muss präventiv ausgerichtet sein und darf nicht nur bei geringer Qualifikation, am Ende der Erwerbsbiografie oder bei unmittelbar drohendem Arbeitsplatzverlust greifen. Darum sollte die Arbeitslosenversicherung schrittweise zu einer Arbeitsversicherung ausgebaut werden, um mehr präventive Unterstützung für Beschäftigte zu ermöglichen. Das Konzept eines Persönlichen Erwerbstätigenkontos sieht vor, junge Erwerbstätige im Sinne eines Sozialerbes mit einem Startkapital auszustatten, das für Qualifizierung, Gründungsphase oder private Auszeiten genutzt werden kann." – Damit scheint ein wenig Gedankengut unserer **AidA**-Strategie auch bei der Bundesregierung angekommen zu sein. Aktuell plant Minister Heil einen Weiterbildungsbonus und weitere Verbesserungen bei Hartz IV – allerdings ist in einigen Monaten Bundestagswahl ...

Deshalb gilt: Handeln statt hoffen! Die beste Altersvorsorge hat ihr Fundament in der Gegenwart. Wenn dieses Fundament nachhaltig wackelt, bekommt Ihre Altersvorsorge Risse in den tragenden Wänden.

Schulbrot

Statt täglich 3 Euro für den Bäcker von nebenan – das sind im Monat auch 60 Euro pro Kind – auszugeben, sollten Sie die Zeit zum Schmieren der Marschverpflegung für sich selbst nutzen: Pünktlich aufstehen, jeden Morgen ein wenig Kreativität entwickeln, die Nachrichten im Radio hören und den eigenen Tag durchdenken. Das Kind fühlt sich ernst genommen und Geld wurde auch noch gespart. Aber Achtung: Übertreiben Sie den Sparwahn nicht. Nicht in jeder Situation findet der Nachwuchs die „Stulle" passend (mehr unter: www.bmel.de; www.in-form.de – IN FORM: Initiative für gesunde Ernährung und mehr Bewegung; www.dge.de).

Eigenverantwortung

Eine Voraussetzung für das erfolgreiche Selbstmanagement ist die Erkenntnis, dass es nicht den einen absolut richtigen Weg gibt, den wir finden müssen, um bis ans Lebensende glücklich und zufrieden zu werden. Unsere Bedürfnisse ändern sich im Verlauf unseres Lebens. Daher sollte man sich folgende Fragen regelmäßig selbst stellen:

- Wo stehe ich hier und heute? Bin ich damit zufrieden?
- Welches Leben will ich zukünftig führen? Was kann ich tun, um diese Ziele (schrittweise) zu erreichen?
- Was hindert mich daran, es zu tun?
- Wie kann ich die Widerstände überwinden, die mich an der Zielerreichung hindern?
- Wie gehe ich mit möglichen Rückschlägen um?
- Wo sehe ich mich mit meinen Fähigkeiten/Wünschen und Träumen morgen, nächste Woche, in einem Jahr?

Diese Fragen wiederholen sich in vielen Ratgebern oder im Netz sinngemäß und entstammen nicht unbedingt meiner ureigenen Vision. Die Praxis aber zeigt, dass ohne diese Fragestellungen erfolgreiches Projektmanagement schwierig wird. Als Unternehmer in Ihrem „Projekt RENTE" bleiben Sie gefordert.

Wertevermittlung

Auch wenn das Geld knapp ist, hindert dieser Umstand niemanden, dem Kind Werte und Kompetenzen zu vermitteln, die es im späteren Leben immer wieder benötigt:

- Ausreichender und regelmäßiger Schlaf
- Beständigkeit und Disziplin
- (Lebens-)Zeit richtig einteilen
- den Mund halten, insbesondere in unpassenden Momenten oder in emotional geladenen Situationen
- Gedanken fokussieren, um Ziele zu erreichen
- Hilfe (unaufdringlich) anbieten
- Integrieren statt ausgrenzen
- Leben in der wirklichen Realität (und nicht nur im Netz)
- Lernen gefährdet die Dummheit
- Zeitfresser/Zeitdiebe abschalten
- „Nein" sagen können
- Zusagen einhalten
- Selbstbewusstsein
- Pünktlichkeit, Höflichkeit und Respekt
- Um Hilfe bitten (und sich anschließend bedanken)
- „Analoges Denken", etwa statt einer Online-Bewertung einer Dienstleistung einen echten Brief an den Chef der Firma schreiben und das Positive in den Fokus nehmen – das nennt man „loben" (mehr auch unter: www.businessinsider.de; www.quora.com; www.n24.de/Nachrichten/Panorama).

Kleiner Trost

Gier frisst Hirn. Es gibt genügend Beispiele von Kindern reicher Eltern, die bitterlich gestrandet sind: Drogen, Alkohol, Raserei usw. Leider kommt die Erkenntnis, dass Geld nicht oder nur begrenzt glücklich macht, oft zu spät. Hingegen kann es nicht schaden, wenn die menschlichen Grundkompetenzen unabhängig vom Geldbeutel vermittelt und gelebt werden.

Rückschläge nutzen

„Rückschläge sind eine Chance, Dinge zu verändern. Das Leben bewusst zu erleben ist etwas Wundervolles für jemanden, der viele Momente im Vollrausch verplempert hat" – Uli Borowka (Ex-Nationalspieler) in seiner Biografie „Volle Pulle" (Focus, Heft 51/2012).

Tipps vom Rentenmechaniker:

- Seitens der Sozialleistungsträger und insbesondere der Rentenversicherung gibt es genügend Fort- und Weiterbildungsangebote: Sprechen Sie direkt Ihren zuständigen Sachbearbeiter (Arbeitsagentur/Jobcenter etc.) oder Fachberater für Rehabilitation bei der Rentenversicherung an (mehr unter: www.arbeitsagentur.de, www.drv.de).
- Der Bezug von Arbeitslosengeld II bringt seit 2011 keinerlei Rentengutschriften, jedoch bleibt ein vorhandener Anspruch auf Erwerbsminderungsrente erhalten. Die Zahlung freiwilliger Rentenbeiträge ist allerdings möglich. Ggf. bieten sich Eltern/Kinder/Verwandte als Geldgeber an. Immerhin: Während des Bezugs von Arbeitslosengeld I werden „echte" Beiträge auf der Basis von 80 Prozent des letzten Verdienstes gezahlt.

  Tipp: Alle sprechen von Pflegenotstand – vielleicht gibt es in der näheren Nachbarschaft pflegebedürftige Menschen, denen Sie ein paar Stunden pro Tag behilflich sein können: Neben einem guten Gefühl gibt es Rentenbeiträge von der Pflegekasse (Antrag erforderlich).
- Vielleicht ist ein Minijob der Einstieg in den regulären Arbeitsmarkt. Eine Sozialdatenanalyse des gewerkschaftsnahen Wirtschafts- und Sozialwissenschaftlichen Instituts (WSI) der Hans-Böckler-Stiftung (vgl. WSI-Report Nr. 31, Ausgabe 10/2016) kommt allerdings aktuell zu dem Ergebnis, dass es wohlhabenden Haushalten zu Beginn dieses Jahrzehnts im Durchschnitt besser gelungen ist, ihre gesellschaftliche Einkommensposition zu bewahren als in den frühen 1990er-Jahren. Haushalte mit geringen Einkommen haben hingegen zu Beginn dieses Jahrzehnts seltener einen Aufstieg geschafft als kurz nach der Wiedervereinigung. Viele gute Tipps unter: www.karrierebibel.de oder www.gedankenwelt.de

Tipp: Der Minijob ist versicherungspflichtig in der Rentenversicherung. Selbst kleinste Pflichtbeiträge sichern sämtliche Ansprüche! Eine Befreiung von der Versicherungspflicht ist zu 99 Prozent unklug – auch wenn Sie einen weiteren Hauptjob haben: Besonders eine mögliche Erwerbsminderungsrente profitiert von der Addition der Beitragswerte aus mehreren Beschäftigungen. Diese Vorteile überwiegen auch möglichen Berechnungsoptimierungen beim Grundrentenzuschlag bei Teilzeitverdiensten um 17.000 Euro p.a.

- Riester-Rente: Solange Arbeitslosengeld fließt, bleibt die Förderberechtigung erhalten. Da die Höhe der Zulagen abhängig ist von den Einzahlungen, müssen arbeitslose Riester-Sparer ihre Sparrate anpassen. Da sie nun weniger verdienen, müssen sie auch weniger in die Riester-Rente einzahlen und können trotzdem die Riester-Förderung in voller Höhe erhalten. Falls es ganz eng wird, kann das Sparen auch ausgesetzt werden. Eine Anrechnung von Riester-Vermögen bei Arbeitslosengeld II-Bezug erfolgt grundsätzlich nicht.
- Bei gesundheitlichen Problemen bietet die Rentenversicherung verschiedene Möglichkeiten zur Rehabilitation (auch ambulant) plus Nachsorgeleistungen für Eltern und Kind. Auch das Flexirentengesetz erweitert die Ansprüche erheblich! Der Denkansatz „Reha vor Rente" wird ergänzt um „Prävention vor Reha"!
- In vielen Städten und Gemeinden gibt es für Menschen mit niedrigem Einkommen diverse Vergünstigungen, um am Alltag angemessen teilnehmen zu können. Informationen finden Sie in der Regel auf der Internetseite Ihrer eigenen Gemeinde. Als Beispiel sei die Broschüre „Wenig Geld – Viel Lebensfreude?!" vom Sozialdienst katholischer Frauen e. V. Hamburg genannt (www.skf-beratung.de).

Fazit

Es gibt nicht DIE Supermaßnahme zur Vermeidung von Altersarmut. Es ist vielmehr ein bunter Strauß persönlicher Initiativen, der das Risiko begrenzt, sein Auskommen im Bereich von Armutsgrenzen finden zu müssen. Viele kleine Schritte bewirken oftmals überraschende Ergebnisse. Gut zu wissen: In den letzten Jahren gab es erhebliche Verbesserungen bei den Fördermöglichkeiten durch Vater Staat!

Das Zauberwort lautet „Bildung“

„Eine gerechte Wirtschaft muss die Bedingungen dafür schaffen, dass jeder Mensch eine Kindheit ohne Entbehrungen genießen, während der Jugend seine Talente entfalten, in den Jahren der Aktivität einer rechtlich gesicherten Arbeit nachgehen und im Alter zu einer würdigen Rente gelangen kann. Es ist eine Wirtschaft, in der der Mensch im Einklang mit der Natur das gesamte System von Produktion und Distribution so gestaltet, dass die Fähigkeiten und die Bedürfnisse jedes Einzelnen einen angemessenen Rahmen im Gemeinwesen finden.“ – Papst Franziskus bei seiner Ansprache beim Welttreffen der Volksbewegungen am 09.07.2015 in Santa Cruz de la Sierra (zitiert nach: www.vatican.va).

„Unsere jungen Menschen haben nicht nur Anspruch auf Bildung, auf berufliche Qualifikation und die Chance zur Eigenverantwortung. Am wichtigsten ist, dass wir ihnen das Gefühl geben, erwünscht, gebraucht und gefordert zu sein.“ – Roman Herzog, aus der Weihnachtsansprache als Bundespräsident am 25.12.1998 in Berlin (zitiert nach: www.bundespraesident.de).

Ich denke, die beiden Zitate bringen die Sache „mit der Jugend von heute“ ziemlich auf den Punkt, auch bezogen auf die Altersversorgung. Dass Jugendliche anders sind als ihre Eltern und Großeltern, sollte man als normal akzeptieren oder besser noch ein wenig für sich selbst umsetzen: „Man bleibt jung, solange man noch lernen, neue Gewohnheiten annehmen und Widerspruch ertragen kann.“ – Marie Freifrau von Ebner-Eschenbach, mährisch-österreichische Schriftstellerin

Gerade der Umgang mit Veränderungen wird bei der Gestaltung des eigenen Lebens – und damit des Vorsorgeprozesses – eine zentrale Rolle einnehmen: Althergebrachte Grundsätze werden weichen müssen, um neuen Prozessen Raum zur Entwicklung zu geben. Stellen Sie sich immer wieder die Frage: Was ist überhaupt alt? Und nicht nur sich selbst, sondern auch Menschen, die 20 Jahre älter oder jünger sind als Sie selbst.

Eine grundsätzlich positive Lebenseinstellung ist nachgewiesenerweise äußerst förderlich für ein gutes Leben im Alter. Sie können die Jugend von heute nicht ausblenden (sie ist ja schließlich präsent) und ebenso ist ein „Wegbeamen“ des Opas mit Hut vor Ihnen auf der Autobahn bestenfalls in Ihrer Fantasie möglich. Und selbst wenn das möglich wäre: Dann wären Sie allein, bestenfalls umgeben von denen, die ähnlich ticken wie Sie selbst – ziemlich langweilig.

Aber Vorsicht: Lassen Sie die jungen Menschen auch einfach mal in Ruhe. Den coolen Daddy oder die superverständnisvolle fast gleichaltrige Mama-Freundin zu mimen ist nicht nur für Sie peinlich. Sollte Ihnen der Nachwuchs auf den Keks gehen, gönnen Sie sich (bald wieder) ein Wochenende in einem Wellness-Hotel und schicken Sie die Kinder zu den „so viel“ netteren Supereltern deren bester Freunde.

Deine AidA-Strategie

Kleine Auszeit

Über zahlreiche Internetportale (z. B. www.kurzurlaub.de, www.hrs.de, www.trivago.de) lassen sich nette Hotels, teilweise mit Sonderkonditionen wie drei Nächte zum Preis von zwei, Herbst- oder Winteraktionen, kinderleicht buchen. Und was ist mit Ihrer täglichen „Me-Time“?

Tipp: Suchen Sie eine (vielleicht unbekannte) Region oder Stadt Ihrer Wahl aus und stellen Sie die Umkreissuche etwas großzügiger und die Bewertungsnoten etwas „strenger“ ein: Sie werden staunen, welch nette „Übernachtungsschätzchen“ plötzlich angezeigt werden – und Ihr „Renten-Akku“ freut sich mit.

Bildungsrendite I

Die Rendite von Bildung lässt sich letztlich schwer berechnen, da die Streubreite sehr hoch ist. Untersuchungen sprechen zum Teil von zweistelligen Werten (vgl. Wikipedia „Bildungsrendite“ oder die Studie des ZEW „Fiskalische und individuelle Bildungsrenditen – aktuelle Befunde für Deutschland aus 2015“, www.zew.de). Das alte Sprichwort hat nach wie vor Gültigkeit: „Was Mäxchen nicht lernt, lernt Max nimmermehr“ – wenn frühkindliche Bildung versäumt wird, wird es später umso schwerer, Wissen zu vermitteln.

Übrigens: Rendite bezeichnet den Gesamtbetrag einer Investition, gemessen als effektive Verzinsung des eingesetzten Kapitals.

Bildungsrendite II

Was wäre, wenn Sie bei Ihrem Sprachkurs den Partner fürs Leben kennenlernen? Klar, das kostet auch ein wenig, nicht nur Geld. Die Fachleute aus der Glücksforschung würden jetzt jubeln: Familie, Freunde, Gemeinschaft, gemeinsames Altwerden. Allerdings können Scheidungen ziemlich teuer werden.

Unromantischer Tipp: Gehen Sie in guten Zeiten zum Notar, um die hoffentlich nicht eintreffenden schlechten Zeiten rechtlich sauber (und preiswert) zu regeln.

Bildungsrendite III

Neben dem bekannten Rendite-Dreieck „Verfügbarkeit – Sicherheit – Risiko“ gilt ein zweites, nämlich: „Kosten – Wissen – Bequemlichkeit“. Diese Dreiecke besagen, dass alle drei Komponenten im Widerstreit zueinander stehen bzw. maximal zwei Eigenschaften kombinierbar sind: Eine Aktie bedeutet Kursrisiko, ist ständig handelbar, bietet aber wenig Sicherheit auf Kapitalerhalt. Nichts wissen wird teuer, ist aber bequem. Im schlimmsten Fall ist diese Bequemlichkeit der „Mega-Gau“.

Tipp: Eine Woche Bildungsurlaub zum Thema Börse, Geld und Co. kostet ca. 100 Euro und hilft auch denen, die bereits in die Psychofallen der Geldanlage getreten sind. Im Zusammenspiel der beteiligten Hirnregionen überwiegt oftmals der intuitive Teil, der zu falschen Einschätzungen verführt (mehr unter: www.fundresearch.de).

Rente mit 70

Wo ist eigentlich das Problem? Ziemlich einfach: Wir (in erster Linie die Generation X) sind auf 45 Jahre Vollzeitmaloche mit Überstunden, Dienstreisen, „Ja, Chef“-Sagen und Mitnahme der letzten Dienstaltersstufe geradezu krankhaft konditioniert! Und jetzt soll dieser Horror auch noch bis 70 gehen? Eben nicht.

Die Antwort heißt: Tempo raus aus dem Vorsorgeprozess. Mit gleicher Energie weiter kommen. Idealerweise mit weniger Einsatz: Wenn Sie mit Ihrem multimedialen Blechfreund ständig Vollgas fahren, verbrauchen und verschleißen Sie überproportional Ressourcen und Substanz! Bei nur 75 Prozent Höchstgeschwindigkeit sieht die Energiebilanz erheblich günstiger aus. Nicht umsonst sind derzeit Forderungen von Arbeitspsychologen und Gewerkschaften im Markt, die eine 30-Stunden-Woche als „ideal" definieren:

30 : 40 = 0,75 (= 75 Prozent)

Schon verrückt, die Liebe zum 200 PS-TSI/AMG/GTX-Vehikel – dieser seelenlosen Benzinschleuder (aber mit allen Inspektionen und Mobilitätsgarantie). Wo haben Sie eigentlich Ihre eigene (!) Mobilitätsgarantie abgeschlossen? Mehr Gedanken hierzu unter: „Die Vorteile
2 der Viertagewoche" – www.orf.at/stories/3112228/

Zwischenfazit: Ein wenig „simplify" hat noch keinem geschadet; „simplify"steht für einen einfachen Weg zu einem bewussten und erfüllten Leben in einer komplexen Welt (vgl. www.simplify.de).

Tipps vom Rentenmechaniker:

- Eine Reduzierung der Arbeitszeit bedeutet zunächst weniger Entgeltpunkte. Jedoch kann eine Verschiebung des Rentenbeginns (= weniger Abschläge) diesen Nachteil (zum Teil) kompensieren. Jungen Menschen kann durch derartige Darstellungen ein wenig die Angst vor 45 Jahren „Vollzeitmaloche" genommen werden (vgl. Kapitel 11.1, Tabelle 3).
- Die Corona-Krise sorgt aktuell für Überlegungen, Arbeitszeiten und Arbeitsformen (u. a. Homeoffice) neu zu definieren, um den Fortbestand von Wirtschaftsstandorten wie der Automobilindustrie zu sichern. Seitens der IG-Metall wird die 4-Tage-Woche in den Ring geworfen, auch Arbeitsminister Heil zeigt Sympathien für diese Idee. Derartige Überlegungen sind vollkommen legitim, gilt es doch das Gespenst „Arbeitslosigkeit" als toxischen Faktor für die Rente aus den Unternehmen zu vertreiben – möglichst als durchdachtes und umsetzbares Konzept.
- Personalrätin Irina Rehberg von der DRV: „Die neue Brückenteilzeit seit Anfang 2019 nimmt der berüchtigten Teilzeitfalle den Schrecken. In Betrieben ab 46 Beschäftigten kann eine auf ein bis fünf Jahren befristete Reduzierung der Arbeitszeit mit Rückkehrgarantie ohne Begründung vereinbart werden. Dies ist bereits ab sechs Monaten Beschäftigungsdauer möglich. Der Arbeitgeber ist verpflichtet, den Wunsch des Arbeitnehmers zielgerichtet zu erörtern.

Ebenso gibt es verbesserte Rückkehrrechte in eine Vollzeitstelle.“ (Quelle: www.bmas.de)

- Fehlendes Finanzwissen lässt sich wohl kaum in einer Woche Bildungsurlaub kompensieren – jedoch wird man Anlageberatern danach mit Sicherheit mutiger unter die Augen treten und die besseren Fragen stellen. Das gilt für Alt und Jung.
- Die Deutsche Rentenversicherung bietet (nach Maßgabe der aktuellen Hygienevorschriften) mit Vorträgen und Seminaren ein kostenloses Informationsangebot für alle interessierten Personen in ihren eigenen Beratungsstellen, aber auch vor Ort, zum Beispiel bei Arbeitgebern (ggf. in Verbindung mit Betriebssprechtagen) oder Gewerkschaften (mehr unter: www.deutsche-rentenversicherung.de; Broschüren: Das Renten-ABC; Von Altersgrenze bis Zeitrente – das Rentenlexikon).
- In einem gewissen Umfang werden Aus- und Weiterbildungen bei der Rente positiv berücksichtigt, zum einen als (zusätzliche) Anrechnungszeit, zum anderen mit zusätzlichen Entgeltpunkten bei der Rentenhöhe.

  Tipp: Besprechen Sie sämtliche Ausbildungszeiten mit dem Berater im Rahmen der Klärung Ihres Versicherungskontos (Kontenklärung). Sollten Ihnen Unterlagen nicht (mehr) vorliegen, fordern Sie diese bitte umgehend an.

  Aber Vorsicht: Die Aufbewahrungsfristen sind oftmals sehr kurz. Anlaufstellen sind Bildungsträger, Schulen, Universitäten, Handwerkskammern, Arbeitsagenturen, Krankenkassen etc.

Fazit

Eine gute Bildung ist der Schlüssel für ein erfolgreiches und glückliches Leben – egal in welcher Form. Unterstützen Sie die jungen Menschen auf diesem Weg, ohne ständig den Zeigefinger zu erheben, zu kritisieren oder mit dem Standardausspruch „Früher war alles besser“ zu nerven. Geben Sie Erfahrungen weiter, fördern Sie Verantwortung und wirken Sie auf einen ehrlichen Generationenausgleich hin. Schauen Sie nicht weg, wenn ein junger Mensch in sein Elend rennt – jeder hat eine zweite Chance verdient. Es gilt die Formel:

Aus Fehlern lernen + Neues entstehen lassen = positive Fehlerkultur

Bildung ist eine Investition. Sie kostet nicht nur Zeit und Engagement, sondern auch Geld. Unter dem Strich bringt jeder höhere Abschluss über das gesamte Erwerbsleben zwischen 22 und 64 Prozent mehr Einkommen. – Zu diesem Ergebnis kommt eine aktuelle Studie des ifo-Instituts München im Auftrag von Union Investment (ifo-Institut München, 29.03.2017).

„Bildung zahlt sich nicht nur in Form eines höheren Einkommens aus. Auch das Arbeitslosigkeitsrisiko sinkt deutlich", sagt Prof. Ludger Wößmann, der die Studie mit seinem Team vom ifo-Institut erstellt hat. Nach einer DIW-Studie liegen derzeit die höchsten Bildungsrenditen bei 18,35 Prozent für Frauen in den neuen Bundesländern.

Uptodate mit der Renten-App

3

Unnützes Wissen: Nürnberg Langwasser

Langwasser ist ein Stadtteil im Südosten von Nürnberg und der Prototyp einer Trabantenstadt. Die Bezeichnung Langwasser kommt von einem kleinen Bach, der das Gebiet am östlichen Rand durchzieht. – So die Aufzeichnungen aus meinem Sozialkunde-Unterricht im Jahr 1981 bei Herrn H. an einem Darmstädter Gymnasium.

Was bitte hat Langwasser mit dem Thema Rente zu tun? Die unbequeme Antwort: In unseren Bildungseinrichtungen wurde (und wird weiterhin) gnadenlos Wissen vermittelt, das für das praktische Leben oftmals nur begrenzt geeignet ist. Während wichtige Themen wie Rente, Steuern, Aktien, Umwelt oder Tierschutz oft nur in Projektgruppen ohne Notenzwang im Schmalspurverfahren angekratzt werden, meißeln Pädagogen abstrakte Vorstadtprobleme über Monate hinweg in die Köpfe der Schülerinnen und Schüler.

Die 17. Shell Jugendstudie 2015 befragte 2.558 Jugendliche im Alter von 12 bis 25 Jahren zu ihrer Lebenssituation sowie zu ihren Orientierungen und Einstellungen. Im Rahmen von Seminaren oder Vorträgen, aber auch in Einzelgesprächen habe ich selbst vergleichbare Antworten junger Menschen erhalten, so dass ich Ihnen die wesentlichen Aussagen nicht vorenthalten möchte:

- Viele junge Menschen haben eine sehr pragmatische Haltung gegenüber den Herausforderungen, die Beruf, Alltag und Gesellschaft mit sich bringen.
- Viele streben einen gesicherten und eigenständigen Platz in der Gesellschaft an und sind bereit, bestehende Normen weitestgehend zu akzeptieren.
- Trotz vieler Krisenherde in aller Welt besteht mehrheitlich eine positive Grundhaltung – trotz eines Bewusstseins, dass es absolute Sicherheit nicht geben kann.
- Bemerkenswert sind das gestiegene politische Interesse, der Respekt gegenüber Kultur und Tradition sowie ein hohes Bewusstsein für Umwelt, Gesundheit, Freunde und Familie. Die jetzt 18-jährige schwedische Klimaschutzaktivistin Greta Thunberg zeigte jüngst mit den Aufrufen zu Schulstreiks eine (bewundernswerte) Geisteshaltung gegenüber der Zukunftsvergessenheit der Erwachsenen.

- Dagegen sind sozial schwächere Jugendliche deutlich weniger optimistisch. Das liegt auch an deutlich schlechteren Bildungschancen mit den dadurch verbundenen Konsequenzen: Probleme bei der Ausbildungsplatzsuche, Arbeitslosigkeit, gebrochene Erwerbsbiografien bis hin zu einer schlechten Altersversorgung.
- Deutliche Forderungen nach geeigneten Rahmenbedingungen für eine Familiengründung (z. B. Work-Life-Balance sowie Sicherheit im Job). Ängste und Befürchtungen bestehen insbesondere hinsichtlich Leistungsdruck in Schule, Ausbildung und Job (Versagensängste) sowie Schicksalsschläge wie schwere Erkrankungen, Scheidung oder Tod von nahen Angehörigen.

Diese Befragungsergebnisse bieten den Bildungsverantwortlichen eine echte Arbeitsgrundlage, junge Menschen sehr effektiv auf die Zukunft vorbereiten zu können: eine schöne Kindheit, eine von Verständnis geprägte Jugend, eine zielgerichtete Bildung und Unterstützung beim Erwachsenwerden, die Schaffung von Rahmenbedingungen für eine befriedigende Berufstätigkeit, die Einbindung von Gesundheits- und Umweltbewusstsein ergeben eine Mixtur, die den zukünftigen funktionierenden Generationsvertrag ausmachen. Platt könnte man es auch so formulieren: Sei nett zu der Jugend, denn sie sucht deinen Pflegeplatz aus. Die 18. Shell-Jugendstudie 2019 bestätigt im Wesentlichen die Ergebnisse der Vorstudie: Der Fokus liegt nunmehr verstärkt auf Umwelt- und Klimaschutz, aber auch auf der Notwendigkeit politischer Bildung vor dem Hintergrund einer vorhandenen Politik(er)verdrossenheit bei einer gleichzeitig hohen Akzeptanz der Demokratie in Deutschland.

Deine AidA-Strategie

Geben Sie Erfahrungen, Wissen und Werte an junge Menschen ohne erhobenen Zeigefinger weiter. Hören Sie sich die Ideen und Visionen der Jungen ohne Vorbehalt an. Ein Mix aus Erfahrung, Ideenreichtum und Realitätssinn birgt unendliche Chancen.

Lassen Sie auch einmal die Werte der Jugend auf sich wirken: Ist es wirklich wichtig, das nächste Auto (natürlich ein schwarzer SUV) immer eine Nummer größer zu kaufen?

Was ist dran an der Aussage: „Die Älteren leben auf Kosten der Jungen“? 89 Prozent der Bevölkerung äußern den Wunsch nach einer verstärkten Solidarität zwischen den Generationen! Hinderungsgründe sind unter anderem eine „Ich-Zentriertheit“ sowie fehlender wechselseitiger Respekt (laut einer Befragung des Versicherers Swiss Life, 2016).

Ein Tipp dieser beiden Gruppen an die jeweils andere: „Bitte unterlasse es, rücksichtslos, gleichgültig und egoistisch zu sein." In der oben genannten Befragung wird weiter festgestellt, dass in der Familie und bei der Arbeit der Zusammenhalt der Generationen erstaunlich gut funktioniert (mehr unter: www.swisslife.com).

Möglicherweise sollte hinsichtlich der Startschwierigkeiten junger Menschen sowie den steigenden Lebenserwartungen wesentlich früher in den Familien überlegt werden, Vermögenswerte (teilweise) bereits weit vor dem eigentlichen Erbfall zu übertragen.

Tipps vom Rentenmechaniker:

- Die Deutsche Rentenversicherung bietet mit dem sogenannten „Rentenblicker" eine Informationskampagne speziell für junge Menschen an (mehr unter: www.rentenblicker.de).
- Langsam wird es in diesem Alter ernst mit der Rente: Der erste kleine Job (Minijob/Ferienjob), möglicherweise steht auch der Ausbildungsplatz vor der Tür. Die Schulzeit wird zwar ab dem 17. Lebensjahr für die Rente berücksichtigt, jedoch nur als beitragsfreie Zeit (ohne direkte Auswirkungen auf die spätere Rentenhöhe). Möglicherweise empfiehlt sich die (laufende) Einzahlung von freiwilligen Beiträgen, da eine spätere Nachzahlung nur für die Zeit vom 16. bis 17. Lebensjahr sowie für Schul-/Studienzeiten über einem Anrechnungsumfang von acht Jahren möglich ist. Hierfür bietet sich ggf. das Guthaben aus einem bei der Geburt abgeschlossenen Sparplan an.
- Besteht eine versicherungspflichtige Beschäftigung (insbesondere Minijob/auch Pflegetätigkeit), kann die Riester-Förderung schon früh in Anspruch genommen werden. Neben der Grundzulage bekommt der junge Mensch einen Einsteigerbonus von 200 Euro (einmalig). Der Eigenbeitrag wird oftmals nur bei 60 Euro im Jahr liegen. Geht auch neben Schule oder Studium.
- Ab dem 15. Lebensjahr können Rentenbeiträge gutgeschrieben werden, sofern eine nicht erwerbsmäßige Pflege (ab Pflegegrad 2) erfolgt. Hierzu sollten Sie bitte die Pflegekas-

se oder ggf. das Sozialamt ansprechen. Für Studenten evtl. eine doppelte Win-Win-Situation: eine günstige Unterkunft bei Oma Helga in der zu groß gewordenen Wohnung, Rentenpunkte on top und die alte Dame hat täglich lebensfrohe Unterhaltung.

- Die Versicherungsnummer bei der Deutschen Rentenversicherung wird in der Regel durch den ersten Arbeitgeber vergeben.

  Tipp: Da bereits durch andere Umstände eine Rentenversicherungsnummer vergeben worden sein kann (z. B. über die Krankenkasse), empfiehlt es sich, bei einer Beratungsstelle der Rentenversicherung nachzufragen und ggf. die Zusendung dieser Nummer zu erbitten.

- Möglicherweise laufen im Alter von 18 Jahren die ersten Kinderschutzpolicen aus. Prüfen Sie die Optionen einer möglichen Weiterführung ggf. mit Tarifumstellung.

Fazit

Der Ernst des Lebens beginnt schneller als man denkt. Ausgestattet mit wichtigen Grundkompetenzen sollte das Abenteuer Schulabschluss, Berufs- oder Studienwahl ggf. in Verbindung mit einer „Kreativ-Phase“ (Gap-Year) gelingen – pandemiebedingt vielleicht etwas später oder in anderer Form. Gut, dass Sie vor 18 Jahren den Sparplan bei der ABC-Bank begonnen haben und das Praktikum in den USA bezahlt werden kann – und Oma spendiert das Flugticket.

Praktikum im Rentenamt

Das hatte sich die 16-jährige Jana etwas anders vorgestellt: Statt einen der begehrten Praktikumsplätze in der angesehenen Werbeagentur Klein und Förster anzutreten, landete sie per Losverfahren im Rentenamt – genauer in der Hauptverwaltung eines regionalen Rentenversicherungsträgers. Dumm gelaufen, möchte man meinen. „Die zwei Wochen werde ich schon rumkriegen – immerhin haben die eine gute Kantine und einen überwachten Abstellplatz für das 1.000-Euro-Bike.“ Den Mutigen gehört die Welt und aufgeben ist nicht unbedingt eine von Janas Lebensthesen.

„Schön, dass Sie da sind. Dann will ich Ihnen den Laden einmal etwas genauer zeigen.“, Oliver P., Ausbilder bei der Rentenversicherung, nimmt Jana in Empfang. „Lassen Sie uns einfach mal bei einer Tasse Tee oder Kaffee besprechen, was in den kommenden zwei Wochen auf Sie zukommt. Vielleicht haben Sie ja besondere Wünsche oder Ideen?“

Klasse Einfall, als Erstes die hochgelobte Kantine von innen kennenzulernen.

„Haben Sie eine Vorstellung, was wir hier eigentlich machen?“ – „Äh, ja und nein – ich denke, in erster Linie Rente an alte Leute auszahlen oder an Waisen?“ – „Richtig. Das ist eines unserer Kerngeschäfte. Aber der gesetzliche Auftrag geht weit darüber hinaus.“

Jana erfährt nun, dass nahezu jeder in Deutschland und erstaunlich viele Menschen im Ausland ein Konto bei der Rentenversicherung haben, in dem sehr viele persönliche Daten erfasst werden, die später für die Zahlung der Rente benötigt werden. „Wir sind quasi die Vorstufe von Petrus: Hier wird alles bis 67 registriert“, grinst Oliver P.

Dieses sogenannte Versicherungskonto muss über viele Jahre sorgfältig geführt werden. „Viele Konten sind ungeklärt und haben Lücken und Fehlzeiten; deshalb haben wir eine Abteilung nur für die Aktualisierung der vielen Daten.“ Toll, aber ist das nicht langweilig? „Langweilig wird es selten, da immer wieder neue Gesetze und Techniken beachtet werden müssen. Manchmal muss man auch ein wenig kreativ und pragmatisch an Sachverhalte rangehen. Im Nebengebäude sitzt die Rentenabteilung. Hier werden alle Rentenarten wie Alters-, Invaliden- oder Hinterbliebenenrenten bearbeitet. Unter uns befindet sich die Reha-Abteilung für Kuren, Umschulungen und diversen Leistungen, um wieder fit für den Job zu werden. Dort arbeiten auch Ärzte als Gutachter sowie spezielle Reha-Fachberater. Hier auf dem Flur ist die Personalabteilung, die Bauabteilung, die Geschäftsführung sowie die Rechtsabteilung für Streitfälle.“ Weiter geht es mit der IT-Abteilung, einer Pressestelle, diversen Sonderbereichen wie Ausbildungsabteilung, Datenschutzbeauftragten bis hin zu einem Bereich im Erdgeschoss, der sich als Beratungsstelle herausstellt.

Beratungsstelle? „Ja – die Menschen benötigen sehr oft unsere Hilfe bei den komplexen Fragestellungen im Rentenrecht: Wann kann ich eigentlich in Rente gehen? Wie hoch ist diese dann? Wie bin ich krankenversichert? Kann ich selbst etwas einzahlen? Lohnt sich das?

Hier landen auch viele Probleme, die sich aus dem Alltag ergeben: Selbstständigkeit, Scheidung, längere Krankheit, Jobverlust, Vorruhestand ... Die Liste ist nahezu unendlich lang. Wie schon gesagt: Hier tobt das wahre Leben von 0 bis 67 und letztlich bei Witwen- oder Witwerrenten auch darüber hinaus."

Nachdenklich sitzt Jana am Abend am Tisch: Frau Schuster im Erdgeschoss redet immer von der kleinen Rente – da muss im Leben ganz schön was schief gelaufen sein. Oder Marvin, der erzählt, dass er mit 9 Jahren Rentner wurde – klar, sein Vater ist ja verstorben. Und dann noch Tante Anke, die bei der Scheidung „Rentenpunkte" an Onkel Bernd abgeben musste, der nie „geklebt" hat. „Geklebt" – den Begriff muss sie morgen noch einmal mit Oliver besprechen und auch noch klären, ob diese Rentenanstalt auch eine Werbeabteilung unterhält: Irgendwer muss ja den Spruch mit der sicheren Rente erfunden haben, der allgegenwärtig durch den Kakao gezogen wird. 3

Deine AidA-Strategie

Augen auf bei der Berufswahl!

Auch abseits der gängigen Wunschberufe gibt es interessante Möglichkeiten. Es lohnt sich, einmal vermeintlich unbequeme Dinge auszuprobieren (mehr auch unter: www.planet-beruf.de; www.test.de/bildung-beruf; www.bibb.de; www.dasbringtmichweiter.de; z. B. Broschüre „Jo B – Das Joblexikon" sowie weitere dort genannte Broschüren; Bezugsquelle: Bundesministerium für Arbeit und Soziales – www.bmas.de).

Zahlreiche private Berufs- und Karriereberatungen tummeln sich im Markt – gegen Bezahlung, versteht sich. Hinterfragen Sie das Geschäftsmodell, Referenzen und die Qualifikation der Berater genau, damit der mögliche Mehrwert zweifelsfrei erkennbar wird. Die Erstkontaktaufnahme sollte unbedingt unverbindlich und kostenlos sein (mehr unter: www.bbregister.de).

Praktika und Co. als Chance

Versuchen Sie bei Praktika und Co. mit möglichst vielen Menschen in Kontakt zu kommen. Fragen Sie diesen nach Möglichkeit „Löcher" in den Bauch. Sie haben nichts zu verlieren – wer nicht fragt, bleibt bekanntlich dumm.

Wichtig: Lassen Sie sich bei einem Praktikum nicht ausnutzen: Sie sollen lernen und nicht das Lager entrümpeln. Sprechen Sie Probleme höflich und sachlich direkt an (Vorgesetzter, Betriebsrat, Eltern oder Vertrauenslehrer). Es gelten die strengen Regelungen des Jugendarbeitsschutzgesetzes.

Neue Chancen

Sie haben heute viel mehr Möglichkeiten der beruflichen Entwicklung als die Generationen vor Ihnen. Deren Vorteil einer möglichst sicheren Ausbildungs- und Berufsplanung endet oft in Frust, innerer Kündigung, Burnout und Co. – da nutzt die sichere Rente nach 45 Jahren auch nicht wirklich viel.

Jugendgarantie

Die Jugendgarantie ist ein Konzept zur Bekämpfung der Jugendarbeitslosigkeit. Ihr Ziel ist, dass alle jungen Menschen unter 25 Jahren – ob bei der Agentur für Arbeit gemeldet oder nicht – innerhalb von vier Monaten nach Abschluss ihrer Ausbildung oder nachdem sie arbeitslos geworden sind, ein konkretes und qualitativ hochwertiges Angebot erhalten. Dieses Angebot – eine Arbeitsstelle, ein Ausbildungsplatz, ein Praktikum oder eine Fortbildung – sollte auf die persönliche Situation und die Bedürfnisse der Person abgestimmt sein. Sprechen Sie die Berufsberatungsstellen in den Arbeitsagenturen an (mehr unter: www.ec.europa.eu; www.arbeitsagentur.de; www.beroobi.de;www.bmas.de).

Positiv denken

Weg mit den negativen Gedanken wie „Das klappt ja nie" oder „Das wird wieder nichts". Die Gesellschaft hat im Hinblick auf den demografischen Wandel sehr deutlich erkannt, wie wichtig ein solider Unterbau für die Versorgung zukünftiger Rentnergenerationen ist. Vor allem, dass die Umverteilung nicht nur von jung nach alt gehen kann. Dieser Prozess ist zwar für die Generation 50+ unbequem, aber nicht mehr umkehrbar. Wenn Sie in diesen Denkprozess mit „Ich kann ... – Ich bin ... – ich darf ..." einsteigen, haben beide Seiten langfristig etwas davon.

Tipps vom Rentenmechaniker:

- Bei der Berufswahl sollten neben Eignung und Spaßfaktor auch die Entwicklungs- und Verdienstmöglichkeiten mit einem längeren Zeithorizont betrachtet werden. Ein Verdienst deutlich unter Bundesdurchschnitt (2021: 41.541 Euro p. a.) über längere Zeit bedeutet keine günstigen Vorzeichen für die spätere Rente. Dieses Einkommen wird übrigens für Rechenmodelle wie Eckrentner o. Ä. zugrunde gelegt. Als Eckrentner wird eine Person bezeichnet, die 45 Jahre lang immer Beiträge als Durchschnittsverdiener in die Rentenkasse eingezahlt hat. Monatliche Rentenhöhe seit dem 01.07.2020: 1.538,55 Euro (brutto).
- Sprechen Sie bei Praktika, Bewerbungsgesprächen etc. auch das Thema Betriebliche Altersversorgung, Betriebliches Gesundheitsmanagement und sonstige weiche Faktoren an. Hier können Sie erkennen, welche Wertschätzung der „Wirtschaftsfaktor Mensch" in dieser Branche bzw. in diesem Unternehmen erhält. Auch Zeitwertkonten, Homeoffice und Arbeitszeitmodelle sind eine Frage wert.
- Fragen Sie weiter nach Fort- und Weiterbildungsprogrammen. Welche gibt es? Wie hoch ist die Fluktuation? Wie sieht die Altersstruktur im Unternehmen aus? Welche Vorruhestandsmodelle oder Begleitmaßnahmen für Ältere beim Übergang in die Rente wurden bislang praktiziert? Ggf. suchen Sie das Gespräch mit Vertretern des Betriebs- oder Personalrats bzw. der Jugendvertretung.
- Lassen Sie sich Nachweise über absolvierte Praktika etc. geben. Sofern ein Entgelt gezahlt wurde, bekommen Sie einen Meldenachweis gezahlter Rentenversicherungsbeiträge.

  Tipp: Im Versicherungsverlauf (Versicherungskonto) muss ein Praktikumsentgelt mit dem Zusatz „Berufliche Ausbildung" gekennzeichnet sein.
- Melden Sie sich nach Beendigung der Schulausbildung auf jeden Fall „ausbildungssuchend" bei der Arbeitsagentur, da diese Zeit rentenrelevant sein kann.

Fazit

Gut informiert sollte der Start ins Erwerbsleben ohne größere Probleme gelingen – wenn man das auch selbst möchte (mehr unter: www.berufsstart.de).

Plötzlich 18!

Endlich volljährig, dazu voll geschäftsfähig. Führerschein, ohne Begleitung Autofahren, Heiraten, Alkohol, Kauf- und Mietverträge nach Wahl – herzlich willkommen im wahren Leben. Die Schonzeit ist endlich vorbei. Bestenfalls gibt es noch ein wenig Rabatt nach dem Jugendstrafrecht. Und bei bestimmten Versicherungen greifen noch Familienkonditionen, sofern das Kind bestimmte Einkommensgrenzen nicht überschreitet.

Diese Zielgruppe 18+ haben natürlich auch windige Geschäftemacher erkannt, die dem taffen Nachwuchs alles Mögliche andrehen wollen. Jetzt zeigt sich, wie die letzten 18 Jahre wirklich gelaufen sind. Hat das Kind Vertrauen zu Eltern, Großeltern, Lehrern, Geschwistern, Freunden und Bekannten entwickelt, um deren Rat und Lebenserfahrung nutzen und annehmen zu können? Herrscht genügend Selbstvertrauen, um Entscheidungen zurückzustellen, um ausreichend überlegen zu können? Ist genügend „mediale" Kompetenz vorhanden, die vor zu schnellen Spontanentscheidungen schützt? Gibt es eine Grundkompetenz in Finanzfragen?

Gerade Handyverträge, Online-Einkäufe, Fitnessclub-Verträge oder diverse Internetdienstleistungen treiben junge Menschen in den Schuldenstrudel. Wenn der Umgang mit Geld nicht frühzeitig trainiert wurde, ist ein finanzieller Kollaps vorprogrammiert.

Ein Erwerbsleben mit einem vier- oder fünfstelligen Minusbetrag zu beginnen, ist der erste Todesstoß für die weitere Altersvorsorge. Der Zinseszins wirkt hier gnadenlos (progressiv) negativ, vor allem, wenn die Situation über lange Zeiträume ignoriert wird.

Tipp:
Einmal jährlich können Sie von der Schufa Ihre Grunddaten (kostenlos – Datenkopie nach Art. 15 der DSGVO) anfordern!

Deine AidA-Strategie

Spare in der Zeit ...

Beschränken Sie Überziehungskredite auf ein absolutes Mindestmaß. Besser noch: Sorgen Sie für eine unantastbare Rücklage auf dem Konto. Sobald der Kontostand unter (z. B.) 500 Euro fällt, gilt das Konto als überzogen. Kreditkarte? Ja – und dann möglichst Prepaid, um den Verlockungen der späten Zahlungspflicht zu entgehen.

Sparen Sie am Anfang (!) des Monats einen festen Betrag: Was weg ist, ist weg. Das geht automatisch mittels Dauerauftrag oder Einzugsermächtigung. Lohnerhöhungen oder Sonderzahlungen werden zu 30 oder 50 Prozent ebenfalls zurückgelegt. Wie sagte vor Jahren der Finanztrainer Bodo Schäfer: „Sparen heißt sich selbst bezahlen." Und: Lassen Sie sich nicht von der aktuellen Niedrigzinsphase vom „Sparen" abhalten: Ersetzen Sie „sparen" durch „investieren" – in sich selbst oder in „Ihre Zukunftsprojekte".

Selbstcheck

Fragen Sie sich selbst: Wie viele Dinge haben Sie spontan (per Klick) gekauft, aber nie benutzt: die hippe Uhr auf der Messe; das sechste Objektiv für Ihre Fotoausrüstung, die im Schrank verstaubt; das Polohemd von Kamp Philip, weil 20 Prozent Rabatt lockten, oder der neunte (originalverpackte) Feng Shui-Ratgeber, der das Vermüllen des Arbeitszimmers beenden sollte. Avanciert Kaufen zur Sucht? Ja: KAUFEN ist eine der Lieblingsbeschäftigungen der Deutschen. Aber: Besitz belastet (mehr unter: https://journal.bkkgs.de/ausgabe-2017-03/weniger-ist-mehr/).

Bewusst und geplant getroffene Kaufentscheidungen sind Ihre persönliche Unabhängigkeitserklärung als Unternehmer im Masterplan Leben. In Abänderung des Slogans des gelb-blauen Möbelhauses: Leben Sie schon oder kaufen Sie noch? Wollten Sie nicht ohnehin Ihre diversen Kundenkonten löschen und die 34 nervigen Newsletter abbestellen? Mut zur (bewussten) Lücke!

Luxussteuer

Führen Sie eine eigene „Luxussteuer" ein. Für alles, was Sie als nicht lebensnotwendig kaufen, packen sie 20 oder auch 50 Prozent des Kaufpreises in eine Spardose – ohne Schlüssel. Stellen Sie sich vor (!)

dem magischen „Klick“ die einfache Frage: Würde ich den Artikel auch kaufen, wenn er doppelt so teuer wäre?

Analog statt digital

Leben Sie einmal eine Woche oder einen Monat analog: ohne Handy, ohne Internet, ohne virtuelle Freunde. Beachtenswert: Nach einer Studie des Forsa-Instituts im Auftrag der DAK-Gesundheit im Jahr 2019 wollten 49 Prozent der 14- bis 29-Jährigen mehr offline sein (2017: 38 Prozent). Für 62 Prozent aller Befragten steht Stressabbau auf Platz 1 der guten Vorsätze. Außerdem noch Tageszeitung lesen, Radio hören, sich mit Freunden, Eltern oder Bekannten „analog“ treffen, bar bezahlen und auch mal was spenden.

Tipps vom Rentenmechaniker:

- Schulden sind der Anfang möglicher Pfändungen späterer Renten. Zwar sind die eingezahlten Rentenbeiträge vor einem Zugriff von Inkasso und Co. geschützt, nicht aber die Rente an sich. Aktuell sind 1,58 Mio. Menschen unter 30 verschuldet!
- Schulden machen krank! Und einsam! Schuldnerberatungen werden unter anderem von der Caritas und anderen Verbänden angeboten (z. B. www.caritas.de). Leider sind die Wartezeiten oft sehr lang.
- Die Deutsche Rentenversicherung berät im Rahmen ihrer Wegweiser-Funktion zu den Modellen der geförderten Altersvorsorge. Das dort angesparte Kapital ist weitreichend pfändungsgeschützt (mehr unter: www.ihre-vorsorge.de).
- Die ersten Beitragszahlungen in die Rentenversicherung können bereits erhebliche Leistungsansprüche auslösen: Reha-Leistungen, Erwerbsminderungs- oder Hinterbliebenenrenten. Manchmal reicht ein einziger Beitragsmonat. Spätestens nach zwölf Beitragsmonaten aus einer Beschäftigung haben Sie einen Anspruch auf Rente aus gesundheitlichen Gründen unabhängig von der Ursache (Unfall oder Erkrankung). Grund: Vorzeitige Wartezeiterfüllung. Dennoch sollte in jungen (gesunden) Jahren die Basis für ergänzende Berufsunfähigkeits- und Risikolebensversicherungen gelegt werden.

- Mit dem 18. Lebensjahr entfallen ggf. Ansprüche auf (Halb-)Waisenrenten, sofern Sie sich nicht mehr in Ausbildung befinden. Stellen Sie rechtzeitig Ihren Antrag auf Weiterzahlung, ggf. unter Nutzung der eServices der Rentenversicherung.

Fazit

Dieser magische 18. Geburtstag hat es in sich: Mehr Rechte – Neue Pflichten. Und: Verantwortung für das eigene Handeln vor Gesetz und schlimmstenfalls vor Gericht zu übernehmen.

Wahre Werte – Werte Ware

„Kaufe nur, was du verstehst." – Dieser Ausspruch wird dem legendären Großinvestor Warren Buffett zugeschrieben. Sein Prinzip: Den wahren inneren Wert eines Investments erkennen und es möglichst unter diesem Wert erwerben – sowie langfristig denken und planen.

„Kaufen" bedeutet auch besorgen, anschaffen oder erstehen – somit geht es über die enge Definition des „Einkaufens" hinaus: Investieren, sparen, sich bilden, sich (gesund) ernähren, sich etwas Gutes gönnen, Dienstleistungen aller Art abrufen oder auch spenden oder schenken.

Wer nicht fragt, bleibt dumm – der gängige Slogan aus der Sesamstraße. Von Kindern können wir ganz einfach lernen, dass nur vieles Fragen und Nachfragen den gewünschten Erfolg bringt. Kinder sind ehrlich, aus Erwachsenensicht gelegentlich respekt-, gnaden- und erbarmungslos. Eben ehrlich. Das soll nicht heißen, dass Sie beim nächsten Gespräch mit Bankberater, Kfz-Meister oder Pastor die berühmte Sau raus lassen sollen.

Aber: Wenn Sie für eine Dienstleistung bezahlen müssen, soll Ihr Gegenüber Ihnen auch genau erklären, warum eben diese Leistung genau diesen Betrag kostet. Wertschätzung funktioniert eben nur wechselseitig.

Deine AidA-Strategie

Wissen ist Macht!

Wir leben in einer sehr komplexen Welt, die scheinbar unendlich viele Chancen, aber auch Fallen bietet. Sprechen Sie einmal mit

Älteren darüber, was im Leben wirklich wichtig ist. Das analoge Leben war nicht immer schlechter. Die 30-jährige Tochter eines Bekannten eröffnete kürzlich ein Fachgeschäft für Wolle – seit Mai 2020 mit zusätzlichem Online-Vertrieb.

Wissen ist Macht – nichts wissen macht nichts. Man mag gelegentlich darüber lachen und wer zuletzt lacht, lacht am besten. Doch das sind meistens andere.

Der moderne Mensch ertrinkt in Informationen. Alle paar Jahre verdoppelt sich das Wissen. Kaufen Sie sich trotzdem einmal ein allgemein bildendes Lexikon in Buchform und arbeiten Sie es von A bis Z durch, zum Beispiel in der Straßenbahn, in der Badewanne, beim Warten auf die Freundin oder kurz vor dem Einschlafen. Plötzlich sind DAX, Diabetes, DAF oder DDR keine Fremdwörter mehr.

Kompetenzentwicklung

Entwickeln Sie bestimmte Kompetenzen, die vom Mainstream abweichen: Fotografieren Sie analog und entwickeln Sie die Bilder selbst; spezialisieren Sie sich auf gesundes Kochen mit Kräutern und Co. oder werden Sie Experte für eine bestimmte Region oder Landschaft. Möglicherweise kombinieren Sie bestimmte Kompetenzen – alleine oder mit anderen und entwickeln so ein neues Geschäftsmodell. Neue Aufgaben sind ein wahrer Jungbrunnen für Körper und Geist.

Was hat das bitte mit Altersvorsorge zu tun? Der Tag hat 24 Stunden, die Woche 168 Stunden. Minus 9 Stunden (täglich) für Schlaf, Nahrungsaufnahme und Körperpflege, verbleiben 105 Wochenstunden für das „produktive" Leben. Bei einer außertariflichen 60-Stunden-Hetzjagd gehören Ihnen nur noch 42,9 Prozent. Zurück ins zweite Glied mit 25 Arbeitsstunden wären es 76,2 Prozent – ein Plus von fast 78 Prozent!

Tipps vom Rentenmechaniker:

- Vorsicht: Arbeitszeitreduzierungen sollten möglichst befristet erfolgen. Rentenverlust pro 1.000 Euro Bruttogehalt = 0,84 Euro Monatsrente.
- Erwiesen: Im Alterssicherungsbericht 2020 gelten Selbstständige (die oftmals zeitweise auch parallel als Angestellte gearbeitet haben) sowie langjährig (unfreiwillig) Teilzeit-

beschäftigte (oftmals Frauen) als potenziell von Altersarmut bedrohte Personen. Die neue Grundrente und eine geplante Versicherungspflicht für Selbstständige (ab 2024?) sind zumindest erste konkrete Schritte in die richtige Richtung.

- Achtung: Neben niedrigen Pflichtbeiträgen können keine freiwilligen Zusatzbeiträge gezahlt werden. Jedoch sind Pflichtbeiträge aus mehreren Beschäftigungen (und ggf. einer Selbstständigkeit) zeitgleich möglich. Durch das Flexirentengesetz 2017 gibt es zudem neue Einzahlungsregeln.
- Allerdings: Wenn der Vollzeitarbeitnehmer erschöpft mit 63 in Rente geht, hagelt es Abschläge: 14,4 Prozent. Somit hat der alternative Teilzeitaussteiger am Ende mit 67 über 110 Euro mehr im Monat (vgl. Kapitel 11.1, Tabelle 2 und 3).
- Bitte bedenken: Für Teilzeitbeschäftigte kann die Karriere oftmals begrenzt oder beendet sein. Auch muss im Unternehmen selbst eine Teilzeitkultur bestehen, um Neid-Diskussionen oder Arbeitsverdichtungen zu vermeiden. Aber: „Die neue Brückenteilzeit kann hier jedoch eine Trendwende einläuten, da die Arbeitszeitreduzierung befristet ist und zu verbindlichen Konditionen vereinbart wird. Dies wird bei vielen (Vollzeit-)Beschäftigten neue Denkmuster erzeugen."– so die Personalrätin Irina Rehberg bei einem Führungskräfteseminar.
- Der Appetit kommt beim Essen. Ein Durchdenken von Alternativen zum bisherigen Arbeitszeitmodell kann nicht schaden. Wertvolle Anregungen unter: www.zeit.de/arbeit/2020-09/viertagewoche-arbeitszeit-work-life-balance-nachteile; www.arbeitszeit-klug-gestalten.de

3

Fazit

Es gibt – auch bei vermeintlich – schrägen Lebensentwürfen genügend (auch weniger bekannte) Möglichkeiten, eine gute Altersvorsorge zu gestalten. Gewusst wie!

Der Ernst der Rente beginnt

4

Die zweite historische Chance

Sie erinnern sich sicherlich noch an die Zinseszins-Berechnungen in Kapitel 1. So konnten Sie im günstigsten Fall mit bereits 4,29 Euro Rentenmillionär werden. Leider dumm gelaufen: Einzahlungsbeginn war bekanntlich Tag EINS auf diesem Planeten.

Auf unserer Vorsorgereise befinden wir uns jetzt schon mitten im Leben: Die Schule ist oder hat uns geschafft, der Ausbildungsvertrag ist unterschrieben oder der nette Hausmeister vom Studentenwohnheim half beim Hochtragen der viereinhalb Umzugskisten.

„Das Studium zählt bei der Rente ohnehin nicht mit", „Lehrjahre sind keine Herrenjahre", „die Generation Praktikum wird es einmal sehr schwer haben" – heute typische Floskeln. Vor 30 Jahren hieß es dagegen: „Wenn du Chemie studierst, wirst du bestenfalls Taxifahrer" oder „Handwerk hat goldenen Boden". Anders, aber nicht unbedingt besser.

Als ob bestimmte Personen ab einem gewissen Alter Spaß daran haben, den jungen Menschen den Einstieg ins Leben so richtig zu vermiesen. Liegt es etwa daran, dass die Klassenfahrt damals in den Odenwald und nicht nach Barcelona ging? Oder dass der fehlende Geschirrspüler die junge Haut zu Spülhänden mutieren ließ? Meine Vorbilder sind in dieser Hinsicht unsere Lieblingsnachbarn Uta und Zenon, die ihrem Nachwuchs nahezu alle Freiheiten lassen, die dieser auf dem Berufsfindungsweg benötigt. Dennoch gibt es auch dort klare Spielregeln, vor allem Respekt und Vertrauen.

Möglicherweise liegt der wahre Grund für die „Wut" der Alten auf die Jugend nicht im nahenden Lebensende, schließlich gilt die Altersgruppe um 70 als die zufriedenste. Sondern vielmehr an der Erkenntnis dieser Jugend, dass das „Erwerbsleben" nicht aus 45 oder 50 Jahren Vollzeitschufterei besteht, um dann endlich erschöpft in die Rente zu sinken.

Zudem erfährt die Sache mit der Erbengeneration eine völlig neue Dimension: Wenn früher die Eltern zwischen 60 und 75 Jahren starben, erbten Menschen zwischen 15 und 50. Sterben heute die Menschen zwischen 75 und 90 Jahren, sind die Erben zwischen 30 und 65 oder auch älter. Ging also früher das Erbe direkt an die pulsierende und geldbedürftige, eher junge Familie, landet es heute erst einmal bei potenziellen Frührentnern, die oftmals schon ausgesorgt haben.

Plötzlich ist bei dieser Umverteilung eine Generation mehr vorhanden, die einerseits das Geld nicht unbedingt benötigt (also teilweise – dank legaler Schenkung steuerfrei – durchreichen könnte), andererseits panische Angst vor der eigenen Zukunft hat, da eine hohe Restlebenserwartung die Angst vor hohen Krankheits- und Pflegekosten schürt. Dabei darf auch die Frage erlaubt sein, ob die Anbieter dieser Dienstleistungen eben genau einen Blick auf diese Vermögenswerte haben. Ich habe bis heute nicht verstanden, warum Pflegeeinrichtungen Tagessätze berechnen, für die ich mich lebenslang in eine Suite in einem 4 Sterne-Hotel einmieten könnte – bei deutlich besserer Verpflegung.

Zurück zum Thema Berufseinstieg: Neben dem Erhalt von Ausbildungsvertrag oder einer erfolgreichen Immatrikulation beginnt oftmals die eigene Mitgliedschaft in den sozialen Sicherungssystemen Kranken-, Pflege-, Renten- oder Arbeitslosenversicherung. Daneben wird man zwangsläufig rekrutiert in der Zunft gebeutelter Steuerzahler, ggf. Mitglied einer Berufsorganisation (Gewerkschaft), Pensionskasse und Co., schließt Verträge zu vermögensbildenden Leistungen ab oder nutzt die lockenden Sondertarife von Versicherungen, Banken oder Dienstleistern. Willkommen im Leben.

Was aber ist jetzt wirklich wichtig? Ganz einfach: der erfahrene Rat von ehrlichen Menschen, die mir nichts verkaufen, vormachen oder vorlügen wollen.

Ich blicke dabei selbst zurück auf meine eigene Situation mit 22 oder 23 Jahren. Gerade in Berlin mit dem Studium begonnen, sollte ich diverse Versicherungen abschließen, Mitglied in einer Gewerkschaft werden und unbedingt die Bank wechseln. Kurzum: Die Bank habe ich gewechselt, weil die „nette" Bankberaterin meinen Kontostand durch die halbe Schalterhalle brüllte; die Krankenversicherung habe ich dort abgeschlossen, wo alle waren; einen Lebensversicherungsvertrag habe ich nach einer Woche widerrufen; in der Gewerkschaft bin ich seit 1992 und beim ADAC bereits seit der Bundeswehr, weil ich den Gelben Engel kennenlernen wollte (und musste). Alles richtig gemacht?

Doch wer sind denn nun die ehrlichen Menschen, die einen erfahrenen Rat geben können?

- Die Oma aus dem Osten, die vor zu viel Fleischverzehr warnt(e)?
- Der flippige Nachbar, der mit 47 in Frührente ging und Insolvenz anmelden musste?
- Der alte Hase von der Sparkasse, der mir nie was angedreht hat – außer den Fußballergebnissen seines abgestiegenen Lieblingsvereins?
- Der Pastor meiner Gemeinde, der bereits dreimal vom Landesbischof abgemahnt wurde und immer noch auf der Kanzel steht?
- Die Hausärztin, die mich weiter behandelt, obwohl die Praxis für Kassenpatienten geschlossen ist und nie eine Rechnung schickt?

Fazit: Mit dem Einstieg in das Arbeitsleben werden Sie sanft daran erinnert, dass jetzt vieles anders ist und Sie selbst Verantwortung für viele Bereiche übernehmen müssen, die Sie bislang ausgeblendet haben. Jedoch sollten Sie dafür mindestens so viel Zeit investieren wie für die Wahl eines neuen Smartphones einschließlich der Montage der Displayschutzfolie. Sie werden es nicht bereuen. – Diesen alten Lebensversicherungsvertrag hätte ich wegen der Garantieverzinsung und der steuerfreien Auszahlung doch behalten sollen. Hätte.

Deine AidA-Strategie

Mit 20 haben Sie bereits 7.280 Tage für Ihre erfolgreiche Altersvorsorge „verpasst" – sofern Ihre Eltern dieses Buch nicht gelesen haben. Als junger Mensch musste ich mir von meiner Stiefmutter den Spruch anhören: „Auch du wirst einmal alt werden." Stimmt.

Kopf hoch: Schließlich haben Sie noch 25.480 Tage (bis 90) vor sich. Das ist mehr als das Dreifache! Die Beratungsstellen der Rentenversicherung sind auch für junge Menschen geöffnet.

Raucher, Radfahrer ohne Helm oder der High-Speed-Kick mit dem Sportwagen ... Das Leben kann auch ganz schön kurz sein. Zu kurz.

Man begegnet sich immer zweimal und die Welt ist ein Dorf. Es stimmt. Negative Emotionen sollten Sie möglichst kontrollieren. Der (unsachliche) Streit mit dem Chef, Professor oder Kollegen kann sich fürchterlich rächen. Mein heutiger Geschäftsführer war vor über 25 Jahren der „neue Referendar" im Flur nebenan.

Tipps vom Rentenmechaniker:

- Vermögen zum Nulltarif aufbauen: Bis zu 40 Euro im Monat spendiert Ihr Arbeitgeber im Rahmen vermögenswirksamer Leistungen. Hinzu kommen ggf. Sparzulagen oder Wohnungsbauprämien. Nachfragen kann sich also lohnen (mehr unter: www.test.de oder www.finanztip.de).

- Rentenbeiträge während einer Ausbildung werden oftmals deutlich höher bewertet, als dies nach dem echten Entgelt möglich ist. Diese Nachweise sollten Sie unbedingt aufheben. Beiträge werden übrigens auch entrichtet, wenn Sozialleistungen wie Kranken- oder Arbeitslosengeld I gezahlt werden.

- Prüfen Sie den Leistungskatalog Ihrer aktuellen Krankenkasse. Ist dieser optimal für Sie als Sportler, Ernährungsexperte oder Familiengründer? Habe ich einen festen Ansprechpartner vor Ort?

  Tipp: www.krankenkasseninfo.de

- Diese Nummern sollten Sie immer dabei haben: Rentenversicherungsnummer (die mit dem Geburtsdatum in der Mitte); BIC und IBAN für Geldleistungen (siehe EC-Karte), die Steueridentifikationsnummer (11-stellig) sowie die Mitgliedsnummer Ihrer Krankenkasse. Ideal: Auch gleich noch die Telefonnummern notieren oder alles mit dem Handy abfotografieren.

- Die geförderte Altersvorsorge bietet günstige Einstiegskonditionen: Einsteigerbonus bei Riester sowie meist niedrige Eigenbeiträge infolge des niedrigen Gehalts. Allerdings ist wegen der anhaltenden Niedrigzinsphase die Produktauswahl deutlich eingeschränkt. Außerdem wird über Reformmaßnahmen diskutiert, so dass besonders bei angedachten Neuabschlüssen Vertriebs- und Wechselkosten unter die Lupe genommen werden sollten. Laut VersicherungsJournal.de vom 07.01.2021 ist der Bestand an Riesterverträgen auch 2020 weiter rückläufig. Abwarten als Königsweg?

  Tipp: Studenten können bereits über Minijobs loslegen. Auch gilt bei vielen Versicherungen oder Banken eine Art „Welpenschutz" für bestimmte Verträge, die bei einem späteren Abschluss deutlich ungünstigere Konditionen haben können (mehr unter: www.verbraucherzentrale.de).

Fazit

Selbst wenn Sie sich erst mit 20 oder 25 Jahren um das Thema „Rente" kümmern, sind Sie cleverer als viele Ihrer gleichaltrigen Freunde oder Kollegen. In jungen Jahren wird auch bei Personenversicherungen die mögliche Gesundheitsprüfung meist noch nicht zum Problem. Wenn Sie diese zweite historische Chance mit einem „Ich will" angehen – Glückwunsch.

Entdecke die Möglichkeiten

Da Sie bislang tapfer durchgehalten haben, möchte ich mich zunächst einmal für Ihre Geduld und Lebenszeit bedanken, die Sie in diese ungewöhnliche Reise investieren. Zur Erinnerung: Trotz gedanklicher Ausflüge in Bereiche wie Glück, Gesundheit, Erziehung, Ernährung oder Arbeitszufriedenheit geht es weiter um die Planung und Umsetzung Ihres Altersvorsorgeprozesses. Um die Rente eben – Ihre Rente. Dieses verflixte Gespenst, das immer noch weit weg zu sein scheint.

Was ist Rente eigentlich? Fragt man in Wikipedia, findet man unter anderem folgende Formulierung: „ein Einkommen ohne aktuelle Gegenleistung" oder auch „die Altersversorgung nach einem Arbeitsleben". Für deren Finanzierung bleiben im Prinzip nur drei Möglichkeiten:

- das Umlageverfahren
- das Kapitaldeckungsverfahren
- eine Mischform aus beiden Verfahren

Typisch für das Umlageverfahren ist, dass die erhobenen Einnahmen (Beiträge) unmittelbar für die Zahlungen der gesetzlich definierten Leistungen verwendet werden. Dabei können zwischen dem Zeitpunkt der Beitragszahlung des Einzelnen und dem Moment der Inanspruchnahme von Leistungen durchaus Zeiträume von ein bis zwei Generationen liegen. In der umlagefinanzierten gesetzlichen Rentenversicherung finanziert der aktive Beitragszahler den aktuellen Rentenempfänger in der Erwartung, dass die nachfolgende

Generation seinen – verfassungsrechtlich geschützten – Anspruch auf Rente im Alter sicherstellt (Generationenvertrag).

Die Betragsbemessung orientiert sich oftmals am Arbeitsentgelt oder Einkommen, um individuelle Überforderungen zu vermeiden. Hierbei wird ein bestimmter Prozentsatz angesetzt, der sich hauptsächlich an den zu erwartenden Ausgaben orientiert. An der Beitragszahlung sind in der Regel Arbeitnehmer und Arbeitgeber beteiligt. Zusätzlich können Mittel des Bundes zur Finanzierung von Aufgaben beitragen, die der Versichertengemeinschaft nicht alleine zugemutet werden können (z. B. Bundeszuschuss zur gesetzlichen Rentenversicherung unter anderem für Aufwendungen von Kindererziehungsleistungen im Rentenbetrag).

Zum Ausgleich von Finanzierungsschwankungen können in einem gewissen Umfang Rücklagen gebildet werden. Diese sind entsprechend gesetzlicher Vorgaben so anzulegen, dass ein Verlust ausgeschlossen erscheint, ein angemessener Ertrag erzielt wird und eine ausreichende Liquidität gewährleistet ist.

Im Gegensatz zum Kapitaldeckungsverfahren, bei dem Beitragszahlungen und deren Verzinsung(en) einen Kapitalstock ergeben, aus dem die Erwartungswerte der künftigen Versicherungsleistung gedeckt werden, ist das Umlageverfahren stärker von der Einkommens-/Arbeitsmarkt- und Bevölkerungsentwicklung abhängig. Dafür besteht eine weitgehende Unabhängigkeit von den Entwicklungen der Finanz- und Kapitalmärkte. Beide Finanzierungssysteme müssen sich den Herausforderungen des demografischen Wandels stellen, da – ggf. zeitversetzt – immer ein Umverteilungsprozess zwischen den Beteiligten stattfindet, der sich nicht auf feste Altersgruppen reduzieren lässt.

Das klingt erst einmal ziemlich kompliziert und ist es auch – leider. Während das Umlageverfahren auf einen gerechten Ausgleich zwischen den Beteiligten ausgerichtet sein muss, bestehen bei einem Kapitaldeckungssystem ständig Begehrlichkeiten nach dem Zugriff auf die angesammelten Vermögenswerte.

Bei Ihrer eigenen Vorsorgeplanung werden Sie es mit beiden Finanzierungsformen zu tun bekommen. Wenigstens erreichen Sie hierdurch eine gewisse Streuung des Risikos, ohne jedoch eine absolute Sicherheit zu erreichen. Als Trost bleibt zumindest, dass ein Neustart eines Umlagesystems auch nach gesellschaftlichen Katastrophen recht schnell möglich ist. Kapitaldeckungsverfahren scheinen stabiler zu sein, wenn Sachwerte wie Immobilien, Ackerland oder Aktien den Anlageschwerpunkt bilden. Geld an sich ist immer „nur" bedrucktes Papier.

Welchen Wert bekommen bei derartigen Crashszenarien aber unsere „weichen" Faktoren Gesundheit, Familie, Allgemeinbildung, berufliche Ausbildung, soziale Kompetenzen oder auch Bescheidenheit, Optimismus oder Resilienz? Rente als Einkommen nach einem erfolgreichen Arbeitsleben. Ein (Erwerbs-)Leben mit oder ohne weiche Faktoren. Entscheiden Sie selbst.

Deine AidA-Strategie

Keine Angst!

Lassen Sie sich jetzt nicht bange machen. Eine Flut von Informationen zum Thema Altersvorsorge, Altersarmut, Versorgungslücken und Pflegehorror darf Ihnen nicht den regulären Start ins Erwerbsleben madig machen. In der Ruhe liegt die Kraft.

Muss, soll, kann

Sie sollten akzeptieren, dass Altersvorsorge im Prinzip funktioniert nach „muss", „soll" und „kann".

Muss: Das sind Pflichtmitgliedschaften in der Rentenversicherung (Beamtenversorgung, berufsständische Versorgung etc.) oder ggf. in der betrieblichen Altersvorsorge. Letztere befindet sich derzeit in einer Umbruchphase, unter anderem durch das Betriebsrentenstärkungsgesetz. Aber ist die „freiwillige" Mitarbeit am Samstag im Betrieb des Schwiegervaters auch ein MUSS?

Soll(te): Hier muss man zwar nicht unbedingt investiert oder engagiert sein, aber es empfiehlt sich. So zum Beispiel, wenn der Arbeitgeber attraktive Zuschüsse zur Betriebsrente gibt, die Förderquote bei der Riester-Rente stimmt oder aber Gruppenverträge (über Firmen, Gewerkschaften oder Verbände) Rabatte oder Vereinfachungen bei Gesundheitsprüfungen beinhalten. Das ist so ähnlich wie bei Tante Inges Geburtstag: Man kann zwar die alte Leier nicht mehr hören, aber den Miet-Sonderpreis für die Dachwohnung in München möchte man dann doch nicht verlieren.

Kann: Augenscheinlich total freiwillig. Aber auch hier hilft der gesunde Menschenverstand bei der Entscheidungsfindung: Die Fortführung bestehender Verträge mit günstigen Konditionen, das Schließen erkennbarer Versorgungslücken (z. B. durch lange Studienzeiten) oder das Nutzen von (erheblichen) Steuervorteilen. Oder schlicht die Erkenntnis, dass im Alter neue Bedürfnisse entstehen können.

In bester Gesellschaft

Sie sind mit dem Thema nicht alleine. Sehen Sie sich an, wie Ihre Freunde, Cousins oder etwa gleichaltrigen Kollegen ticken. Dieses „Durchschnittsticken" stellt später die Grundlage Ihrer Rente dar. Im Klartext: Die heutigen Rentner bzw. auch die kommende Rentnergeneration wurden darauf trainiert, 40 oder mehr Jahre in „vollzeitähnlicher", abhängiger und hierarchiegeprägter Beschäftigung ihre Rentenpunkte zu erarbeiten. Generation „Teilzeit" und „Work-Life-Balance" wird ein anderes Rentenmodell bedienen – hoffentlich in der Erkenntnis, dass auch hier eine vernünftige Verhältnismäßigkeit zwischen Leistungserbringern und Leistungsbeziehern bestehen muss. Die soeben erschienene Jugendstudie der Metallrente zu Vorsorge und Finanzen liefert spannende Erkenntnisse: Zu Wenige sorgen vor, es fehlt an Finanzwissen und es werden von Staat und Gesellschaft einfache, kollektive und verbindliche Vorsorgemechanismen gefordert. Hier besteht insbesondere für die Sozialpartner eine echte Chance bei der künftigen Neugestaltung der betrieblichen Altersversorgung, die sich der Studie zufolge bei jungen Menschen steigender Beliebtheit erfreut (z. B. www.jugendstudie.info).

Ein Grund- oder Mindestrentenmodell hat zwar im ersten Moment viel Charme, bietet aber mindestens genauso viele Kritikpunkte. Das zeigte intensiv der Streit im Vorfeld der Grundrente, die 2021 in Kraft getreten ist. Diskutieren Sie doch einfach einmal mit Freunden und Bekannten über eine Mindestrente in Höhe von X. Der Abend ist gerettet.

Tipps vom Rentenmechaniker:

- Auch zukünftig werden diejenigen eher eine passable Rente bekommen, die möglichst lange und eher in Vollzeit erwerbstätig waren. In diesem Sinne auch die Studie „Rentenperspektiven 2040" des Prognos-Instituts.

  Aber: Intelligent geplante Teilzeit (z. B. als befristete Brückenteilzeit) verbunden mit einem späteren Renteneintritt kann der Katalysator für ungeahnte Möglichkeiten in Ihrem Leben sein. Ein konkretes Beispiel:

Lutz W. arbeitet als Durchschnittsverdiener seit dem 18. Lebensjahr in Vollzeit. Erschöpft geht er mit 63 Jahren in Rente: 1.317 Euro. Ralf U. hingegen arbeitet die letzten zwölf Arbeitsjahre nur noch zu 2/3. Somit Rente mit 67: 1.538,55 Euro. Ein lebenslanges Rentenplus von rund 222 Euro! Bei gleicher (!) Lebensarbeitszeit. Den deutlichen Nettolohnverlust der ersten acht Teilzeitjahre im Vergleich zu Lutz W. hat er in etwa mit dem 80. Geburtstag kompensiert – bei vermutlich besserer Gesundheit (vgl. Gehaltsrechner unter: www.nettolohn.de).

- Bei der Berechnung von (unsicheren) Versorgungslücken (vgl. Kapitel 11.2) sollten Sie unbedingt auch Spar- oder Kostensenkungspotenziale berücksichtigen.
- Sich möglichst um Rentenbeiträge drücken: Werkverträge hier, Schwarzarbeit dort, als Ehegatte ausgebeutet oder um den (zu niedrigen) Mindestlohn herumgemogelt. Die Erfahrung zeigt, dass auf diese Methoden oftmals böses Erwachen folgt: kein Anspruch auf Reha oder Umschulung, kein Anspruch auf vorgezogene Renten, den neuen Grundrentenzuschlag oder schlicht: zeitweise keine Krankenversicherung.
- „Wird sowieso alles angerechnet" – nur noch im Grundsatz korrekt. Bei Sozialhilfe oder Grundsicherungsleistungen werden erworbene Anwartschaften berücksichtigt, wobei ein Freibeträge seit 2018 bzw. 2021 geprüft werden. Aber ist es erstrebenswert, ein Leben in der „Abhängigkeit vom Amt" zu führen? Nochmals zur Klarstellung: Die neue Grundrente ist keine Mindestrente!
- Zu Beginn eines neuen Jahres erhalten Sie die Bescheinigung Ihres Arbeitgebers über die zur Rentenversicherung gemeldeten Beiträge. Prüfen Sie diese (ggf. auch mehrere) Bescheinigungen sorgfältig und setzen Sie sich bei Unstimmigkeiten umgehend mit der Personalstelle bzw. Krankenkasse in Verbindung. Selbst wenn Ihnen später nur 3,50 Euro Monatsrente fehlen: Nach 25 Rentenjahren ergeben sich daraus 1.050 Euro (ohne Erhöhungen).

Fazit

Es gibt mehr Menschen, die es bereuen, sich nicht (rechtzeitig) um ihre Rente gekümmert zu haben, als umgekehrt.

Negativer Zinseszins

Kantine im Bürgeramt Speyer. Jeden Morgen um 09:15 Uhr erscheint dort Elke M. mit ihrer Kollegin Hera K. zu einem zweiten Frühstück: „Na, die Damen. Wieder mal Lust auf ein süßes Teilchen?". 400 Kalorien landen erst auf dem Teller und dann im Verdauungstrakt von Elke M. – 170 bis 180 Mal im Jahr. Im Ergebnis sind das 70.000 leere Kalorien. Da 7.000 Kalorien etwa ein zusätzliches Kilo auf der Waage bedeuten, können Sie sich das Ergebnis leicht ausrechnen.

Aber nicht nur die Waage ächzt unter dem feisten Zuwachs an Körpermasse, sondern auch Gelenke und Stoffwechsel bekommen ihr Fett ab. Die Kollegin vom Betrieblichen Eingliederungsmanagement hat Elke M. als nicht therapierbar abgeschrieben. Am Ende siegt die (böse) Krankenkasse, da sie Elke M. mit 56 Jahren über eine erneute Reha in die Rente komplimentiert.

Ein weiteres Beispiel: René S., gerade einmal 21 Jahre alt, hat Glück im Unglück: Endlich der lang ersehnte Termin beim Schuldenberater. Seit dem 18. Lebensjahr jeden Monat mit 400 Euro über die Verhältnisse gelebt. Tagesjobber, Aushilfe, Suchtklinik, „supertolle" Freunde, die nur sichere Sachen machen, und Anna, die große Liebe aus St. Petersburg … „Das macht dann rund 20.000 Euro bei der Harakiri-Bank, 5.000 Euro bei Ihren megatollen Freunden plus die Ablösesumme an Ivan. Insgesamt schlappe 35 Riesen und die weiteren Zinszahlungen." – und das mit Anfang 20.

Immer mehr Menschen in Deutschland kämpfen mit den Schulden. Insgesamt stehen derzeit 235 Milliarden Euro aus, wie die Wirtschaftsauskunftei Creditreform mitteilte. Rund jeder Zehnte steckt demnach finanziell in der Klemme. Im Laufe des Jahres 2021 werden zudem die Auswirkungen des Konjunktureinbruchs – branchenabhängig – bedingt durch Corona deutlicher zutage treten: Arbeitslosigkeit ist weiterhin der wichtigste Auslöser für Überschuldung (vgl. www.boniversum.de).

Betroffen sind hierzulande etwa 6,92 Millionen Menschen – minimal weniger als vor einem Jahr. Derzeit haben vor allem Jüngere und

Bürger mittleren Alters Überschuldungsprobleme. Doch auch Ältere sind zunehmend betroffen:

Bei den über 70-Jährigen ist der Zuwachs mit 44,6 Prozent der stärkste in der aktuellen Schuldnerstatistik. Rund 380.000 Senioren in Deutschland werden als überschuldet eingestuft. Mit einer Quote von 2,95 Prozent ist der Anteil der Älteren im Vergleich zu anderen Altersgruppen zwar gering, doch Experten warnen vor einer deutlichen Zunahme der Altersarmut, insbesondere bei Frauen. Besonders prekär ist, dass die Senioren höhere Schulden bei geringerem Einkommen haben und damit weniger Chancen, der Überschuldungsspirale zu entkommen.

„Der Trend ist eindeutig steigend", sagt Prof. Ute Klammer, Expertin für Altersarmut von der Universität Duisburg-Essen. Grund sei ein sinkendes Rentenniveau bei gleichzeitig steigenden Mieten. Zudem seien viele Rentner überrascht, dass sie auf ihre Altersbezüge nun Steuern zahlen müssten. Höhere Scheidungsraten und veränderte Familiensituationen führten zudem oft zu weiteren Belastungen.

Zurück zu René S. Nach einigen Wochen hat der Schuldenberater gute Nachrichten: „Die Ehrenschulden konnte ich mit besonderen Maßnahmen auf insgesamt 2.000 Euro herunterhandeln. Die Bank verzichtet auf 8.000 Euro sowie auf 50 Prozent der Zinsen – somit verbleiben 14.000 Euro. Ihr Onkel übernimmt die besagten 2.000 Euro und mit der Bank habe ich eine Tilgungsregelung vereinbart: Bei 5 Prozent Zins sind die 12.000 Euro nach 96 Monaten getilgt – bei 151,29 Euro im Monat."

Deine AidA-Strategie

Kein Kleingeld

25 Cent. Mittlerweile ist ein Getränkekauf richtig teuer geworden. 0,09 Cent für den Inhalt und 0,25 Cent für die PET-Verpackung. Zwar bekommt man das Pfand wieder zurück, aber es ist zunächst mal beim Einkauf weg. Wenn Sie in Ihrer Familie pro Tag zehn solcher Flaschen leeren, sind das 2,50 Euro. Gerechnet auf 30 Tage im Monat: 75 Euro. Die ja eigentlich erst mal weg sind. Und wenn man die dann regelmäßig in einen Fonds einzahlen würde … Quatsch – ist doch Selbstbetrug. Genau.

Primzahl

Das kleine Spielchen, täglich den Betrag des jeweiligen Wochentags in die Spardose zu werfen; ab dem 10. des Monats die Quersumme. Und wenn die Zahl durch 3 teilbar ist, nur diesen Betrag: Am 18. des Monats also Quersumme 9 dividiert durch 3 = 3 Euro. Diese Sparraten entsprechen in etwa den täglichen unbewussten Ausgaben. Rechnen Sie mal einen kompletten Monat durch ...

Der bargeldlose Einkauf

Einmal abbuchen, bitte. Karte durch und weg ist die Kohle. Kennen Sie Ihre regelmäßigen Zahlungsausgänge? Auch die unregelmäßigen? Dazu die Kreditkartenabrechnung. Überschuldung, Privatinsolvenz, Abzockfallen – Begriffe, die Oma nicht kannte. Die führte meist ein Haushaltsbuch (Tipp: www.geldundhaushalt.de/budgetplanung) und hatte die Finanzen im Griff, in einer Blechdose – oben, auf dem Küchenschrank.

Mit dem Haushaltsbuch zur Selbsterkenntnis: Nehmen Sie aktuell die Auszüge von Dezember 2019 bis Januar 2021, um eine Übersicht über Ihre Einnahmen und Ausgaben im Jahr 2020 zu erhalten (die Randmonate dienen der Sicherheit bei zeitlich versetzten Buchungen). Bedingt durch die Corona-Pandemie sollte 2020 mit den Zahlen aus 2019 verglichen werden.

Einkaufsberater

Ich leiste mir seit Jahren einen Einkaufsberater – und das völlig kostenfrei und frei Haus: Jeden Sonntag lächelt mich der neue Discounter-Prospekt an und verkündet in frohen Farben die aktuellsten Angebote, Rezepte und sonstigen Ideen. Warum sollte ich Schmidt-Milch kaufen, wenn die Meier-Milch im Angebot ist? Der strukturierte Einkauf spart nicht nur Geld. Ins Haus kommt übrigens auch die Ernährungsberaterin Gabi E. Ihrer Krankenkasse.

Kleinvieh macht auch Mist

Wenn Sie schon online am Überweisen sind, dann überweisen Sie sich doch am Ende des Bankings selbst den „Spitzbetrag" auf ein Sonderkonto, um wieder einen glatten Kontostand zu haben. Übrigens gibt es seit einigen Jahren die Idee „Aufrunden bitte" beim täglichen Einkauf: Es wird an der Kasse auf die nächsten vollen

10 Cent aufgerundet: Dieser Differenzbetrag wird dann für soziale Projekte verwendet. Ein gutes Gefühl für maximal 10 Cent.

Gut zu Fuß

Gehen Sie mehr zu Fuß: Kurzstrecken fressen Treibstoff und fördern den Verschleiß Ihres spritfressenden Freundes. Also zurück auf des „Schusters Rappen" und der nächste Einkauf wird leichter (wie die Anzeige Ihrer Waage), frischer und preiswerter. Apropos Verschleiß: Verlängern der Nutzungsdauer bedeutet letztlich gespartes Geld und eine gute Tat für die Umwelt.

Tipps vom Rentenmechaniker:

- In den täglichen Rentenberatungen nimmt das Thema Insolvenz und Schulden einen erheblichen Raum ein. Die Rente selbst ist oberhalb der Pfändungsfreigrenzen nicht vor dem Zugriff der Gläubiger geschützt. Bei der (ergänzenden) Altersvorsorge können die Themen Pfändungsschutz sowie Hartz IV-Sicherheit in der Ansparphase durchaus relevant sein. Sprechen Sie das in der Beratung an. Besonders Selbstständige, die über Wertpapiere Vermögen für das Alter bilden, sollten sich mit der „unwiderruflichen Bezugsberechtigung" auseinandersetzen, um im Insolvenzfall den Zugriff auf das Kapital auszuschließen.
- Nehmen Sie sich vor Kreditkäufen die Zeit, den Tilgungsplan auch mittels Rechner im Internet zu prüfen (z. B. www.zinsen-berechnen.de). Vielleicht schreckt Sie der lange Tilgungszeitraum dann doch vor dem Kauf des neuen Sofas ab. Das kann übrigens noch ein richtiges Problem bei den heute scheinbar günstigen Immobilienfinanzierungen werden: Trotz Niedrigzins muss der (in bestimmten Regionen deutlich gestiegene) Kaufpreis bis zum Tag X vollständig abgezahlt werden. Hoffentlich ist dann die Tilgungsrate so berechnet, dass die Anschlussfinanzierung einen auch deutlich höheren Zinssatz verträgt. Kaufen ist somit nicht immer billiger als mieten.

  Tipp: Abonnieren Sie den Newsletter unter www.ihre-vorsorge.de, der täglich und kostenfrei aktuelle Informationen auch zu diesen Themen bietet. Einen guten, komprimierten Überblick über das Tagesgeschehen an den Kapitalmärkten liefert die Kurzsendung „Börse im Ersten", täglich kurz vor 20 Uhr, vor der Tagesschau.

- Trainieren Sie eine fiktive Arbeitslosigkeit mit einem reduzierten Einkommen (= nur 60/67 Prozent des alten Nettolohns) – auch in jungen Jahren:
  - Können Sie auf einen aktuellen Lebenslauf zurückgreifen?
  - Wo befinden sich Ihre (beruflichen) Unterlagen wie Zeugnisse, Nachweise über Fortbildungen etc.?
  - Kennen Sie Ihre Kompetenzen, Stärken und Schwächen?
  - Sind Sie räumlich (begrenzt) flexibel?
  - Können Sie eine Weile vom Ersparten leben?
  - Haben Sie ein gutes soziales Netzwerk, auf das Sie zurückgreifen können?
  - Haben Sie einen Plan B, wenn Plan A nicht mehr funktioniert?
  - Welche Gefühle würde eine Arbeitslosigkeit bei Ihnen auslösen?
  - Wie würden Sie einen Tag ohne die bisherige Arbeit strukturieren?
  - Was erwarten Sie vom neuen Job und was mochten Sie im alten Job (über)haupt nicht?
  - Sind Sie eigentlich noch so fit wie vor fünf Jahren? Turne bis zur Urne.

Ein Leser bestätigte mir kürzlich, dass der letzte Tipp ihm im Krisenjahr 2020 die Existenz gerettet habe: Der Verlust des Arbeitsplatzes kam zwar überraschend, aber eine perfekt vorbereitete Bewerbungsunterlage bescherte ihm innerhalb weniger Tage durch sofortige Nutzung seines Netzwerks einen neuen Job ...

Fazit

Der Mensch unterschätzt oftmals den Faktor Zeit. Zeit heilt nicht nur viele Wunden – sie kann auch schleichend Unheil bringen. Beispielsweise leidet mittlerweile nahezu jeder Zehnte in Deutschland an Diabetes – einer schleichenden Erkrankung mit desolaten Folgen (mehr unter: www.versorgungsatlas.de). Von den Schäden durch das Corona-Virus einmal abgesehen – auch wenn einen die Erkrankung selbst nicht erwischt hat.

Ein Vierteljahrhundert geschafft

Es ist an der Zeit, eine Zwischenbilanz auf unserer Rentenzeitreise zu ziehen. Viele Ideen und Informationen sind auf Sie eingeprasselt.

Zur Erinnerung: Der Grundgedanke dieses Ratgebers ist bekanntlich die Überlegung, dass nahezu ALLES auf die spätere Rente Einfluss nehmen wird. Nur in welchem Umfang und zu welchem Zeitpunkt, ist oftmals nicht abschätzbar. Selbst wenn man versucht, hochseriöse Zahlenreihen zu entwickeln, kommt es oftmals anders als man denkt. Finanzkrise, Minuszins, Abschaffung des kostenfreien Girokontos, Zusatzbeiträge bei der Krankenkasse, Baufinanzierungen für unter 1 Prozent bei zehnjähriger Laufzeit oder die „Negativ-Diskussion" über die bei Einführung gefeierte Riester-Rente. Das alles war vor kurzem nicht unbedingt absehbar. Allein bei den harten Faktoren! Und jetzt auch noch Corona!

Pause! Ruhe! Entspannung! Begriffe, die von vielen mit faul, arbeitsscheu, unproduktiv oder esoterisch in Verbindung gebracht werden. Wenn andere Personen über das, was mir gut tut, den Kopf schütteln, dann mache ich letztlich alles richtig!

AidA – die neue Rentenstrategie. Die neue Rentenformel etwa? Sicherlich bedürfen einige Leser irgendetwas „Excel-Artiges". Eine Tabelle mit Punkten, Gewichtungen, Wahrscheinlichkeiten und diversen Algorithmen, um zu sehen: Wo stehe ich? Bin ich besser als der Durchschnitt? Kann ich es etwas ruhiger angehen? Habe ich es geschafft?

Leider nein. Dieser Ratgeber kann Ihnen nicht sagen, wann Sie es geschafft haben. Denn die zentrale Frage lautet: Was wollen Sie eigentlich schaffen? 45 Jahre Vollzeit, Überstunden, Schwerbehinderung? Zu Letzterem: Es gibt tatsächlich Menschen, die bei der Frage nach einer bestehenden Schwerbehinderung antworten: „Leider nicht." Ein „Das müssen Sie so und so machen und nicht anders!", wie in einer Rezension zu diesem Buch zu lesen ist, entspricht nicht dem Gedanken dieses Ratgebers.

Natürlich gibt es Mathematiker, Statistiker oder Lebensplaner, die tatsächlich eine Systematik entwickeln, die einen Punktewert auswerfen, woraus Sie angeblich schlaue Schlüsse ziehen können – ähnlich erfolgreich wie aus diversen Psycho-Tests in diversen Zeitschriften.

Nehmen wir an, Sie würden jetzt, im Alter von 24 Jahren, zu folgendem Ergebnis kommen: „Ihre Rentensituation ist mit 88,5 Punkten außergewöhnlich gut. Alles richtig gemacht. Wir empfehlen, den Test alle drei Jahre zu wiederholen. Damit wir Sie erinnern können, hätten wir gerne Ihre Kontaktdaten ..." – Drei Wochen später erreicht Sie der Anruf eines Finanzoptimierers, der sich Sorgen um Ihre Bestattungsvorsorge macht.

Das Deutsche Institut für Altersvorsorge (DIA) hat im Januar 2012 eine Studie (durchgeführt vom Marktforschungsinstitut Rheingold) zum Thema „Psychologie der Altersvorsorge" mit dem Schwerpunkt „Wie entscheiden Paare im mittleren Einkommenssegment?" vorgestellt. Dabei haben sich insgesamt sechs Vorsorgetypen herauskristallisiert:

- Der hortende Hamster (26 Prozent): besitzwahrend bis hin zum Geiz
- Der planvolle Umschichter (26 Prozent): organisiertes regelmäßiges Umschichten und Anpassen der Vorsorgeprodukte
- Der sorglose Ignorierer (13 Prozent): aufschieben und wegschauen, ein Leben im Hier und Jetzt.
- Der abwartende Angsthase (12 Prozent): zweifeln und verharren in einer ewigen Warteschleife
- Der lockere Verteiler (11 Prozent): ständiges Neuverteilen bis hin zum Vergessen
- Der getriebene Jongleur (7 Prozent): vielseitig und oft unsystematisch

5 Prozent der Befragten konnten keinem Typ eindeutig zugeordnet werden. Somit ein Spannungskreis zwischen gefühlter und gerechneter Sicherheit sowie der Demonstration von Handlungsoptionen und dem geschickten Ausblenden der Realität.

Die Zeitschrift Capital (Ausgabe 6/2016) griff diese Untersuchung unter dem Tenor „Reicht mein Geld im Alter?" auf. Das Problem: Zwischen Befragungszeitpunkt und dem Artikel lag eine Zeitspanne von etwa fünf Jahren, in denen sich die Rahmenbedingungen der Geldanlage und Vorsorgemöglichkeiten erheblich geändert hatten. Stichwort: Nullzins und Immobilienboom. So verwundert nicht, dass bei den (heutigen) Anlageempfehlungen nahezu alle Produkte abseits von absolut sicheren Erträgen standen. Einige Verhaltenstipps gab es scheinbar nebenbei: etwas mehr Mut, etwas mehr Konsumverzicht, besser strukturieren (diversifizieren) und disziplinieren. Und: Googeln Sie mal „Periodensystem des Verzichts" – Verzichten neu gedacht.

Im Vordergrund standen natürlich die für den jeweiligen Vorsorgetyp geeigneten Investments wie unterschiedliche Fondstypen oder die selbstgenutzte Immobilie – gelungen war meiner Meinung nach die zusätzliche Verknüpfung mit den psychologischen Faktoren des Vorsorgesparens.

In meinen Seminaren zum Thema „Altersvorsorge" mit Teilnehmer/innen der Altersgruppen 18 bis ca. 30 Jahre erlebe ich häufig Folgendes: Spricht man zu Beginn das „Sparen für die Rente" an und sucht mögliche Argumente dafür oder dagegen, überwiegt regelmäßig das Contra.

Wiederholt man das Spiel nach einer längeren Diskussion über die Eigenschaft „alt" erneut, ergibt sich plötzlich eine ausgewogene Verteilung. „Alt" wird neu definiert und ist zum einen nicht mehr so weit weg (Ereignisse, wie die eigene Hochzeit oder die Familiengründung, werden dem „Älterwerden" untergeordnet), zum anderen kann „alt" auch eine gewisse Lebensqualität („meine Oma ist dauernd auf Reisen ...") bedeuten.

Bei einer Dreitagesveranstaltung sollten die Teilnehmer regelmäßig Karten nach drei Kategorien zuordnen – jeweils bezogen auf die spätere Rentenzeit:

- „Must-have"
- „Geht so"
- „No-Go"

Das Ergebnis war erstaunlich:

„Geht so": Nahezu alle klassischen Formen der Altersvorsorge wie eine Rente über Sozialhilfe, einige hundert Euro Betriebsrente oder ein paar dividendenstarke Aktien fanden sich hier wieder.

„No-Go“: Bloß nicht zum Sozialamt, Vereinsamen, Pflegeheim, keine Freunde haben, Kinder wollen einen nicht (mehr) sehen, ungepflegtes Aussehen, Aufgeben, Krankheit, Siechtum usw.

„Must-have“: reale Freunde, Freude im Alter, Gesundheit, soziale Kontakte, selbstbestimmtes Handeln, eine gute Wohnsituation, sinnstiftende Arbeit, Gemeinschaftserlebnisse, Hobbys, glücklich sein, Lachen, neue Interessen pflegen, sich bewegen, einen neuen Sinn finden, reisen, Tieren helfen, sich nicht auf Defizite konzentrieren, neugierig bleiben usw.

Die unglaubliche Macht der weichen Faktoren ... Jeden Tag ein bisschen Rente – Alles ist deine Altersvorsorge.

Deine AidA-Strategie

Disziplin gefragt

Eine Studie der staatlichen Universität von Pennsylvania kam im Jahr 2005 zu dem Ergebnis, dass Disziplin für den beruflichen Erfolg eines Menschen wichtiger ist als dessen Intelligenz. Sie stellt den ausschlaggebenden Faktor für das Erreichen langfristiger Ziele dar. Prinzipiell neigen Menschen nämlich dazu, das aktuelle Glück dem zukünftigen vorzuziehen. Bestätigt wird diese Aussage tagtäglich durch das Verhalten einiger Corona-Leugner, indem die einfachsten Regeln teilweise auch vorsätzlich verletzt werden.

In einer Studie des Instituts für Demoskopie Allensbach wurden über 3.000 Personen zu ihrer Meinung bezüglich der Faktoren, die über den beruflichen Erfolg entscheiden, befragt. Das Ergebnis zeigt deutlich, dass die Disziplin eine stark unterschätzte Tugend ist. Nur 65 Prozent der Befragten erachten diese als wichtig, 72 Prozent hingegen setzen auf die Intelligenz.

Warum? Disziplin gilt heute als veraltete Tugend und wird mit Unfreiheit, Unbequemlichkeit und Zwang gleichgesetzt. Dabei lässt sich Disziplin (in kleinen Schritten) trainieren und führt langfristig zu einem selbstbestimmteren Leben, entsprechend zu mehr Erfolg und damit zur erfolgreichen Altersvorsorge.

Disziplin lässt sich vielfach auch konkret messen: endlich Nichtraucher, das heißt 120 Euro im Monat gespart; 10 Kilo abgenommen, die Blutwerte werden besser oder Lehrgang erfolgreich abgeschlossen, endlich Beförderung und höhere Jobsicherheit. Garniert mit den notwendigen Erkenntnissen in der Corona-Krise (AHA-Formel plus – siehe auch: www.zusammengegencorona.de/aha/) sollte der gute Übergang in die selbstbestimmte Rente gelingen.

Projektmanagement „light"

Bestandsaufnahme (IST-Situation)	•
Analyse, Ziele, Erwartungen	•
Konzeptentwicklung (Strategie)	•
Konzeptumsetzung (Struktur)	•
Check der Maßnahmen (Evaluation)	•
Anpassung der Maßnahmen	**Ziel erreicht (funktioniert in jedem Alter)**

Tipps vom Rentenmechaniker:

Es wird Zeit, Ihnen die klassische Rentenformel zu erklären, die gar nicht so weit weg von der **AidA**-Strategie ist:

Summe der Entgeltpunkte x Zugangsfaktor x Rentenartfaktor x aktueller Rentenwert = monatliche Rente

Das heißt, für die Rente gelten vier Faktoren:

1. Summe der Entgeltpunkte

Die Gutschriften in Ihrem aktiven Versicherungskonto, also der Vorstufe zum echten „Rentenkonto", werden als Entgeltpunkte (vergleichbar mit Investmentanteilen) erfasst. Im Regelfall wird dabei Ihr versichertes Bruttogehalt durch das jeweilige Durchschnittsgehalt des entsprechenden Jahres geteilt.

Sofern Sie exakt einen Durchschnittsverdiener darstellen, erhalten Sie für ein Jahr genau einen Entgeltpunkt. Mehr als etwa 2,1 Entgeltpunkte können Sie nicht erhalten, da es eine Begrenzung (Beitragsbemessungsgrenze) nach oben gibt.

Bei Rentenbeginn werden diese Punkte addiert.

Beispiel: Erwin M. war 43 Jahre Durchschnittsverdiener, demnach erhält er 43 Entgeltpunkte. Arbeitet er zwei weitere Jahre halbtags, kommen noch einmal 2 x 0,5 Punkte hinzu. Macht dann 44,0 Entgeltpunkte.

Für bestimmte Rentenzeiten gibt es fixe Punkte als Gutschrift (z. B. Kindererziehungszeiten oder Wehrdienst) bzw. Punkte in Abhängigkeit von Ihrem gesamten Beitragsbild. Bei Rentenfällen „Erwerbsminderung/Tod" erfolgt eine Simulation Ihrer durchschnittlichen Einzahlungen bis zum Zeitpunkt der Regelaltersgrenze (2021: 65 Jahre + 10 Monate).

Tipp: Dadurch ist eine Erwerbsminderungsrente oftmals günstiger als eine vorgezogene (auch abschlagsfreie!) Altersrente. Bei erheblichen gesundheitlichen Einschränkungen sollten Sie mindestens ein Jahr vor dem eigentlich geplanten Rentenbeginn eine kompetente Beratung erfordern (z. B. www.rentenberater.de). Bei akuten Problemen natürlich sofort. Verwalten Sie nicht Ihre Probleme, sondern suchen Sie Lösungen.

2. Zugangsfaktor

Der eigentliche **AidA**-Faktor! Warum? Er steuert mit seiner ihm eigenen Vehemenz entscheidend das Berechnungsergebnis. Grundsätzlich beträgt er 1,0 – wie langweilig. In der Praxis kann er zwischen 0,856 und durchaus über 2,0 liegen. Damit verringern sich entweder Ihre Entgeltpunkte um bis zu 14,4 Prozent oder Sie erhöhen sich um 6 Prozent pro Jahr, das Sie ohne Rentenbezug bleiben. Entscheidend: Ein Verschieben des Rentenbeginns in die Zukunft bringt weitere zusätzliche Beitragszeiten – gerne auch in Teilzeit. Wir werden mit dieser Überlegung weiter arbeiten, die übrigens auch bei allen anderen Vorsorgeformen in ähnlicher Art und Weise arbeitet.

3. Rentenartfaktor

Bei einer Altersrente beträgt er immer 1,0.

4. Aktueller Rentenwert

Dieser stellt die monatliche Rentenhöhe bezogen auf einen Entgeltpunkt dar. Ab 01.07.2020: 34,19 Euro (West) bzw. 33,23 Euro (Ost). Dieser Wert ist dynamisch und wird entsprechend der Lohnentwicklung zum 01.07. eines jeden Jahres angepasst. Mit Faktor Vier ist die Rente fertig. In den nächsten Jahren wird mit ca. 2,5 Prozent Rentenerhöhung p. a. gerechnet (Quelle: Rentenversicherungsbericht 2018). Corona-bedingt allerdings ist 2021 im Westen mit einer Nullrunde zu rechnen (im Osten plus 0,72 Prozent).

Beispiel: Die Altersrente für Erwin M. mit 67 Jahren ab 01.07.2020:

44,0 Entgeltpunkte x 1,0 (Zugangsfaktor) x 1,0 (Rentenartfaktor) x 34,19 Euro (Aktueller Rentenwert) = 1.504,36 Euro Monatsrente (brutto)

Aus dem Nahles-Konzept vom 25.11.2016: „Weil die gesetzliche Rente das Ergebnis eines individuellen Erwerbslebens darstellt, ist die beste Altersvorsorge gut bezahlte und dauerhafte Arbeit. Ein erster Schritt in diese Richtung wäre ein Mindestlohn, der Vollzeit-Erwerbstätige von der Hartz IV-Aufstocker-Misere befreit." Stimmt! Aber warum macht sich SPD-Kollege Hubertus Heil mit der verabschiedeten Grundrente für eine nachträgliche Aufwertung (weiter) schlecht bezahlter Arbeit stark?

Fazit

Die Rentenformel und insbesondere den **AidA**-Faktor können Sie in abgewandelter Form auch auf viele andere Lebensbereiche anwenden!

Mittendrin

Verstehen – Versichern – Vorsorgen

Aus der Pressemitteilung der Deutschen Rentenversicherung Bund vom 25.06.2020: „Ich bin sehr optimistisch, dass wir auch die aktuelle Krise gut überstehen werden – nicht zuletzt wegen der hohen Rücklagen, die in den letzten Jahren aufgebaut wurden", sagte Alexander Gunkel, Vorsitzender des Bundesvorstands in seinem Bericht auf der heutigen Bundesvertreterversammlung. Infolge der Corona-Pandemie werde die Nachhaltigkeitsrücklage der Rentenversicherung (ca. 40,5 Mrd. Euro Ende 2019) allerdings schneller abgebaut als zunächst vorausberechnet. Der Beitragssatz bleibe 2021 voraussichtlich trotzdem konstant bei 18,6 Prozent. (Anmerkung: Im November 2020 betrug die Nachhaltigkeitsrücklage noch 37,14 Mrd. Euro). Nachdem die Beitragseinnahmen der Rentenversicherung im März und vor allem im April dieses Jahres gesunken waren, habe es im Mai wieder ein leichtes Plus gegenüber dem Vorjahresmonat gegeben. Dies, so Gunkel, sei auch auf Nachzahlungen von zuvor gestundeten Beiträgen zurückzuführen. „Insofern lässt sich aus den Mai-Zahlen auch nicht schlussfolgern, dass von nun an die Beiträge wieder im Vorjahresvergleich steigen", sagte Gunkel.

Die starke Zunahme der Kurzarbeit infolge der Pandemie wirke sich nach Gunkels Worten nur gedämpft auf die Rentenversicherung aus, denn bei Kurzarbeit würden mindestens Beiträge in Höhe von 80 Prozent des bisherigen Entgelts gezahlt. Auch die gestiegene Arbeitslosigkeit wirke sich nur begrenzt aus, weil die Bundesagentur für Arbeit Rentenversicherungsbeiträge für Empfänger von Arbeitslosengeld I zahle. Gunkel wies weiter darauf hin, dass die Renten im Westen im kommenden Jahr nach dem aktuellen Datenstand voraussichtlich nicht steigen werden. Rentenkürzungen seien jedoch gesetzlich ausgeschlossen.

Das klingt soweit erst einmal beruhigend – zumindest kurzfristig. Allerdings enden Arbeitslosengeld I und Kurzarbeitergeld selbst nach der jüngst erfolgten Verlängerung nach maximal 24 Kalendermonaten. Die rentenmäßigen Auswirkungen dieser Sozialleistungen werden in den Medien als kaum relevant dargestellt. Das ist durchaus korrekt, aber maßgeblich für eine gute Rente ist nun einmal das gesamte Versicherungsleben in Verbindung mit einem Rentenbeginn ohne Abschläge. Betroffene sollten schleunigst eine Neupositionierung ihrer Versorgungssituation vornehmen, um so ein drohendes „Schönrechnen" zu vermeiden.

Bereits zum 01.01.2018 ist das Betriebsrentenstärkungsgesetz (BRSG) in Kraft getreten. Dessen Ziele sind unter anderem die höhere Verbreitung der betrieblichen Altersvorsorge (bAV) in kleineren und mittleren Betrieben, die Enthaftung des Arbeitgebers auf der Leistungsseite, die Einführung von Freibeträgen bei der Grundsicherung und eine bessere Förderung von Geringverdienern (auch Teilzeitbeschäftigten). Für den auf Sicherheit bedachten Vorsorgesparer bedeutet die „Pay and Forget"-Regelung ein Umdenken, da nunmehr keine Garantien auf eine bestimmte Rentenhöhe mehr erteilt werden dürfen. „Garantiert" ist nur die Zahlung des vereinbarten Beitrags.

Weiter positiv: Eine Erhöhung der steuerlichen Förderung sowie eine verpflichtende Arbeitgeberbeteiligung hinsichtlich der gesparten Sozialversicherungsbeiträge für Beitragszusagen seit 2018, alle Neuzusagen ab 2019 und für Altzusagen ab 2022. Dennoch verläuft die Einführung dieses „neuen Rentenkonzeptes" schleppend, da die beteiligten Sozialpartner mit den Anbietern eine einvernehmliche Lösung entwickeln müssen, die von den Beschäftigten auch akzeptiert wird. Eine sehr gelungene Zusammenfassung zum BRSG unter: www.youtube.com/watch?v=--YNu1Wma14 mit Dr. Claudia Veh von Swiss Life Pensionsmanagement (SLPM).

Nehmen wr nun den Begriff „Altersvorsorge" einmal auseinander:

- Alt: „Alt sein ist eine herrliche Sache, wenn man nicht verlernt hat, was anfangen heißt." – Martin Buber, österreichisch-israelischer jüdischer Religionsphilosoph
- Alter: „Wer nicht den Verstand seines Alters hat, der hat das Unglück seines Alters." – Voltaire, französischer Philosoph und Schriftsteller
- Sorgen: Während die Synonyme für „alt" überwiegend negativ geprägt sind, wird „sorgen" im Ergebnis eher „neutral" bewertet: sich einer Sache annehmen, erhalten, einkalkulieren, aber auch ängstigen oder bangen. Wobei „Angst" in der richtigen Anwendung durchaus auch positiv sein kann: „Wenn einer keine Angst hat, hat er keine Phantasie." – Erich Kästner, deutscher Schriftsteller
- Vorsorgen: Dieser Begriff ist durchgehend positiv besetzt: versichern, kümmern, sparen, vorbereiten, Vorkehrungen treffen oder schützen (vgl. www.woxikon.de).

Wie also jetzt weiter lösungsorientiert vorgehen?

Beschränken wir uns zunächst auf die Dinge, die wir überwiegend mit Geld regeln können. Dazu sollten Sie folgende Prinzipien berücksichtigen bzw. folgende Testfragen beantworten:

1. Grundsatz: Sind Risikovorsorge und Kapitalbildung strikt getrennt?
2. Existenztest: Stellt das zu versichernde Risiko meine Existenz (die meiner Familie) infrage?
3. Abhängigkeitstest: Sind andere Menschen von mir abhängig?
4. Vertragstest: Welche Versicherungen oder Sparverträge habe ich? Verstehe ich diese? Sind sie zu teuer? Sind sie überflüssig? Sind sie möglicherweise doppelt vorhanden (z. B. wenn Paare zusammenziehen)? Aber auch: Welche Versicherungen fehlen?
5. Schutz der Altersvorsorge: Welche Spar- oder Tilgungsvereinbarungen können durch Erkrankung, Arbeitslosigkeit oder Versterben gefährdet sein? Sind dritte Personen dadurch belastet (siehe Frage 3.)?

Deine AidA-Strategie

Arbeitswelt im Wandel

Der Wandel der Arbeitswelt ist nicht aufzuhalten: Die Präsenzkultur wird nach und nach und durch Corona sogar noch schneller verschwinden. 50 oder 60 Stunden im Büro auszuharren stellt für die jungen Menschen keine erstrebenswerte Option oder Genugtuung dar. Die Babyboomer verabschieden sich in den Ruhestand, so der Generationenforscher Klaus Hurrelmann. Auf die folgenden Jahrgänge wartet – beruflich gesehen – ein Paradies. Hoffentlich auch in Form einer angemessenen Bezahlung bei arbeitnehmergerechter Arbeitsorganisation (Stichwort: Crowd Working). Wie sind Sie konkret hier positioniert?

Aufbruchstimmung

Trotz der aktuell schwierigen politischen, gesundheitlichen und gesellschaftlichen Situation herrscht somit eine gewisse Aufbruchsstimmung, die Sie nicht durch desolates Negativdenken aus Ihren Gedanken vertreiben dürfen. Viele der in der Vergangenheit prognostizierten Horrorszenarien sind nicht eingetreten. Überwiegt bei

Ihnen – trotz oder gerade wegen Corona – der Optimismus? Sind Sie möglicherweise sogar bereit, den großen Schritt zu wagen – ohne Plan B? Bedenke: Ein Verharren in der alten Position und gleichzeitig das Entwickeln eines großen Kurswechsels kostet möglicherweise mehr Energie als Ihnen bewusst ist. Siegen am Ende Stillstand, Resignation und Langeweile?

Eile mit Weile

Viele sind den schnellen Erfolg gewohnt: Plötzlich ist das Bedürfnis nach Gegenstand X da, schnell das Smartphone gezückt und am besten in 20 Minuten per Drohne eine Lieferung frei Haus – um dann gelangweilt den nächsten Kick zu klicken. Doch Altersvorsorge funktioniert nicht mal eben per Klick. Wir werden ständig manipuliert – und wir wissen es. Scheinbar. Warum nicht die gute alte Regel befolgen, einmal 24 Stunden über etwas zu schlafen?

Um eine getroffene Entscheidung schnell zu bereuen, genügt es, kurz danach wenige Minuten im Netz zu surfen. Warum tun Sie sich das an? Es wird immer etwas Besseres, Billigeres, Schnelleres oder Neueres geben. Es ist doch unsinnig, sich absichtlich das Leben schwer zu machen. Ruhe in dir selbst, und alles wird oft automatisch gut, weil man sich selbst keinen Stress und keine schlechten Gedanken macht. Denn die Außenwelt ist niemals so schlimm, wie wir sie schwarzmalen. Und vermeintlich schlimme Dinge können einem die Augen öffnen für die wahren Werte und eine neue Offenheit. Wann kommen Sie endlich bei sich selbst an? Mehr unter: www.simplify.de oder auch in der ZDF-Sendung „sonntags – TV für Leben".

Tipps vom Rentenmechaniker:

- Hilfreich: Der Flyer „Jetzt vorsorgen – im Alter versorgt sein" der Deutschen Rentenversicherung zur Vorbereitung eines Altersvorsorgegesprächs, um eine Struktur in seine Vorsorgeplanung zu bekommen. Als zu versichernde Hauptrisiken werden dort Schadensersatz (Haftpflicht), Invalidität (Berufsunfähigkeit) und Tod genannt.
- Zur Erinnerung: Der Zinseszins wirkt umso stärker, je früher mit einem Sparvorgang begonnen wird. Tipp für Späteinsteiger, insbesondere mit geringerem Einkommen: Die Neuregelungen des Betriebsrentenstärkungsgesetzes können hier nunmehr in ihrer Summe attraktiv sein: Mitnahme der

Förderung, Freibetrag in der Krankenversicherung bei Rentenhöhen bis 164,50 Euro sowie ein Freibetrag von mindestens 100 Euro bei der Grundsicherung.

- Achten Sie bei allen Vorsorgeverträgen – egal ob staatlich gefördert oder nicht gefördert – auf die Kosten. Das ab dem 01.01.2017 verpflichtende neue und einheitliche Produktinformationsblatt (PIB) schafft hier eine gewisse Vergleichsmöglichkeit, zumindest für die geförderten Vorsorgeprodukte Riester und Rürup. Weiter gehört hierzu die Angabe einer Chancen-Risiko-Klasse für das entsprechende Produkt. Sie beschreibt das Verhältnis von Chancen auf eine höhere Rendite und dem Risiko, nicht die erwartete Höhe der Rendite zu erzielen (mehr unter: www.produktinformationsstelle.de). Weitere Produktinformationsblätter gibt es bereits seit Jahren für Versicherungs- und Anlageprodukte – lassen Sie sich diese vor Vertragsabschluss unbedingt aushändigen.

- Spätestens jetzt sollten Sie sich eine Übersicht über etwaige bestehende Schulden (z. B. infolge einer kreditfinanzierten Ausbildung) aufstellen, um deren Tilgung in den Fokus zu nehmen. Der Zinseszins wirkt auch hier.

- Aus dem Nahles-Renten-Konzept vom 25.11.2016: „Es gibt Gruppen in unserer Gesellschaft, die von Altersarmut besonders bedroht sind: Menschen ohne abgeschlossene Berufsausbildung, Menschen mit längeren Phasen der Erwerbslosigkeit und Menschen mit einer Erwerbsminderung benötigen im Alter überdurchschnittlich oft staatliche Unterstützungsleistungen. Auch Selbstständige im Ruhestand sind aufgrund unzureichender Altersvorsorge häufiger auf Grundsicherung im Alter angewiesen als diejenigen, die abhängig beschäftigt waren. Mit einer klugen Rentenpolitik kann eine ausreichende Absicherung im Alter erreicht werden. Bitte beachten: Sie kann jedoch Probleme, die durch fehlende Ausbildung, schlechte Gesundheit oder Arbeitslosigkeit entstehen, nicht ausreichend lösen." – Noch Fragen?

  In diesem Sinne auch die Ergebnisse aktueller OECD-Studien: „Allgemein steigt die Beschäftigungsquote mit dem Bildungsniveau. Nach Schätzungen haben in den OECD-Ländern 80 Prozent der Menschen mit tertiärem Bildungsabschluss (Hochschulabschluss, Fachhochschulabschluss oder Meisterbrief) eine bezahlte Arbeit, bei den Personen ohne Abschluss im Sekundarbereich II sind es hingegen lediglich 47 Prozent. (...) Wenige Dinge sind den Menschen so wichtig wie Gesundheit. Sie vergrößert die Chancen auf Bildung und einen Arbeitsplatz, auf gute soziale Beziehungen und auf ein längeres Leben." (vgl. www.oecdbetterlifeindex.org).

Fazit

In einer Welt der Fake-News vertrauen Sie möglichst sachlichen Informationen, damit eben Ihre (!) Lebensplanung nicht durch marktschreierische „Rentenpessimisten" nachhaltig geschädigt wird.

Tipp: Gute Sachinformationen sind zu finden unter: www.ihre-vorsorge.de oder www.portal-sozialpolitik.de

Drei Schichten – drei Klassen?

In der Oldenburger Bahnhofshalle findet man über zwei (heute neu genutzten) Eingangsbereichen noch die historischen Wartesaalbezeichnungen „I. – IV. Klasse". Die Fahrgäste wurden in der guten alten Zeit entsprechend der Geldbörse in bestimmte Schichten einsortiert und hatten dies zu akzeptieren.

Bei der Altersvorsorge spricht man ebenfalls von unterschiedlichen Schichten – allerdings derer nur drei. Was ist damit gemeint?

Selbstverständlich geht es nicht um Qualitätsklassen wie bei Obst, Gemüse oder Fahrgästen, sondern einzig um eine Eingruppierung bestimmter Vorsorgesysteme entsprechend der steuerlichen Behandlung der Ein- und Auszahlungen! Bringen wir ein wenig Licht in den Vorsorge-Schichten-Dschungel:

Das im Jahr 2005 in Kraft getretene Alterseinkünftegesetz gliedert unsere Altersvorsorge in drei Schichten: Basisversorgung, Zusatzversorgung und private Altersvorsorge. Die gedankliche Grundlage zu diesem Gesetz brachte ein Urteil des Bundesverfassungsgerichts im März 2002, das die unterschiedliche Besteuerung von Renten und Pensionen für verfassungswidrig erklärt hat. (Anmerkung: Eigentlich hoffte der klagende Beamte auf eine bessere steuerliche Behandlung seiner Pension, vergleichbar der recht günstigen Rentenbesteuerung – der Schuss ging bekanntlich nach hinten los.)

Die erste Schicht umfasst Produkte der Basisversorgung. Dazu gehören die Leistungen aus der gesetzlichen Rentenversicherung, aus den berufsständischen Versorgungswerken, aus den landwirtschaftlichen Alterskassen und aus der kapitalgedeckten Basisrente (Rürup-Rente). Deren Auszahlungen unterliegen vollständig (mit Übergangsregelungen) einer nachgelagerten Besteuerung.

Die zweite Schicht ist die kapitalgedeckte Zusatzversorgung. Sie umfasst die betriebliche Altersversorgung (BAV) sowie die staatlich geförderte private Zusatzvorsorge (Riester-Rente). Auch hier greift die volle nachgelagerte Besteuerung. Die dritte Schicht umfasst die komplette private Vorsorge. Beiträge zu diesen Produkten werden aus bereits versteuertem Einkommen (netto) gezahlt.

3-Säulen-Modell der Altersvorsorge

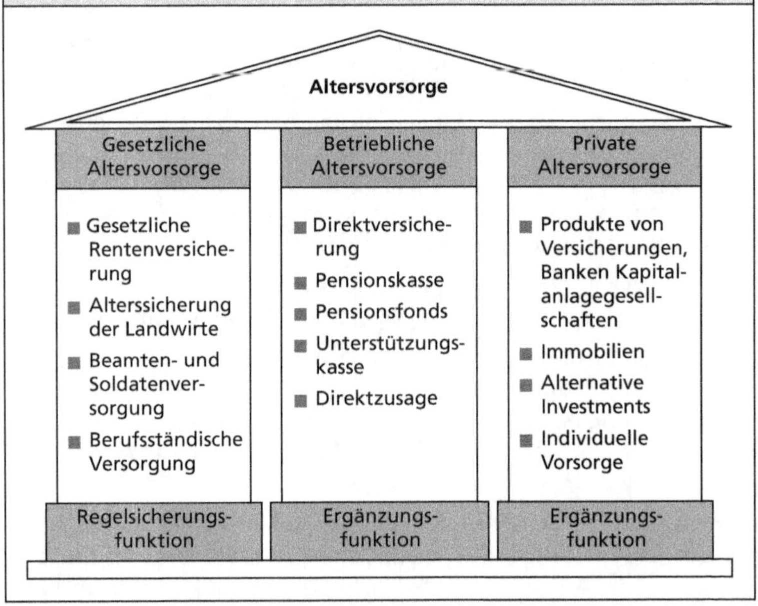

Die Aufwendungen für die Produkte der ersten und zweiten Schicht sind innerhalb gewisser Grenzen steuerlich begünstigt bzw. zulagenberechtigt. Zu beachten ist, dass eine Entgeltumwandlung aus dem „Brutto“ zugunsten einer betrieblichen Altersversorgung Nachteile bei der gesetzlichen Rentenhöhe mit sich bringen kann (vgl. Kapitel 11.2, Tabelle 4 und 5). Dieser Nachteil wird durch das Betriebsrentenstärkungsgesetz spätestens 2022 auch für Altverträge entfallen. Gruppe drei geht förderungsmäßig komplett leer aus, jedoch stellen Flexibilität und gewisse Privilegien (Steuer) in der Auszahlphase einen nicht zu unterschätzenden Vorteil dar.

Das bisherige 3-Säulen-Modell der Altersvorsorge funktioniert ähnlich, nur dass hier die unterschiedlichen Systeme nebeneinander gestellt werden und die steuerlichen Aspekte unberücksichtigt bleiben.

Deine AidA-Strategie

Am 28.11.2016 erschien unter www.welt.de/159799519 der Kommentar mit dem Tenor „Generation Y rebelliert endlich gegen den Rentenirrsinn!“. Kritisiert wird eine Rentenpolitik zugunsten der „Alten“, die schon „viel“ haben. Weiter fehle es an Konzepten für die 20- bis 40-Jährigen, doch die Angst vor einem politischen Selbstmord verhindere gerechtere Konzepte. Was diesem Artikel jedoch fehlt, ist eine Aussage, wie diese „Rebellion“ sachgerecht aussehen könnte. Eine größere Gefahr könnte meiner Meinung nach darin bestehen, dass Generation Y das Thema schulterzuckend ausblendet und später mit „Hätte ich mal …“ vor dem eigenen Rentenantrag – oder der Renten-App – sitzt.

Ein weiteres Problem dürfte die Tatsache sein, dass nach einer Spiegel-Meldung vom 19.10.2018 Ende des Jahres 2017 fast 7,6 Millionen (!) Menschen staatliche Hilfe zur Mindestsicherung erhielten – bei allerdings fallender Tendenz. Der größte Teil davon waren Menschen im erwerbsfähigen Alter. Die Folgen für die Altersrente kann man sich so leicht ausmalen.

Die Renten-Horrorszenarien sind seit der Rentenreform 1992 bekannt. Seither sind viele Regelungen geschaffen worden, die die Rente besser und gerechter machten. Manchmal nur halbherzig, aber immerhin. Der Mega-Gau für den langjährig Beschäftigten ist ausgeblieben. Verlierer – besonders im Vergleich zum Rentenrecht vor 1992 – sind dennoch heute: Langzeitstudenten, unfreiwillig (langjährig) Teilzeitbeschäftigte, Beschäftigte in Bereichen ohne Tariflöhne oder im Niedriglohnsektor, unstetig Beschäftigte, Langzeitarbeitslose, insbesondere bei Zwang zur Frühverrentung, Beschäftigte ohne betriebliche Altersversorgung oder auch die schwierige Gruppe der Alleinerziehenden. Warum schwierig? Alleinerziehend per se ist kein Grund für Altersarmut, sondern die Umstände, die den Status „Alleinerziehend bedeutet handlungsunfähig" festklopfen.

Wenn der ehemalige Chef der Jungen Union (nunmehr Generalsekretär) – Paul Ziemiak (35) – im oben genannten Artikel einen Aufstand der Jungen fordert, ist das zunächst sein demokratisches Recht. Aber bitte: Wer ist hier jung? Und wer alt? Was ist mit dem 48-jährigen Neugründer, der zwei jungen Menschen einen Ausbildungsplatz anbietet, die 29-jährige Rollstuhlfahrerin als Controllerin einstellt und dem 71-jährigen verwitweten Mechaniker einen neuen Lebenssinn gibt? Alt? Aufstand? Alternativlos? Ausgereift und ausgereizt?

Vergessen werden die nahezu unglaublichen Möglichkeiten, sich heute vielfach auszuprobieren, „Work and Travel" und Co. sei Dank. Die monetäre Leistungsfähigkeit der (Groß-)Eltern-Generation hat auch ihre guten Seiten. Auch wenn es nicht jedem ermöglicht werden kann, die USA oder Australien live und in Farbe zu erfahren, ein wenig Dankbarkeit hat noch niemandem geschadet.

Tipps vom Rentenmechaniker:

- Bei aller Diskussion um Rentengerechtigkeit wird vergessen, dass viele Menschen, die eine gute Rente ihr Eigen nennen, sich diese hart unter ständigem Verzicht erarbeitet haben: Überstunden, Fortbildung auf eigene Kosten (abends und am Wochenende), Vernachlässigung von Partnerschaft, Kindern, Freunden oder Freizeit und anderes mehr. Kleiner Beweis: Selbst die seelenlosen Vordrucke der Deutschen Rentenversicherung haben dies erkannt:
  - Welche Faktoren belasten Sie bei der Arbeit?
  - Belastungen innerhalb der Familie/Partnerschaft?
  - Arbeit trotz Arbeitsunfähigkeit?
  - Brauchen Sie mehr Zeit für sich?
  - Probleme bei Alkohol, Blutdruck, Gewicht, Zuckerwerten, Nikotin, Stress etc.?

  Das sind sinngemäß einige Fragen/Themen bei Anträgen auf Reha-Maßnahmen (oder bei Renten aus gesundheitlichen

Gründen). Die Zielgruppe ist hier in erster Linie die Generation der Babyboomer bzw. die Generation X.

Achtung: Sobald Ihnen diese Fragen (von wem auch immer) gestellt werden, ist es an der Zeit, etwas zu ändern!

- Es gibt sie, die Chancen auf ein gutes Auskommen im Alter: Zum einen ist das Thema Rente keine ominöse Blackbox mehr wie in den 1980er-Jahren, in denen die Rentenhöhe frühestens mit 55 Jahren halbwegs erkennbar war. Zum anderen gibt es eine Fülle an Vorsorgeprodukten (und deren Vergleichsmöglichkeiten), die seinerzeit undenkbar war. Ein Ignorieren aus Trotz ist keine gute Entscheidung. Die Chance, wirklich gesund in Rente zu gehen, hatte die Vorgänger-Generation in dieser Form nicht.
- Ab dem 27. Lebensjahr erhalten Sie erstmals die sogenannte Renteninformation: Wahrscheinlich resultieren die dort genannten Werte aus einem unvollständigen Versicherungskonto. Suchen Sie das Gespräch mit den Fachleuten, den Mitarbeitern in den Beratungsstellen der Deutschen Rentenversicherung oder gerichtlich zugelassenen Rentenberatern. Auch bieten die Versicherungsämter bei den Gemeinden sowie die ehrenamtlichen Versichertenberater/-älteste ortsnah Hilfestellungen an. Ab 2022 soll die digitale Rentenübersicht an den Start gehen, die einen Überblick über die meisten Vorsorgeformen geben wird, sofern die Daten von den Einrichtungen gemeldet werden (können). Allerdings müssen Bruttowerte noch sinnvoll in Nettobeträge umgerechnet werden.
- Der größte Betriebsunfall der Rentenversicherung ist ein ungewollter, vorzeitiger Rentenbeginn. Arbeitslosigkeit, Krankheit oder andere schwerwiegende persönliche Gründe können beim Rentenmarathon zum K. o. führen. Wenn Ihnen wenige Kilometer vor dem Ziel die Puste ausgeht, nutzt die beste Planung nichts. Glück im Unglück hat dann noch derjenige, der sich ohne „Bedürftigkeitsprüfung" in einen frühestmöglichen Rentenbeginn rettet. Rettung auf unglücklichem Niveau. Geben Sie auf sich Acht!
- Wenn Sie nach dem 16. Lebensjahr noch die Schulbank gedrückt haben oder (zusätzlich) ab dem 17. Lebensjahr mehr als acht Jahre Schulen, Fachschulen oder Universitäten be-

sucht haben, sollten Sie über Nachzahlungsmöglichkeiten bei der gesetzlichen Rente nachdenken. Die Antragsfrist endet mit 45 Jahren. Ratenzahlung ist möglich und eine steuerliche Absetzbarkeit besteht ebenfalls.

- Pflegereform 2017: Schon vor 2017 gab es die Möglichkeit für nicht erwerbsmäßige Pflegepersonen (ab dem 15. Lebensjahr!), (zusätzliche) Rentenbeiträge zu erhalten. Die Regelungen wurden jetzt deutlich verbessert. Schon zehn Stunden Pflegetätigkeit pro Woche ab einem Pflegegrad 2 (von 5) lösen Pflichtbeitragszahlungen für Ihr Versicherungskonto bei der Rentenversicherung aus. Ein Jahr Pflege bedeutet zwischen 6,14 und 32,49 Euro monatliche Rente zusätzlich. Sprechen Sie die zuständige Pflegekasse (ggf. das Sozialamt) an. Für den Pflegebedürftigen entstehen keine Nachteile. Außerdem: Pflegepersonen können jetzt auch in der Arbeitslosenversicherung versichert werden.

  Tipp: Auch nach Erreichen der Regelaltersgrenze können jetzt diese Beiträge weiter verbucht werden, wenn Sie statt 100 Prozent nur 99 Prozent Teilrente wählen. Je nach Rentenhöhe und Pflegegrad amortisiert sich der Rentenverzicht nach spätestens vier Jahren, da die Pflegebeiträge immer zum 01.07. des Folgejahres die Rente zusätzlich zur Rentenanpassung erhöhen.

  Wichtig: Informieren Sie die Pflegekasse über diese ausgeübte Option.

Fazit

Altersvorsorge ist wahrlich ein weites Feld. Aber mit gutem Handwerkszeug kann es bestellt werden – gute Beratung und strukturiertes Vorgehen vorausgesetzt.

Der Vorsorge-Stratege

Vielfach wird bei Vermögensverwaltungen und Altersvorsorgeplanungen gerne die Mannschaftsaufstellung eines Fußballteams als gedanklicher Rahmen zugrunde gelegt, um den Wechselwirkungen der Kapitalmärkte entspannt entgegenzutreten: defensive Renten- oder Immobilienfondsanteile zur Beruhigung in der Abwehr, flexible Tagesgelder als Libero, steueroptimierte Versicherungsprodukte im konstruktiven Mittelfeld und Aktien, Rohstoffe oder alternative Investments als Torjäger.

Eine gute Idee, da die unterschiedlichen Denkansätze und möglichen Szenarien eines Spiels des Lebens als visuelle Darstellung sehr hilfreich sein können.

Nachfolgend möchte ich Ihnen eine dieser Überlegungen aus meinen eigenen Seminaren zeigen:

Verstehen – Versichern – Vorsorgen

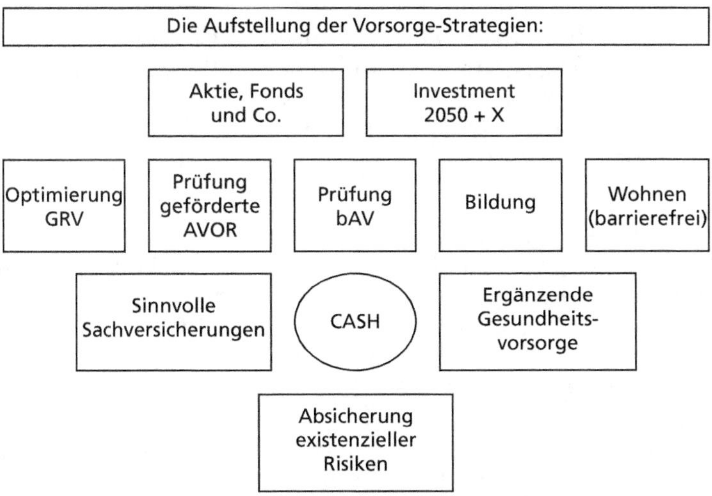

Einige kleine Hinweise:

- Ohne Torwart läuft nichts! Daher sind die existenziellen Absicherungen unentbehrlich: Risiken wie Tod, Invalidität oder auch Pflegebedürftigkeit. Haftpflichtversicherung nicht vergessen.
- CASH dient Ihrer Handlungsfähigkeit: Die berühmten drei Monatsgehälter (plus/minus). Dazu auch etwas Bargeld zu Hause.
- Sachversicherungen (z. B. Hausrat oder Wohngebäude) zum Schutz des mit harter Arbeit erworbenen Gutes

- Ergänzende Gesundheitsvorsorge: Zahn und Co. sollten eine Überlegung wert sein. Besser Zähne putzen und den Zahnarzt öfter besuchen? Dem Chefarzt das Händchen schütteln oder lieber dem jungen Oberarzt vertrauen?
- Optimierung der Ansprüche aus der gesetzlichen Rentenversicherung (GRV): Kontenklärung mit Rentenauskunft; Nachzahlungsmöglichkeiten prüfen...
- Ähnliches gilt für die geförderte Altersvorsorge und die betriebliche Altersversorgung (bAV). Letztere kennt fünf unterschiedliche Durchführungswege. Diese werden vom Arbeitgeber ausgewählt. Wichtig: Jeder (!) Arbeitnehmer hat einen Rechtsanspruch auf betriebliche Altersversorgung durch die sogenannte Entgeltumwandlung: Teile des Bruttogehalts werden direkt ohne Abzug von Steuern und (meist) Sozialversicherungsbeiträgen in die betriebliche Altersversorgung eingezahlt. Mit dem Betriebsrentenstärkungsgesetz ist zudem die reine Beitragszusage im Rahmen des Sozialpartnermodells entstanden. So wird erstmalig die Arbeitgeberhaftung auf die Beitrags- und nicht auf die Leistungsseite beschränkt (Pay and Forget).

Durch eine Entgeltumwandlung reduziert sich meist auch der Arbeitgeberanteil an den Sozialversicherungsbeiträgen. Die bisherige „freiwillige Beteiligung" wird verpflichtend, wenn die Entgeltumwandlung über einen externen Versorgungsträger durchgeführt wird. Die Höhe des Zuschusses an die Versorgungseinrichtung beträgt pauschal 15 Prozent des umgewandelten Entgelts, maximal jedoch die tatsächlich eingesparten Sozialversicherungsbeiträge. Bei reinen Beitragszusagen besteht die Verpflichtung ab 01.01.2018. Tarifvorbehaltlich muss für Altverträge (Vertragsabschluss vor 01.01.2019) der Zuschuss ab 01.01.2022 gezahlt werden, bei Vertragsabschluss ab 01.01.2019 dann unmittelbar.

Wichtig ist hierbei, dass sich durch diese geringeren Beitragszahlungen die spätere Rentenhöhe bei der gesetzlichen Rentenversicherung vermindert – negative Auswirkungen ergeben sich auch bei Krankengeld, Arbeitslosengeld, Erziehungsgeld und dem Übergangsgeld bei Reha-Leistungen.

Der seit 2018 neue Förderbetrag für Geringverdiener ist ein staatlicher Bonus, welchen der Arbeitgeber erhält, wenn er Arbeitnehmern mit geringem Bruttoarbeitslohn eine arbeitgeberfinanzierte betriebliche Altersversorgung bei einem externen Versorgungsträger (Pensionsfonds, Pensionskasse oder Direktversicherung) gewährt. Die zusätzlichen Beiträge können tarifvertraglich, durch eine Betriebsvereinbarung oder einzelvertraglich festgelegt sein. Voraussetzung für die Gewährung des Förderbetrags ist, dass der monatliche Brutto-Verdienst des Arbeitnehmers 2.575 Euro nicht übersteigt. Gefördert werden zusätzliche Beiträge des Arbeitgebers zur betrieblichen Altersversorgung von mindestens 240 Euro bis maximal 960 Euro im Kalenderjahr. Der staatliche Zuschuss beträgt 30 Prozent des gesamten zusätzlichen Arbeitgeberbeitrags (mindestens 72 Euro/ maximal 288 Euro jährlich).

Gegenwärtig häufen sich Meldungen, nach denen die Niedrigzinsphase auch der betrieblichen Altersvorsorge zunehmend Sorgen bereitet. Jüngst wurden Maßnahmen hinsichtlich der Insolvenzsicherung bei den Pensionskassen getroffen, die die Einstandspflicht der Arbeitgeber betreffen. Die Thematik wird durch die Folgen der Corona-Pandemie sicherlich weiterhin akut bleiben. Dennoch bleibt die kollektiv organisierte betriebliche Altersversorgung als relativ risikoarme Vorsorgeform für viele Arbeitnehmer durch folgende Aspekte durchaus interessant, wobei anbieterspezifische Konditionen zu beachten sind:

- Wunsch nach lebenslanger monatlicher Rentenleistung (ggf. Option Kapitalleistung)
- Mitgliedschaft in einem seit Jahren bewährten (kostengünstigen) bAV-System
- Arbeitgeberzuschuss über die gesetzlichen Vorgaben hinaus
- durch Gruppenverträge können günstigere Konditionen angeboten werden (im Vergleich zu Einzelverträgen)
- Absicherung von Berufsunfähigkeit und Hinterbliebenen ohne Gesundheitsprüfung
- die Förderung steht in günstigem Verhältnis zur nachgelagerten Besteuerung
- Nutzung von Freibeträgen bei Transferleistungen (Grundsicherung im Alter) ist erkennbar
- Beitragsfreiheit bei der Kranken- bzw. Pflegeversicherung (Freibetrag oder PKV)

  - angestrebte Hartz IV-Sicherheit kann erreicht werden
  - Wunsch nach Bequemlichkeit bei der Vorsorgeplanung
  - hohe Transparenz des Anbieters (Anlagepolitik, Insolvenzschutz)

- Zuletzt: Betriebsrenten werden erst ab einem Freibetrag von 164,50 Euro monatlich mit den (vollen) Krankenkassenbeiträgen belastet – allerdings erhöhen sie auch die steuerliche Bemessungsgrundlage. Weiter: Hinsichtlich der Unverfallbarkeit (www.aba-online.de) gelten unterschiedliche Regelungen. Beratungen zur bAV sollten nur durch qualifizierte Fachleute erfolgen (vgl. auch Kapitel 11.1, Tabelle 6 und 7). Vorgerechnete Renditen können unter anderem bei den Verbraucherzentralen geprüft werden.
- Bildung: eine der höchsten steuerfreien Renditen.
- Wohnen: eine Grundlage, die durchdacht sein will (Bedürfnisse ändern sich; ein schneller Wechsel ist in einem angespannten Wohnungsmarkt nicht immer möglich.). Der Erwerb einer eigenen Immobilie als Altersvorsorge ist trotz Niedrigzins ein äußerst komplexes Thema, das in einem gesonderten Denkprozess abgearbeitet werden muss. Hochaktuell die Sparda-Wohnstudie 2019 oder der Postbank Wohnatlas 2019: www.sparda-verband.de bzw. www.postbank.de – beide favorisieren derzeit den Immobilienerwerb. Dennoch kann eine eigene „Wohnstudie" auch ein anderes Ergebnis liefern.
- Aktien, Fonds und Co.: Diversifikation bedeutet bekanntlich nicht, nach dem 4. Bausparvertrag auch noch Nr. 5 und Nr. 6 abzuschließen.
- Investment 2050 + X: Überlegen Sie genau, was in 20, 30 oder 40 Jahren für die Gesellschaft, die Menschheit, Ihre Familie oder einfach auch für Sie selbst von Bedeutung sein kann.
- Mögliche Steuern und Sozialversicherungsbeiträge in der Leistungsphase sind stets im Auge zu behalten, wobei rechtliche Änderungen nicht ausgeschlossen werden können. Und: In der Praxis sind die Abgaben für Kranken- und Pflegeversicherung meist höher als die Steuern.

Deine AidA-Strategie – jetzt mal anders

Sie sind jetzt für 30 Minuten Cheftrainer für Ihre eigene Mannschaft (vgl. auch Kapitel 11.2):

Mannschaftsteil	Was will ICH erreichen?	Maßnahme(n)
Torwart	Schutz vor den Alltagsgefahren	Prüfung geeigneter Risikoversicherungen → Beratungstermin bei der Verbraucherzentrale vereinbaren!
Mittelfeld	Gefahr einer möglichen Kündigung reduzieren	Reduzierung der Krankheitszeiten → Gesundheitsurlaub buchen!
Sturm	Gesund in Rente	Arbeitspensum der eigenen Leistungsfähigkeit anpassen → Homeoffice, Teilzeitarbeit, Nein-Sagen, Zeitwertkonto frühzeitig anlegen Tipp: Ratgeber „Erfolgreich arbeiten" der Bundesregierung (kostenlos)

Viel Spaß bei der Mannschaftsaufstellung – der Rentenmechaniker macht jetzt einmal Pause!

Alles Rentenspießer, oder was?

Deutsche Rentenversicherung inside

An dieser Stelle wird es nun Zeit für die grundlegenden (Insider-) Informationen zu Ihrer „Zwangsmitgliedschaft" bei der Deutschen Rentenversicherung – dem Kerngeschäft des kleinen Rentenmechanikers:

Zunächst wird Ihnen mit Aufnahme Ihrer ersten Tätigkeit (in der Regel Ausbildung oder Ferienjob) eine Sozialversicherungsnummer zugeteilt. Diesen Prozess veranlasst der Arbeitgeber über die zuständige Krankenkasse. Hauptbestandteil dieser Nummer ist Ihr Geburtsdatum. Zudem wird hier über ein „Quotensystem" entschieden, bei welchem Versicherungsträger Sie lebenslang versichert werden. Zur Auswahl stehen:

- Deutsche Rentenversicherung Bund (früher: Bundesversicherungsanstalt für Angestellte – BfA)
- Deutsche Rentenversicherung mit „Regionalzusatz" z. B. „Nord" (früher: Landesversicherungsanstalt xyz)
- Knappschaft-Bahn-See (früher: Seekasse, Bundesknappschaft, Bahnversicherungsanstalt)

6

Mit der Versicherungsnummer wird nun ein Konto bei „Ihrem" Versicherungsträger eröffnet. Auf diesem Konto werden alle rentenrechtlich relevanten Daten gespeichert – teils automatisch (z. B. über die Jahresmeldung Ihres Arbeitgebers, Meldung der Krankenkasse bei Krankengeldbezug oder der Agentur für Arbeit bei Arbeitslosigkeit) oder aber in einem sogenannten Kontenklärungsverfahren ergänzt bzw. korrigiert.

Kontenklärung – wie geht das?

Entweder Sie bekommen von Amts wegen Post, weil Sie zu einem konkreten Jahrgang gehören oder zum Beispiel eine Scheidung (Versorgungsausgleich) ansteht. Oder aber Sie ergreifen selbst die Initiative, indem Sie Ihren Versicherungsträger kontaktieren.

Tipp: Rufen Sie die kostenfreie Servicenummer (0800/1000 4800) an, halten Sie Ihre Versicherungsnummer bereit und fragen den Berater einfach, inwieweit Klärungsbedarf besteht und welche Unterlagen zu beschaffen sind. Dieser wird mit Ihnen die weitere Vorgehensweise besprechen und ggf. einen Termin in einer Auskunfts- und Beratungsstelle vereinbaren. Vorab sollte er Ihnen einen Datenausdruck, das heißt einen Versicherungsverlauf mit Nennung der Lücken (ungeklärte Zeiten) zur besseren Vorbereitung zuschicken.

Ich habe bereits vor Jahren mein Konto geklärt, trotzdem bekomme ich erneut Post. Warum?

Leider ändern sich Gesetze und Verwaltungsverfahren regelmäßig und so besteht zumindest Ergänzungsbedarf von Daten, die beispielsweise für den korrekten Rentenbeginn oder die Berechnung wichtig sind (z. B. Stichtage, zu denen etwa Altersteilzeitverträge unterschrieben sein mussten). Auch hier gilt der Tipp: Anrufen!

Ich verstehe die vielen schrecklichen Fragen nicht!

Das Kontoklärungsverfahren gleicht der Erstellung eines „rentengeeigneten" Lebenslaufs.

Tipp: Nehmen Sie zum Beratungsgespräch einfach einen aktuellen Lebenslauf mit (bzw. legen Sie ihn beim Zurücksenden der Unterlagen bei).

Was passiert, wenn ich mich überhaupt nicht darum kümmern möchte?

Nicht clever! Es gibt für Sie und den Rentenversicherungsträger bestimmte gesetzliche Verpflichtungen, tätig zu werden. Schlimmstenfalls wird Ihre Rente nach Aktenlage festgesetzt und das ist unter Umständen mit realen Verlusten verbunden – für Sie!

Wann ist der beste Zeitpunkt?

Der geeignete Zeitpunkt für ein Kontenklärungsgespräch liegt im Alter zwischen 35 und 44 Jahren, da bestimmte Lebensabschnitte normalerweise bereits beendet sind.

Wichtig: Gerade Familien sollten über die Versorgungssituation aktuell informiert sein. Es geht immer um die Tatbestände, die nicht im Konto (Versicherungsverlauf) erfasst sind.

Wenn das Konto bei der Rentenversicherung geklärt ist: Habe ich jetzt Vorteile?

Ja – die jährliche Renteninformation wirft jetzt die korrekten Werte aus. Ihre Vorsorgeplanung wird auf ein solides Fundament gestellt.

In diesem Zusammenhang sollten Sie Ihre weiteren Vorsorgeformen (z. B. Betriebsrente) prüfen bzw. klären und anschließend alles zu einer Gesamtschau zusammenfügen. Versorgungslücken werden jetzt konkreter und die wichtige Risikovorsorge ist noch bezahlbar.

Wie endgültig ist dieses geklärte Rentenversicherungskonto?

Obwohl der Rentenversicherungsträger in der Vergangenheit liegende Zeiten als verbindlich feststellen wird, können Sie selbst nach Rentenbeginn noch Korrekturen vornehmen lassen, wenn diese für Sie vorteilhaft sind. Stichwort „Bescheidkorrektur" nach § 44 SGB X.

Erfahrungsgemäß ist diese Kontenklärung in der Rückschau für die meisten Menschen völlig problemlos und endet oft mit bestimmten „Aha"-Effekten wie „Da hätte ich mich doch schon eher drum kümmern können".

Deine AidA-Strategie

Airbag und Co.

1.000 Mal geht er gut, der Überholvorgang auf der Bundesstraße – bis plötzlich der unbeleuchtete Falschparker auf der Gegenfahrbahn auftaucht. Ihr Schutzengel macht unbezahlte Überstunden, ABS, Fahrer-Knie-Seiten-Kopfairbag ebenfalls und tatsächlich hat Ihr Autobauer den hochfesten Spezialstahl aus der Werbung für die Fahrgastzelle verbaut. Gut, dass der Autoverkäufer Ihnen vor drei Monaten den 3.000 Euro günstigeren Vorvorgänger ausgeredet hatte, trotz Leder, Klima und Metallic-Lack. Seine Worte klingen noch nach: „Mit diesem Modell investieren Sie in Ihre Gesundheit!"

Sicherheit für Haus und Hof

„Nur 17,4 Prozent aller Wohnungsaufbrüche werden aufgeklärt" – so zu lesen auf der Internetseite www.polizei-beratung.de. Schlimmer als der materielle Schaden (den meistens die Versicherung reguliert) sind für viele Geschädigte die (lebenslangen) psychischen Beeinträchtigungen, die oftmals zum Auszug aus der Wohnung oder dem gerade abgezahlten Haus führen.

Nur wenige Wohnungs- oder Hausinhaber suchen vor einem Einbruch eine kriminalpolizeiliche Beratungsstelle auf und nehmen dann das Geld zur Erhöhung ihrer persönlichen Sicherheit in die

Hand. Der unfreiwillige Verkauf der sicheren Altersvorsorge „Immobilie“ wird dann zum unvorhergesehenen Mega-Gau!

Und wenn Sie schon darüber nachdenken: Fertigen Sie doch gleich noch eine Inventarliste plus Fotos für Ihre Versicherung an. Und: Die KfW fördert Maßnahmen zum Einbruchschutz mit bis 1.600 Euro (Zuschuss 455-E; www.kfw.de).

Die meisten Unfälle passieren im Haushalt

Leider liegen die Badesandalen wieder einmal ganz oben im Schrank, aber der wackelige Holzstuhl steht praktischerweise direkt daneben. Es kommt, wie es kommen musste ... Nach der Gipsentfernung noch sechs Monate Physiotherapie – im Alter dauert es halt doppelt so lang. Beim nächsten Mal vielleicht doch besser die TÜV-geprüfte Trittleiter aus dem Nebenzimmer. Auch die Entscheidung für den billigen Wasserkocher vom Flohmarkt mit gefälschtem CE-Zeichen würden Sie heute nochmal überdenken. Denn nach zwei Stunden Wartezeit in der Notaufnahme, 7 Euro für die Brandsalbe und fünf Wochen Arbeitsunfähigkeit ist dieser Unfall offiziell nicht schuld daran, dass die Beförderung an Ihnen vorbeirauscht. Wer billig kauft, kauft zweimal. Nebenbei: Für viele Artikel gibt es innerhalb bestimmter Fristen nach dem Kauf kostenlose Garantieverlängerungen, wenn Sie das Produkt auf der Homepage des Herstellers registrieren.

Fazit

Das Ignorieren von Fakten und Realitäten kann sehr lange Zeit gut gehen. Aber leider nicht auf Dauer. Abgerechnet wird am Ende.

Anleitung zum Rentenglück

Damit Ihr Vorsatz nicht gleich wieder verkümmert, möchte ich Ihnen eine kleine Ausfüllhilfe für das anstehende Kontenklärungsverfahren geben.

Nochmals kurz zur Erinnerung die Vorgehensweise: Rufen Sie das (kostenlose) Servicetelefon der Rentenversicherung an, nennen Sie Ihre Versicherungsnummer und lassen sich einen aktuellen Versicherungsverlauf mit Ausdruck der Lücken sowie die Formulare V0100 nebst Anlagen zusenden.

Die ausgeworfenen Fehlzeiten dienen dazu, mögliche Lücken im beiliegenden Versicherungsverlauf zu identifizieren. In der Praxis hat es sich bewährt, Letzteren chronologisch durchzugehen und die Lücken farbig zu kennzeichnen sowie sich kurz zu notieren, was Sie in jener Zeit „gemacht" haben.

Vereinfachte Ausfüllhilfe zum Antragsformular V0100 (Erläuterungen V0110)

1. Persönliche Daten eintragen/erfassen: Eigentlich sollte das doch kein Problem sein? Personalausweis im Beratungsgespräch vorlegen (noch gültig?), ggf. ist eine Heiratsurkunde bzw. das Familienstammbuch sinnvoll. Bei Postversand sollten Sie zumindest eine Fotokopie einer Personenstandsurkunde beilegen.
2. Falls Sie einen Dritten (Ehepartner/Freund/Anwalt/Rentenberater etc.) beauftragen, benötigt dieser zusätzlich eine formlose und unterschriebene Vollmacht.
3. (3.1) Jetzt werden fehlende Beitragszeiten erfragt. Schauen Sie in den Versicherungsverlauf (diesen bitte nicht abschreiben) **und tragen Sie nur die Fehlzeiten ein**. Beitragszeiten sind zum Beispiel Zeiten einer Beschäftigung, Wehr- oder Zivildienst oder Zeiten des Bezugs von Sozialleistungen (Arbeitslosengeld, Krankengeld etc.). Im Zweifel tragen Sie hier auch weitere – fehlende – Zeiten (Daten) ein oder verweisen auf den beiliegenden Lebenslauf. Zudem sollten Nachweise beigefügt werden (oft reichen unbestätigte Kopien aus, sollten beglaubigte Kopien gefordert werden, sind diese für Rentenzwecke bei der Gemeinde, Krankenkasse oder in der Beratungsstelle der Rentenversicherung kostenlos erhältlich).

   Sollte beispielsweise Ihr Arbeitgeber ein falsches Entgelt (Gehalt) gemeldet haben, tragen Sie dies ebenfalls ein und kennzeichnen es mit einem Textmarker. Ebenso fehlende freiwillige Beiträge (z. B. als Hausfrau oder Selbstständiger), eine fehlende Nachversicherung als ausgeschiedener Beamter/Soldat. Möglicherweise pflegen Sie schon seit Jahren einen pflegebedürftigen Angehörigen und haben diesbezüglich gegenüber der Pflegekasse noch keinen Antrag auf entsprechende Pflichtbeiträge für Ihr eigenes Rentenkonto gestellt. Dann sollten Sie das hiermit nachholen!

   (3.2) Hier werden ungeklärte Zeiten aus der ehemaligen DDR abgefragt. Sollte das auf Sie zutreffen, sollten Sie in jedem

Fall schnellstmöglich ein persönliches Beratungsgespräch vereinbaren, da die Aufbewahrungsfristen für alte Lohnunterlagen abgelaufen sind!

4. Ausland: Da es zahlreiche Abkommen und zwischenstaatliche Regelungen gibt, tragen Sie hier Zeiträume, Beschäftigungsland und – wenn bekannt – den zuständigen Rentenversicherungsträger sowie die Versicherungsnummer ein. Falls vorhanden, fügen Sie Kopien vorhandener Unterlagen über die Beschäftigung dort bei. Für Vertriebene/Spätaussiedler gelten Sonderregelungen, die in speziellen (zweisprachigen) Vordrucken abgefragt werden.

5. Anrechnungszeiten: Meist sind persönliche Umstände ursächlich für diese Fehlzeiten, nämlich Schule, Studium, Arbeitslosigkeit ohne Leistungen etc. Der Nachweis erfolgt über Zeugnisse oder Bescheinigungen. Der Vordruck V0410 (V0411) hilft dabei.

   Wichtig: Unfallbedingte oder durch Fremdverschulden verursachte Arbeitsunfähigkeiten erläutern Sie bitte im Vordruck R0870 (Regress). Ggf. besteht hier nochmals Beratungsbedarf, um Rentennachteile zu vermeiden.

   Tipp: Warten Sie nicht bis fünf vor zwölf, wenn Sie Ersatzbelege benötigen. Selbst der langsamste Schulhausmeister entrümpelt irgendwann den letzten Keller.

6. Kinder: Kinder sind rententechnisch nicht wegzudenken. Im Normalfall werden dem erziehenden Elternteil pro Kind, das ab 1992 geboren ist, drei Beitragsjahre (vor 1992: 2,5 Jahre) gutgeschrieben. Außerdem wird die Zeit bis zum 10. Lebensjahr mit berücksichtigt, zudem kann Mehrfacherziehung, das heißt die Erziehung von mehreren Kindern unter 10 Jahren, weitere Beitragszeiten auslösen.

   Tipp: Gerade wenn Sie die Erziehungszeiten zwischen den Elternteilen aufteilen wollen, sollten Sie sich persönlich beraten lassen. Auch „erziehende" Riester-Sparer sollten das Beratungsgespräch suchen, sofern sie nach der Geburt des Kindes erst einmal nicht in die Beschäftigung zurückgekehrt sind, da es Probleme mit der Kinderzulage geben kann, denn die Zulagenstelle (ZfA) stuft Sie als Erziehungsperson plötzlich als „nicht förderberechtigt" ein.

7. Berufsausbildungszeiten: Diese Daten werden nochmals ausdrücklich abgefragt.

Wichtig: Schauen Sie im Versicherungsverlauf nach, ob diese Zeit überhaupt als Pflichtbeitragszeit erfasst ist und ob der Zusatz „berufliche Ausbildung" dahinter steht. Hintergrund: Früher wurden diese Zeiten, in denen der Verdienst naturgemäß gering war, pauschal höher bewertet, sofern sie in den ersten Jahren lagen. Damit ist es vorbei und es erfolgt eine nachträgliche Kennzeichnung zwecks zusätzlicher Punkte.

Weitere Fragen betreffen Beamte, Soldaten sowie Rentenbezieher.

Nach Beantwortung all dieser Fragen sollten Sie nun Ihr Leben nochmals gedanklich anhand des vorliegenden Versicherungsverlaufs durchgehen und prüfen, ob Sie jeden Monat gegenüber dem Rentenversicherungsträger erklärt haben – notfalls formlos, weil Sie keine eindeutige Zuordnung in den Vordrucken machen konnten. Lesen Sie sich abschließend die Schlusserklärung durch, prüfen Sie, inwieweit ein besonderer Dokumentenzugang (z. B. Hörmedium) gewünscht wird, stellen Sie die benötigten Anlagen zusammen, Unterschrift darunter und weg damit.

Tipp: Um ein ewiges Hin und Her mit Ihrem Versicherungsträger zu vermeiden, empfiehlt es sich dringend, einen Beratungstermin in einer Beratungsstelle (www.deutsche-rentenversicherung.de), bei einem Versichertenberater (Versichertenältesten), beim Versicherungsamt Ihrer Gemeinde oder auch bei einem zugelassenen Rentenberater (kostenpflichtig) zu vereinbaren.

Das persönliche Beratungsgespräch bietet Ihnen zahlreiche Vorteile:

- Die Anträge werden meist online aufgenommen (Sie erhalten einen Datenausdruck als Kopie).
- Ihre Originalunterlagen erhalten Sie sofort zurück.
- Kopien werden amtlich kostenfrei bestätigt.
- Alle Fragen können sofort geklärt werden.

Coronabedingt werden aktuell viele persönliche Beratungsgespräche durch „gleichwertige" Telefonberatungen (mit Termin) ersetzt. Ggf. verschieben Sie Ihren Beratungswunsch ein wenig oder nutzen auch die eServices (Online-Tools) auf der Startseite der Deutschen Rentenversicherung.

Abschließend noch einige kurze Informationen zum Thema Beratungsstellen der Deutschen Rentenversicherung, den Beratern und Mitarbeitern sowie den Arbeitsabläufen:

Die Rentenversicherung unterhält im Bundesgebiet ein dichtes Netz an Beratungsstellen. Die Beraterinnen und Berater haben im Regelfall ein Fachhochschulstudium absolviert und eine umfangreiche Einweisung in den Beratungsdienst hinter sich. Da an die Beratungen kein Verkauf von Produkten gekoppelt ist, erfolgen sie ohne weitere monetäre Anreize. Der Berater selbst versteht sich insoweit als Partner des Kunden, unterliegt allerdings unter anderem den organisatorischen Vorgaben seines Arbeitgebers.

Tipp: Haben Sie einen Berater gefunden, von dem Sie sich gut beraten fühlen, lassen Sie sich seine Karte geben und vereinbaren (wichtige) Folgetermine auch möglichst bei ihm oder einem von ihm genannten Kollegen. Auch wenn dies in der Organisation der Beratungsstelle so nicht unbedingt vorgesehen ist – sprechen Sie das mit dem Berater persönlich ab.

Inwieweit Sie sich eines gerichtlich zugelassenen Rentenberaters bedienen (www.rechtsdienstleistungsregister.de), ist letztlich eine Geschmacks-, Strategie- und Komfortfrage. Freie Rentenberater sind ausschließlich dem Kunden (Mandanten) verpflichtet, haben ggf. ein breiteres Beratungsspektrum, können wegen des überschaubaren Mandantenkreises persönlicher und nachhaltiger beraten und Sie vollumfänglich gegenüber dem Rentenversicherungsträger vertreten. Weiter sind sie als Prozessagent vor den Sozialgerichten zugelassen. Warum auch Strategiefrage? In Verfahren, deren Ausgang nicht unbedingt absehbar ist (z. B. bei Anträgen auf Erwerbsminderungsrenten), ist es eher günstig, einen sachkundigen Bevollmächtigten von Anfang an einzubeziehen und ihm nicht erst das Trümmerfeld „Widerspruch/Klage" vor die Füße zu werfen.

Die zu zahlenden Gebühren sind eher moderat und an das Rechtsanwaltsgebührengesetz (Sozialrecht/ggf. Einzelvereinbarung) gebunden. Eine Erstberatung darf maximal 190 Euro zzgl. Mehrwertsteuer/Auslagen kosten (mehr unter: www.rentenberater.de).

Tipp: Beim Lebensprojekt „Rente" kann eine zweite Meinung nicht schaden, insbesondere bei komplexeren Sachverhalten. Oftmals auftretende Fragen zum Steuerrecht beantworten Steuerberater oder ggf. Lohnsteuerhilfevereine.

Deine AidA-Strategie

Druck von allen Seiten

Mitten im Leben angekommen, bedeutet auch Druck von allen Seiten zu bekommen: Termindruck durch Familie, Job, Freunde, Vereine verbunden mit Erwartungshaltungen, die zu erfüllen sind. Doch dazu gehören immer zwei. Glaubt man den Medien, lassen sich die jüngeren Menschen ab Generation Y nicht mehr derartig verheizen.

Viele Menschen (knapp 50 Prozent) legen täglich mehr als 10 Kilometer pro Arbeitsweg zurück. Stau, Verspätungen, Lärm, Schmutz und schlechtes Wetter gibt es gratis obendrauf. Die verlorene Zeit macht nach einer Studie der Princeton Universität unglücklich und krank. Vielleicht lässt sich dem abhelfen: 10 Minuten früher losfahren, Pendlergemeinschaften bilden, Verkehrsmittel wechseln, ein oder zwei Homeoffice-Tage oder einen Zeitpuffer zum Arbeitsbeginn einplanen. Oder: Einfach mal „Nein" sagen!

Weg mit der rosaroten Brille

Kantinenzuschuss gestrichen; Beförderungsstopp; abblätternde Farbe in den Produktionshallen – alles Warnzeichen, dass es mit dem Betrieb möglicherweise nicht mehr richtig rund läuft. Diese Signale zu ignorieren, könnte fatal sein. Bekanntlich macht der Letzte nur noch das Licht aus. Haben Sie Plan B oder C, der eventuell schon parallel anlaufen kann?

Selbstwahrnehmungscheck

Fragen Sie Ihre Kinder einmal, ob diese als potenzieller Arbeitgeber Sie beschäftigen würden – und vor allem als was: „Papa – mit deinem Waschbärbauch und den dämlichen Witzen aus den 80ern bist du selbst als Parkwächter total peinlich." Noch Fragen?

Zwischenlandung

Nach erfolgter Kontenklärung erhalten Sie einen neuen und vollständigen Versicherungsverlauf. Prüfen Sie das Dokument in aller Ruhe nochmal und betrachten Sie diese Unterlage als eine Art Zwischenlandung in Ihrem Leben: Sind Sie bislang zufrieden? Wollen Sie so weitermachen? Was möchten Sie ändern? Denken Sie daran: Der Tag hat 24, die Woche 168 und das Jahr 8.736 Stunden. Vielleicht ist es an der Zeit, Ihre Grenzen neu zu definieren?

Tipps vom Rentenmechaniker:

Bei dieser Zwischenlandung sollte unbedingt eine Gesamtschau aller Vorsorgeprodukte erfolgen: gesetzliche Rente, Betriebsrente, geförderte/ungeförderte Altersvorsorge etc. Rechnen Sie in einheitlichen Werten (Monatsrente). Wie wird sich die jeweilige Vorsorgeform entwickeln? Beachten Sie Steuern und Sozialabgaben. Und vergessen Sie die Risikovorsorge nicht! Die Deutsche Rentenversicherung bietet kostenlose Altersvorsorgespräche an, die nach dieser Strategie verlaufen.

Eine gute Beratung ist an bestimmten Kriterien festzumachen. Aber bitte beachten Sie: Eine gelungene Beratung kann es niemals umsonst geben. Selbst wenn Sie kein direktes Honorar bezahlen müssen, erfolgt die Vergütung indirekt über den Produktverkauf oder die Organisation, die die Beratung anbietet. Gerade bei der betrieblichen Altersversorgung ist eine gute und umfassende (auch zweite) Beratung wichtig – möglichst unabhängig vom Vertragsabschluss. Die gesetzliche Rentenversicherung kann in diesem Bereich nur im Rahmen einer kompetenten Wegweiserfunktion beraten; quasi wie ein Internist, der Sie bei speziellen Beschwerden an die entsprechenden Fachärzte weiterleitet: Schuster bleib bei deinen Leisten.

- Wird bei der ersten Kontaktaufnahme geklärt, ob der Berater gegen Provision und auf Honorarbasis arbeitet? Nur der Begriff Honorar-(Finanz-)Anlageberater ist geschützt.
- Stimmt der sogenannte situative Rahmen: Wurde der vereinbarte Termin eingehalten? Findet die Beratung in einer ungestörten Umgebung statt (Telefonate, störende Kollegen etc.)? Ist der Wartebereich angenehm gestaltet (Ruhe, Getränke, Literatur etc.)?
- Hört der Berater Ihnen zu? Können Sie Ihre Situation ausführlich schildern? Werden passende (zielführende) Zwischenfragen gestellt?
- Beantwortet Ihnen der Berater Fragen nach seiner Qualifikation, Berufserfahrung, Referenzen, Haftung, Grenzen seiner Beratung oder Interessenkonflikten?
- Wird nach Ihren Zielen gefragt? Geht man auf Ihre Risikobereitschaft ein? Redet der Berater in Ihrer Sprache, das

heißt ohne Fachchinesisch? Werden Rückfragen geduldig beantwortet?

- Wird eine nachvollziehbare Altersvorsorgeplanung unter Berücksichtigung bestehender Ansprüche erstellt?
- Vermeidet der Berater extreme Vergleiche/Prognosen wie „Das lohnt sich sowieso nicht" oder „Unter 10 Prozent stehe ich morgens nie auf ..."?
- Geht der Berater bis an Ihre Belastungsgrenzen? Oder lässt er Ihnen genügend (finanziellen) Spielraum? Bei Baufinanzierungen in Niedrigzinsphasen sollten Sie besonders aufpassen, da eine Anschlussfinanzierung mit höheren Zinsen den Ruin bedeuten kann!
- Wird die gegenwärtige Gesamtsituation ausreichend gewürdigt? Die unvermeidbaren Sonderausgaben bei einer Familie mit kleinen Kindern werden regelmäßig unterschätzt!
- Hat die Risiko- und Daseinsvorsorge Priorität vor der Geldanlage/Altersvorsorge?
- Gibt es eine Geeignetheitserklärung als Ergebnisprotokoll (früher: Beratungsprotokoll) und eine Haftungserklärung (sofern gesetzlich vorgesehen)? Erhalten Sie (vorgeschriebene) Produktinformationsblätter unaufgefordert?
- Werden Rückfragen in angemessener Zeit beantwortet? Bleibt Ihr Berater greifbar?
- Hat der Berater ein weitreichendes Netzwerk?
- Gibt Ihnen Ihr Berater genügend Zeit für die Prüfung seiner Empfehlungen, ggf. durch Dritte? Werden ggf. mehrere Alternativen vorstellt?

  Tipp: Zeugen zum Beratungsgespräch mitnehmen.
- Und: Geht es Ihnen nach der Beratung gut?

(mehr unter: www.vz-nrw.de – Checkliste zur Vorbereitung auf das Beratungsgespräch der Verbraucherzentrale in NRW; www.verbund-deutscher-honorarberater.de; www.bafin.de)

6

Fazit

Leben ist Veränderung – und Sie sind mittendrin!

Staatsdiener vs. Selbstständiger

Stellen Sie sich vor, Sie sind erfolgreicher Unternehmer in einer wichtigen Dienstleistungsbranche, bilden regelmäßig für teures Geld hoch qualifizierte Nachwuchskräfte aus und benötigen diese jahrzehntelang für Ihr Unternehmen, das einen 50-Jahres-Vertrag mit der Bundesrepublik Deutschland hat.

Was wäre Ihre Strategie? Wie bekommen Sie regelmäßig qualifizierten Nachwuchs? Wie binden Sie diesen an Ihr Unternehmen? Und wie arbeiten Sie effektiv und kostengünstig?

Extreme Prozesse sind damit tabu. Der „billige" Aushilfsarbeiter ist für Sie genauso wenig denkbar wie der millionenschwere Personaleinkauf über Headhunter oder Abwerbeprämien. Vor diesem Problem steht seit geraumer Zeit der Öffentliche Dienst. „Wir mahnen seit Jahren an, dass die öffentlichen Arbeitgeber qualifizierten und motivierten Nachwuchs brauchen. Das gilt gerade in Zeiten, in denen das Angebot auf dem Arbeitsmarkt knapper wird", sagte dbb-Vize Hans-Ulrich Benra am 27.03.2017 in Berlin. Seltsam: Unkündbarkeit, pünktliche Gehaltszahlung und insbesondere die spätere Beamtenversorgung haben offensichtlich an Attraktivität eingebüßt.

In Schulnoten ausgedrückt, ließe sich die berühmt-berüchtigte Beamtenversorgung mit einer klassischen „3+" darstellen: Versetzung geschafft, Zeugnisgeld fällt wahrscheinlich verhalten aus, dafür aber kein Nachlernen in den Ferien.

Der Zugang zu einer der Laufbahnen als Beamter unterliegt strengen, per Gesetz vorgegebenen Zulassungsvoraussetzungen: Mit einer Durchschnittsnote „ausreichend" im Abgangszeugnis stehen die Chancen schlecht, am Auswahlverfahren zugelassen zu werden. Auch bei einem Körpergewicht von 110 Kilo bei 1,68 Meter Größe wird man den Sporttest zum Polizeidienst wohl kaum bestehen. Die Ausbildung verläuft ebenfalls nach Regeln und Ritualen, die Prüfung kann nur selten mehr als einmal wiederholt werden. Sollten Sie die Hürde des Auswahlverfahrens bewältigen, unterwerfen Sie sich einem „nicht verhandelbaren" Dienst- und Besoldungsrecht: Fehlt die passende Planstelle im notorisch klammen Unternehmen „öffentlicher Dienst", werden Sie unter Umständen jahrelang nicht leistungsgerecht besoldet oder sogar versetzt, aber streiken dürfen Sie nicht.

Dafür erhalten Sie nach 40 Vollzeitdienstjahren und Erreichen der Regelaltersgrenze eine voll steuerpflichtige Versorgung von 71,75 Prozent der letzten Bezüge.

Um einen Vergleich zu einem „normalen" Rentner ziehen zu können, müssen fiktive Erwerbsbiografien (beginnend mit der Ausbildung über 40 – plus X – Jahre Vollzeitarbeit in einem vergleichbaren Großunternehmen mit Anspruch auf Betriebliche Altersversorgung) analysiert werden – einschließlich der Steuern und Abgaben sowie des Krankenkassenstatus im Alter. Ein bloßes Gegenüberstellen von Durchschnittsrenten und Durchschnittspensionen reicht dafür nicht aus.

Einige Kollegen und ich haben diesen Vergleich wiederholt vorgenommen und sind regelmäßig zu dem Ergebnis gekommen, dass auf Basis der jeweiligen Netto-Jahreseinkünfte bei einem durchschnittlichen Karriereverlauf (gehobener Dienst/Fachhochschulabsolvent in der Privatwirtschaft) nur unerhebliche Einkommensunterschiede im Alter zu verzeichnen sind: ein Plus von lediglich rund 8 bis 10 Prozent zugunsten des Beamten. Dabei wurden bestimmte Parameter (wie Kantinenzuschüsse, Sonderprämien, Werksrabatte, Arbeitsplatzsicherheit, Arbeitszeit, Krankenkassenstatus, Streikverbot oder die Gefahr einer Versetzung etc.) zahlenmäßig nicht näher verifiziert.

Zu einem ähnlichen Ergebnis, ebenfalls mit leichten Vorteilen für den Beamten, kommt eine Studie von Werner Siepe im Auftrag von „VERS – Versicherungsberater-Gesellschaft mbh aus Berlin" (www.vers-berater.de), wobei jedoch schwerpunktmäßig Beamte mit Arbeitnehmern im öffentlichen Dienst hinsichtlich der Alterseinkünfte verglichen wurden.

Allerdings ergeben sich durchaus Extremausschläge bei Personen, die Gehälter/Bezüge deutlich über der Beitragsbemessungsgrenze der gesetzlichen Rentenversicherung beziehen: Während bei der staatlichen Rente die monatliche Höchstgrenze bei etwa 2.800 Euro liegt, gilt dies nicht für die Beamtenpension. Da diese allerdings auch rechnerische Anteile einer betrieblichen Altersversorgung beinhaltet, wäre eine betragsmäßige Begrenzung schwierig, zudem auch das Alimentationsprinzip zu berücksichtigen ist (Gewährung einer amtsangemessenen Besoldung). Diese Problematik betrifft in erster Linie jedoch Beamte in den Bereichen des höheren Dienstes.

Fluch und Segen der Arbeitsplatzsicherheit: Ich kenne reichlich Menschen, die eine Krise am Arbeitsmarkt (z. B. Kurzarbeit) und die damit verbundene plötzlich zur Verfügung stehende Zeit dazu genutzt haben, sich persönlich oder beruflich zu verändern. Für einen Beamten, der jenseits der 50 ausscheidet, um sich zum Beispiel selbstständig zu machen, bedeutet diese Entscheidung einen finanziellen Kraftakt insbesondere wegen fehlender Förderung durch die Arbeitsagentur und den meist (lebenslangen) hohen Kosten der privaten Krankenversicherung.

Zur Diskussion, dass Beamte keine Abgaben zahlen: In der genannten Gegenüberstellung wurden die Nettobezüge sowohl als aktiv Beschäftigter sowie als Ruheständler verglichen. Zudem denkt niemand mehr daran, dass 1957 mit Einführung der lohnbezogenen Rente die Bezüge der aktiven Beamten um den Arbeitnehmeranteil (7 Prozent) zur gesetzlichen Rentenversicherung reduziert wurden!

Hätten die Dienstherren (Staat/Bund/Länder/Kommunen etc.) dieses „gesparte Geld" zuzüglich der (fiktiven) Arbeitgeberanteile in einem Versorgungsfonds oder Ähnliches zurückgelegt, wäre die heutige Diskussion um die Altersversorgung der Beamten weitestgehend überflüssig.

80-Stunden-Woche, ständig erreichbar, seit Jahren keinen Urlaub und die vierte Ehescheidung – Probleme, die der treue Staatsdiener meist nicht kennt. Jaguar, Haus am Zürichsee und die Qual der Wahl bei Champagner und Kaviar aber auch nicht. Falls doch – dann steht der Staatsanwalt vor der Tür. Als Selbstständiger oder Freiberufler unterliegen Sie anderen Spielregeln bei Erwerbseinkommen und Altersvorsorge. Das aber ist vielen nicht bewusst, wenn sie das Abenteuer „Selbstständigkeit" eingehen.

In vielen Beratungsgesprächen mit eben diesen Menschen habe ich mich mehr als einmal gefragt, wie lange das gewählte Geschäftsmodell überhaupt gut gehen kann. Alleine für Kranken- und Rentenversicherung sind bei einem Durchschnittsselbstständigen rund 1.300 Euro Beitrag im Monat fällig. Dazu kommen Steuervorauszahlungen und weitere berufsbezogene Versicherungen sowie Rückstellungen für „Saure-Gurken-Zeiten". Besonders Selbstständige im Gesundheits- und Bildungswesen werden sich sicherlich mehr als einmal täglich fragen, ob die 29-Stunden-Woche an der Kasse eines Discounters nicht die bessere Alternative darstellt.

Im Wochenbericht des DIW 7/2015 heißt es zum Einkommen von Selbstständigen: „Dieser Bericht zeigt, dass die Einkommen der Selbständigen eine wesentlich stärkere Streuung aufweisen als die Einkommen der abhängig Beschäftigten. Dies wird besonders deutlich, wenn man die Ränder der Einkommensverteilung betrachtet: Es gibt sowohl Selbständige, die am Existenzminimum leben, als auch solche, die sehr viel wohlhabender sind als vergleichbare abhängig Beschäftigte. Dies gilt insbesondere für Solo-Selbständige, die ein noch höheres Einkommensrisiko haben als Selbständige mit weiteren Beschäftigten. Das weit verbreitete Vorurteil, Selbständige verdienten generell weniger als vergleichbare abhängig Beschäftigte, ist aber unzutreffend. (...)

Aus anderen empirischen Untersuchungen ist bekannt, dass zumindest die Arbeitszufriedenheit von Selbständigen deutlich höher ist als bei abhängig Beschäftigten. Vor dem Hintergrund der hier dargestellten Ergebnisse ist dies insbesondere für Solo-Selbständige zu vermuten, wenn sie trotz niedrigerer Einkünfte freiwillig in dieser Erwerbsform verbleiben (...)".

Deine AidA-Strategie

Der DIW-Bericht spricht den weichen Faktor „Arbeitszufriedenheit" an, der Solo-Selbstständige motiviert, ihren Job trotz aller Umstände und Aufwände weiter zu machen. Ist deren „Jobverständnis" etwa anders definiert als das Ihre?

Vergleichen Sie nie die Vorteile des einen mit den Nachteilen des anderen, außer Sie wollen richtig unglücklich werden. Bedenken Sie, dass bei Vergleichen oftmals der Analyseprozess von einem gewünschten Ergebnis bestimmt wird. Das funktioniert übrigens auch bei Fernsehdiskussionen.

Der Cashflow-Quadrant von Finanzguru Robert Kiyosaki ist das zentrale Element seiner Bücher und Vorträge:

- A wie Arbeitnehmer: Ich habe einen Job.
- S wie Selbstständiger: Ich besitze einen Job.
- G wie Geschäftsmann: Ich habe ein System, das für mich arbeitet.
- I wie Investor: Das Geld arbeitet für mich.

Nur die beiden zuletzt genannten Gruppen sieht Kiyosaki als wirklich freie Menschen an (Interview in Focus Money, Heft 51/2016). Übertragen Sie G + I einmal auf Ihre Altersvorsorgeplanung.

Tipps vom Rentenmechaniker:

- Selbstständige sind unter Umständen bereits heute verpflichtet, Rentenbeiträge zu zahlen. Das gilt zum Beispiel für Lehrer, Dozenten, Handwerker oder Krankengymnasten ohne versicherungspflichtige Arbeitnehmer. Melden Sie sich zeitnah bei der Rentenversicherung, um Nachforderungen für bis zu vier Kalenderjahre zu vermeiden. Die Bundesregierung plant derzeit, alle Selbstständigen einer Versicherungspflicht zu unterziehen – Zeitpunkt ca. 2023/24.

- Anderenfalls kann zwischen einer freiwilligen Versicherung und einer Antragspflichtversicherung gewählt werden. Bitte nicht ohne sachkundige Beratung!

- Auch wenn eine Selbstständigkeit neben einer abhängigen Beschäftigung ausgeübt wird, wird eine weitere Versicherungspflicht nicht ausgeschlossen. Ggf. besteht auch Versicherungsfreiheit wegen Geringfügigkeit.

- Seit 2010 können auch Beamte ohne weitere Voraussetzungen freiwillige Rentenbeiträge zahlen. Diese sind steuerlich als Vorsorgeaufwendungen absetzbar und führen nicht zur Kürzung der Pension. Pensions- und Rentenbeginn können allerdings voneinander abweichen. Beamte, die vor Erreichen der Regelaltersgrenze in Pension gehen, müssen meist Abschläge hinnehmen. Im Gegensatz zum Rentenrecht können diese nicht durch Einzahlungen ausgeglichen werden. Pensionsrechner unter: www.n-heydorn.de

- Beamte, die aus dem Dienstverhältnis ausscheiden, werden entweder in der Rentenversicherung (mit dem recht niedrigen Brutto) nachversichert (nicht jedoch im Betriebsrentensystem der VBL) oder können sich je nach Status (Bundes-/Landes-/Kommunalbeamter) für ein späteres Altersgeld (= anteilige Pension, z. T. mit Abschlag) entscheiden. Die Beihilfeberechtigung im Krankheitsfall entfällt immer, was meistens zu einer recht hohen Krankenversicherungsbelastung im Alter führen kann. Allerdings: Aktuell zeichnet sich ein Trend ab, der (neu eingestellten) Beamten je nach Dienstherrn die Option eröffnet, in der gesetzlichen Krankenkasse zu (bezahlbaren) Konditionen zu verbleiben.

6

Fazit

Sich kümmern bedeutet schlicht: Glücklich in der Gegenwart – zufrieden im Alter! Frei nach DIY – Do it yourself!

Der zweite und dritte Frühling

Willkommen in der Midlife-Crisis

„Dem Begriff der Midlife-Crisis liegt die Annahme zugrunde, dass die meisten Menschen ihr Dasein nach einem Lebensziel ausrichten. Bei aller individueller Unterschiedlichkeit werden die Chancen zur Verwirklichung des eigenen Lebensziels in der Lebensmitte häufig reflektiert, was zu Verstimmungen und Unsicherheiten auch hinsichtlich der eigenen Identität (Rolle in Familie, Beruf, Sozialleben etc.) im Sinne des Begriffs führen kann." So ein kurzer Auszug aus Wikipedia.

Mitten im Leben – so schlecht ist die Ausgangslage doch gar nicht, oder? Klar, die 100 Meter läuft man nicht mehr in 12 Sekunden, die Hose spannt ein wenig, hier und da ein paar Falten, eine eingespielte Partnerschaft, pubertierende Kinder und ein befremdender Blick auf die eigenen Eltern, die beschlossen haben, jetzt alt zu sein: Plötzlich erscheinen sie als seltsam anmutende Wesen, die gelegentlich vor sich hin brabbeln, permanent neue Krankheiten erfinden und doch trotz viel Arbeit und Kompromisssuche die heroischen Ziele ihrer Jugend nie erreicht, geschweige denn die Welt neu erfunden haben.

Es gibt Tage, an denen möchte man den ganzen Kram einfach hinschmeißen: Weg mit den 25.000 Sachen (oder mehr), raus aus der Neubausiedlung, hin zu neuen Ufern, anderen Menschen, neuen Wohnformen oder endlich die Berufung finden, die aus dem „Irgendetwas" führt.

Scheinbar ist die Ausgangslage doch wenig vielversprechend. Das Haus ist erst zur Hälfte abgezahlt, der tägliche Ehealltag wird zur Routine, die Kinder haben ein Abi mit nur 2,6 oder schlechter und sämtliche Großtanten, Omas und Opas verprassen die Kohle scheinbar auf der MS Mosel, am Rhein und im Harz. Warum kam die letzte Postkarte eigentlich aus dem Puri Madawi Hotel? Lebenszufriedenheit sieht irgendwie anders aus.

Ist es die Angst, dass die Hälfte der Lebenszeit jetzt vorüber ist? Dass Krankheit, Langzeitarbeitslosigkeit, Pflege und Tod konkreter werden? Nicht nur bei den Menschen meines Umfelds, sondern auch bei mir? Kleiner Trost: Statistisch gesehen bleiben ca. 93,6 bis 95,4 Prozent der Lebenszeit pflegefrei (aus: Datenreport der Bundeszentrale für politische Bildung)!

Willkommen in der Lebensmitte! Es liegt nun an Ihnen, wie Sie damit umgehen. Aber bedenken Sie: Porsche, Blondine, Latin Lover und sonstige Hilfsmittel gegen die Midlife-Crisis haben keine sonderlich hohe Halbwertszeit. Die Arthrose fesselt Super-Bernd länger hinter das Sportlenkrad als ihm lieb ist, das blonde Gift spielt die Marilyn für Arme ohnehin nur, bis das nächste Goldkettchen winkt und in den Genuss von Enricos Massagen kommen sicherlich auch viele andere „Bella Mamas".

Nach einem kurzen, erfrischenden Bad in Selbstmitleid sollten wir uns unseren Grundkompetenzen bewusst werden und diese „böse" zweite Lebenshälfte ohne Gejammer wohlüberlegt und mit aller Ruhe angehen.

Deshalb: Weg mit allem, was unser Dasein unberechtigt belastet. Das bedeutet nicht, dass wir unserer Empathie oder unserem Mitgefühl den Laufpass geben müssen. Aber wer hat das Recht, unsere Lebensplanung derart zu beeinflussen, dass wir jetzt zweifelnd durch die Weltgeschichte stapfen? Grenzenlose Langeweile und das Fehlen von Zielen und Hobbys, kombiniert mit einem Defizit an Freude, haben zur Folge, dass bestimmte Personen die größtmögliche Befriedigung darin sehen, im Leben der Anderen herumzuschnüffeln und darin den Adrenalinkick zu suchen, den sie in ihrem eigenen Leben nicht finden können. Um glücklich zu sein, müssen wir Entscheidungen treffen, auch wenn diese manchmal unbequem sind.

Eine Hilfestellung für mehr Gelassenheit bietet die sogenannte Pareto- oder auch 80/20-Regel. Sie beschreibt das Phänomen, dass eine kleine Anzahl von Dingen oder Handlungen große Auswirkungen haben, während viele andere weniger effektiv bzw. effizient sind. 80 Prozent der Ergebnisse können oft mit gut 20 Prozent des Gesamtaufwands erreicht werden.

Tipp: Übertragen Sie dieses Prinzip einfach einmal auf Ihren Alltag: Einkaufen, Kochen, Putzen, die leidige Gartenarbeit, aber auch die Planung Ihrer Altersvorsorge, womit wir endlich wieder beim Thema sind:

- Über bestimmte Vorsorgesysteme brauchen Sie bekanntlich nicht zu diskutieren, auch nicht mit der griesgrämigen Verwandtschaft, die sowieso alles besser weiß. Es handelt sich dabei um Pflichtmitgliedschaften, wie gesetzliche Rentenversicherung oder Beamtenversorgung. Aber auch um Zusatzversorgungen wie VBL oder obligatorische Betriebsrenten. Hier gilt es den Bestand zu prüfen, zu aktualisieren, (geförderte) Zuzahlungsmöglichkeiten zu erkennen und eine realistische Bestandsentwicklung vorzunehmen.

- Andere Vorsorgesysteme benötigen nur eine Entscheidung: ja oder nein. In diesem Zusammenhang wird es sehr interessant werden, wenn bei den Neuregelungen der betrieblichen Altersvorsorge seit 2018 eine „Opting-Out"-Klausel als bewusste Abwahl einer Betriebsrente neue Entscheidungsmuster liefern wird.
- Bei den weiteren Vorsorgeformen hilft der gesunde Menschenverstand oftmals besser weiter als komplizierte Analyse-Tools, die zudem vor lauter Unverbindlichkeit zig-fach kollektiv rückversichert sind. Dies gilt insbesondere bei Angeboten, die über die staatlichen Förderungen beworben und oftmals schön gerechnet werden. Lassen Sie sich doch einfach vor wichtigen Entscheidungen den Kopf „frei" pusten, zum Beispiel bei einem Spaziergang am Meer. Und Kompromisse sind nicht immer 2. Wahl ...

Mitten im Leben, die zweite: So schlecht ist die Ausgangslage tatsächlich nicht! Einigermaßen gesund, intakte Ehe, gesunde Kinder. Und im Job läuft es so lala – 3 plus eben. Zwei Wochen Urlaub am Meer, eine Woche Skifahren im Zillertal, das Haus ist bereits zur Hälfte bezahlt und der neue Luxus-Grill für 500 Euro wird aus der Portokasse finanziert. Das Glas ist halbvoll – mindestens. Vielleicht ist auch noch etwas für diejenigen übrig, denen es richtig schlecht geht. Mit Sicherheit hätte es der Mittelklasse-Grill aus der Vorjahressaison auch noch getan? Und: Wollten Sie den Fleischkonsum nicht deutlich reduzieren? Mehr unter: www.utopia.de

Deine AidA-Strategie

Verbringen Sie Zeit mit den Personen, die es wirklich wert sind. Unterstützen Sie die Erfolge anderer. Helfen Sie den Menschen, die Sie umgeben. Zu einem späteren Zeitpunkt wird etwas zurückkommen. Und: Verabschieden Sie sich von den „toxischen" Personen, die unseren Alltag mit ihrer Eifersucht, Unreife, ihrem Egoismus sowie paranoiden oder infantilen Persönlichkeiten unerträglich belasten (mehr unter: www.gedankenwelt.de; www.bessergesundleben.de).

Seien Sie vor allem ehrlich zu sich selbst. Nehmen Sie sich Zeit, um Probleme, Fragestellungen oder Entscheidungen in Ruhe zu durchdenken. Eine Methode zur Entscheidungsfindung, die Suzy

Welch erstellt hat, ist das sogenannte 10-10-10-Modell, bei dem der Zögernde sich fragen soll, welche Folgen eine Entscheidung in zehn Tagen, zehn Monaten und zehn Jahren haben wird. Lernen Sie aus Fehlern und vermeiden Sie Schuldzuweisungen. Suchen Sie stattdessen (gute) Lösungen.

Geben Sie Ihren und den Träumen anderer eine Chance. Nur so können Dinge und Projekte entstehen, die abseits der Norm liegen. Haben Sie einen Plan B, zum Beispiel bei Arbeitslosigkeit, längerer Krankheit oder ungeplantem Nachwuchs, in der Schublade?

Vergleichen Sie sich einmal mit sich selbst in jüngeren Jahren, etwa mit 19, 27 oder 38. Bewerten Sie sich wie beim augenärztlichen Sehtest: Was war wann besser, schlechter, gleich? Anders?

Konzentrieren Sie sich auf das, was Sie beeinflussen können, und auf die Möglichkeit, positive Ergebnisse zu erzielen. Akzeptieren Sie, dass Ergebnisse, Menschen oder Dinge nicht perfekt sind. Sehen Sie erreichte Ziele und insbesondere Zwischenziele positiv. „Mitten im Leben" ist beispielsweise so ein Zwischenziel.

Tipps vom Rentenmechaniker:

- Verdienste oberhalb der Beitragsbemessungsgrenze (2021: 7.100 Euro im Monat/West) werden bei der späteren Rentenberechnung nicht berücksichtigt. Dadurch vergrößert sich eine mögliche Versorgungslücke (vgl. Kapitel 11.2) unter Umständen erheblich.
- Es bleiben zwar noch um die 20 Jahre bis zur Rente, dennoch kann es nicht schaden, die bislang erworbenen Anwartschaften einem Zwischencheck zu unterziehen. Insbesondere, wenn ein vorgezogener Rentenbeginn beabsichtigt wird, sollte man sich bereits jetzt über mögliche Ausgleichszahlungen informieren. Die Einzahlung ist mittlerweile ab dem 50. Lebensjahr (auch in Raten) möglich. Sparen können Sie bereits vorher darauf. Auch Abfindungen aus Betriebsrentenanwartschaften sowie der Versorgungsausgleichskasse können in die gesetzliche Rente eingezahlt werden. Ebenso können Belastungen des Rentenkontos durch einen Versorgungsausgleich zurückgekauft werden.
- Sparen mit Abfindungen/Zahlungen des Arbeitgebers: Diese bleiben zu 50 Prozent steuerfrei, wenn sie dem Ausgleich

7

einer Rentenminderung dienen (§ 3 Nr. 28 EStG). Weiterhin sind steuerfreie Zahlungen in die betriebliche Altersversorgung bei Beendigung oder Ruhen des Arbeitsverhältnisses nach § 3 Nr. 63 EStG möglich.

- Was kostet eigentlich eine solche Ausgleichszahlung? Nehmen wir an, dass Sie (Jahrgang 1968) mit 63 Jahren (2031) in Rente gehen möchten. Berechnungsdatum: 01.03.2021: 1.750 Euro minus 14,4 Prozent Abschlag (da Sie vier Jahre vor dem 67. Lebensjahr gehen, werden pro Jahr 3,6 Prozent als Abschlag gerechnet), das heißt: 252 Euro monatlich weniger. Um diesen Abschlag voll auszugleichen, müssen Sie ca. 66.500 Euro aufwenden. Ein teilweiser Ausgleich ist ebenfalls möglich: pro 100 Euro Monatsrentenausgleich = ca. 26.400 Euro Einzahlungswert. Ihren individuellen Ausgleichswert erfahren Sie nach Einsendung des Antragsvordruckes V0210 der Deutschen Rentenversicherung. Eine Zahlungsverpflichtung besteht ebenso wenig wie den erklärten früheren Renteneintritt einzuhalten.

  Wichtig: Versicherte, die sich Entgeltpunkte Ost zurückkaufen, erhalten im Hinblick auf die geplante Rentenangleichung 2025 derzeit noch einen kleinen „Rabatt". Hier ist Zeit wirklich Geld!

- Zu beachten: Diese Ausgleichszahlung ist steuerlich als Vorsorgeaufwendung innerhalb bestimmter Grenzen absetzbar. Eine Verteilung auf mehrere Jahre kann daher meist sinnvoll sein. Die erhöhte Rente ist wiederum steuer- und bei gesetzlich Krankenversicherten auch dort beitragspflichtig. Bei privat Krankenversicherten erhöht sich der Beitragszuschuss entsprechend.

- Weiter beachten: Obwohl in den Medien diese Ausgleichszahlung gerade wegen des niedrigen Zinsumfelds als lohnenswert beschrieben wird, ist zu beachten, dass nur eine „Leibrente" die Gegenleistung sein wird – ohne Rentengarantiezeit oder Kapitalrückgewähr im vorzeitigen Ablebensfall. Faustformel: Ab dem 80. Geburtstag fahren Sie hier ins „Rentenglück".

  Extra-Tipp: Bei (Ehe-)Paaren sollte man immer beide Rentenanwartschaften im Blick behalten – und zwar für den Erlebens- **und** den Todesfall!.

Wichtig: Rendite bedeutet nicht Rentenertrag, mit dem der unmittelbare Jahresgewinn aus einem Sofortbeitrag in Prozent ausgedrückt wird.

- Behalten Sie das Ablaufmanagement im Auge: Renten werden meist als lineare/dynamische Leistung ab einem Zeitpunkt X berechnet. Was aber, wenn Ihre Bedarfe ab Rentenbeginn schwanken: anfangs höhere Werte dank einer guten Mobilität, später eher die konservative Kalkulation?

Fazit

Das eingangs erwähnte Puri Madawi Hotel liegt übrigens auf Bali – und ist auch mit einer 3 plus-Rentenplanung noch bezahlbar.

Mit voller Kraft durch die Finanzkrise

„Finanzkrise" – das Wort des Jahres 2008 (Quelle: Gesellschaft für deutsche Sprache). Zu diesem Thema setzen sich besondere Fachleute tagein, tagaus mit den Entwicklungen der Finanzmärkte auseinander, wobei sie eher den Tagesendstand von DAX und Co. im Fokus haben als die Entgeltpunkte der eigenen Rente.

Eine intelligente Altersvorsorge sollte aber auf so sicheren Beinen stehen, dass sie sich nicht von der einen oder anderen Finanzkrise erschüttern lassen darf. Je nach Definition werden wir diverse Finanzkrisen (aktuell die coronabedingten Auswirkungen an den Finanzmärkten insbesondere im Frühjahr 2020) in unserem Leben durchleben müssen.

Bei einer Finanzkrise werden Vermögenswerte deutlich herabgestuft bis hinunter zum Totalverlust; Unternehmen und Staaten (und damit auch den Privatleuten) droht die Zahlungsunfähigkeit, Spekulationen platzen und geplante Investitionen werden ausgesetzt. Sobald das böse Wort aufkommt, werden oftmals rationale Handlungen eingestellt und am Ende regiert die Panik (zuvor haben computergestützte Verkaufsprogramme eine erste Grundlage hierfür gelegt). Doch ist Panik wahrlich kein guter Ratgeber. Ebenso wenig hilft das ständige Anwerfen der Gelddruckmaschinen als Antwort der Notenbanken. Letztlich ist Geld nur bedrucktes Papier. Um sicher durch die nächste Finanzkrise zu kommen oder sich gezielt darauf vorzubereiten, ist es sinnvoll, sich mit dem Thema „Nachhaltige Altersvorsorge" zu befassen.

Grundsätzlich ist kein Vermögenswert – auch nicht die staatliche (gesetzliche) Rente – vor den Verwerfungen an den Finanzmärkten sicher. Gleiches gilt für Bargeld, das Tages- oder Festgeld, den Rentenfonds, erst recht für Aktien und Aktienfonds oder die verschiedenen Kapitalversicherungen, die in diese Anlageklassen investieren. Außerdem betroffen sind die staatlich geförderten Altersvorsorgeprodukte wie Riester oder Rürup, die auf Kapitalmarktprodukten basieren. Und die staatliche Rente hängt – umlagefinanziert – indirekt vom Wohl der Wirtschaft ab. Im Umlageverfahren, das heißt der Erhebung von Beiträgen auf Löhne und Gehälter, die unmittelbar als Rente wieder ausgezahlt werden, kann nur das verteilt werden, was zuvor erwirtschaftet wurde.

Wenn „Geld" nicht investiert ist, gibt es keinen Ertrag. Doch die meisten von uns verdienen „ihr" Geld mit Arbeit, also dem persönlichen Einsatz ihrer geistigen und/oder körperlichen Leistung. Da helfen auch Gold und Immobilien nicht wirklich weiter (Gold ist reines Spekulationsobjekt und bringt keinen Ertrag und das Häuschen am Stadtrand muss abgezahlt und bewirtschaftet werden).

Wie könnte aber dennoch ein intelligenter Lösungsansatz aussehen?

Als Rentner der Zukunft müssen Sie zunächst Ihre Bedürfnisse und Bedarfe definieren. Das klingt nicht wirklich neu, wird aber oftmals erst viel zu spät konstruktiv angegangen.

Sie werden als Rentner 2050 ähnliche (Grund-)Bedürfnisse haben wie der Rentner 2021:

- Wohnen (bedarfsgerecht und bezahlbar)
- Gesunde Ernährung (auch ethisch motiviert)
- Gesundheitsversorgung (gesunde Umwelt und Sicherheit)
- Freizeitgestaltung (neue Hobbys, Beschäftigung)
- Soziale Kontakte (Gemeinschaftssinn und Bildung)
- einen Grund, „morgens aufzustehen"

Kurz gesagt: Lebenszufriedenheit oder ein wenig wissenschaftlicher: Mit dem Better Life Index der OECD lässt sich das gesellschaftliche Wohlergehen in den verschiedenen Ländern anhand von elf Themenfeldern vergleichen, die von der OECD sowohl in Bezug auf die materiellen Lebensbedingungen als auch für die Lebensqualität insgesamt als äußerst wichtig identifiziert wurden (mehr unter: www.oecdbetterlifeindex.org).

Was zunächst einfach klingt, erweist sich in der Umsetzung doch als vertrackt:

Wohnen

Das Reihenhaus am Stadtrand inmitten von Kinderläden, Grundschulen, Sportvereinen, das zudem über drei Ebenen zu bewirtschaften ist, hat ausgedient. Gefragt sind Barrierefreiheit, schneller Zugang zu Arzt und Gesundheitseinrichtungen, bezahlbare Mieten (Raten), niedrige Energie- und Nebenkosten, kurze Wege zu Kaufhäusern, Bäcker, Fleischer, Zeitungsladen usw., schnell erreichbare Nahverkehrsmittel, ein passendes soziales Umfeld für gemeinsame Unternehmungen oder Hobbys.

Das bedeutet den Verkauf der Altimmobilie (Kosten, Zeit, Marktsituation) und Neukauf (Anmietung) einer geeigneten Wohnung einschließlich Umzug, den Kosten für Makler, Grunderwerbsteuer, Notar, Renovierungen oder Entrümpelungen usw. Dazu doppelte Belastungen in der Übergangszeit, Nerven, Stress und Co. Was jetzt in Ihrer Lebensmitte noch als einfach und machbar klingt, sieht mit 79 schon ganz anders aus, wenn keine Vermeidungsstrategien mehr funktionieren – unabhängig von körperlichen Einschränkungen.

Während heute über zu wenig bezahlbaren Wohnraum diskutiert wird, berichtete die Internetplattform „ihre-vorsorge.de" am 29.08.2011 schon über kurzfristig 2,5 Millionen fehlende barrierefreie Wohnungen (mehr auch unter: Kuratorium Deutsche Altershilfe). Vielleicht sollten Sie schon jetzt über Wohnungswechsel nachdenken – mit 56 statt mit 79!

Gesunde Ernährung

Die Zahl der übergewichtigen Menschen in Deutschland steigt weiter. Es gibt Nahrung im Überfluss und sie ist (zu) billig. Im Eurostat Preisvergleich liegt Deutschland im günstigen Bereich. Der Anteil der Ausgaben für Nahrungsmittel am Haushaltseinkommen nimmt seit Jahren ab. Der durchschnittliche Haushalt (4-Personen-Arbeitnehmer-Haushalt mit mittlerem Einkommen) gibt aktuell im früheren Bundesgebiet etwa 12 Prozent seines ausgabefähigen

Einkommens für Nahrungsmittel aus (1970 waren es noch etwa 19 Prozent; Quelle: www.food-monitor.de).

Die Ursachen sind einfach: Die Löhne stiegen schneller als die Lebensmittelpreise. Hinzu kommt, dass sich der Stoffwechsel im Alter umstellt. Chips, überbackene Baguettes mit doppelt Käse oder das dunkle Hefeweizen landen mit 55 eben doppelt so schnell auf der Hüfte oder formen diesen schönen Bierbauch.

Dabei ist die Lösung denkbar einfach: Diszipliniert weniger und anders (intelligenter, z. B. langsamer) essen und trinken und sich (im Alltag) mehr bewegen.

Tipp: Fragen Sie Ihren Arzt, Ihre Krankenkasse oder einen freien Gesundheitsexperten mit den Schwerpunkten Gesundheitsbildung, Gesundheitsmanagement sowie Gesundheit im Alltag mit den Zielgruppen Einzelpersonen, Unternehmen oder auch im Verbund mit Partnern aus dem interdisziplinären Netzwerk). Nutzen Sie die Präventionsangebote im Betrieb oder über die Rentenversicherung (www.deutsche-rentenversicherung.de). Diese Investition ist garantiert „finanzkrisenfrei" und die Rendite erreicht Sie bereits nach kurzer Zeit ohne Abzug von Kapitalertragsteuer.

Gesundheitsversorgung

Viele von uns können sich nicht aussuchen, wie sie krankenversichert sind: privat oder gesetzlich. Ab einem gewissen Einkommen bekommen Sie die Option, freiwillig in der gesetzlichen Krankenversicherung (GKV) zu bleiben oder aber in eine private Krankenversicherung zu wechseln. Eine Entscheidung mit weitreichender Tragweite, denn oftmals gibt es kein Zurück.

Während man sich als junger Mensch eher von niedrigen Beiträgen der Privatversicherung locken lässt und die Leistungen zweitrangig sind, dreht sich diese Gewichtung im Alter schlagartig um: Jetzt werden die Leistungen eingefordert – allerdings sind die Beiträge der privaten Krankenversicherung oftmals so stark gestiegen, dass ein beträchtlicher Teil der Altersbezüge dafür verwendet werden muss. In der täglichen Praxis erlebe ich es nach wie vor, dass 500 bis 600 Euro für eine Vollversicherung auch bei langjähriger Zugehörigkeit im Alter fällig sind. Doch jetzt die Leistungen reduzieren? Bereits vor rund 20 Jahren gab mir ein altgedienter Krankenkassenmitarbeiter den Tipp, nach Möglichkeit in der gesetzlichen Krankenversicherung zu verbleiben, allerdings mit einer vernünftigen privaten Zusatzversicherung für die großen Katastrophen vorzusorgen. Doch selbstverständlich gibt es immer Ausnahmen.

Tipp: Sofern Sie überhaupt die Wechseloption haben, achten Sie sehr genau auf die Gesundheitsfragen im Aufnahmeantrag der privaten Krankenversicherung. Erfragen Sie die Beitragssteigerungen der letzten Jahre – besser Jahrzehnte. Insbesondere infolge der Niedrigzinsen hat eine große private Krankenversicherung die Beiträge zum 01.01.2021 um bis zu 19 Prozent erhöht, wobei fairerweise in den Vorjahren keine oder nur moderate Erhöhungen erfolgt waren.

Simulieren Sie die nächsten 20, 30 Jahre: Familienplanung, Auslandsaufenthalt, Selbstständigkeit etc. und erfragen Sie die zugehörigen Konditionen, sowohl bei der gesetzlichen wie bei der privaten Krankenversicherung. Unter www.kv-fux.de finden Sie eine Informationsplattform rund um die private Krankenversicherung mit einem Tarifvergleich für Vollversicherungen, Ergänzungstarife für Beamte sowie Zusatztarife für gesetzlich Krankenversicherte.

Falls Sie sich für die Privatversicherung entscheiden: Legen Sie die gesparten Arbeitnehmeranteile zurück und sprechen Sie mit Ihrem Arbeitgeber über dessen gesparten Anteil. Und denken Sie daran: Sie schulden direkt dem Arzt oder Krankenhaus die Behandlungskosten und müssen oftmals in Vorkasse gehen. Reha-Leistungen sind oftmals nur eingeschränkt versichert und ab Ende der Lohnfortzahlung müssen Sie selbst Ihre Rentenbeiträge (auf der Basis von 80 Prozent des Bruttogehalts) zahlen.

Beihilfeberechtigte Beamte sollten notwendige Ergänzungstarife prüfen, um nicht durch Erstattungsbegrenzungen bei der Beihilfe auf Restkosten (insbesondere beim Zahnersatz) sitzen zu bleiben. Beamte mit „Pauschaler Beihilfe“ (= Zuschuss zu den Kosten bei Verbleib in der gesetzlichen Krankenversicherung) müssen beachten, dass nicht jedes Bundesland dieses Modell kennt und beim Dienstherrenwechsel so Zusatzaufwände entstehen können.

Sofern Sie in der gesetzlichen Krankenversicherung verbleiben: Versuchen Sie, Rücklagen für Zahnersatz, Brille oder Zweibett-Zimmer im Krankenhaus zu bilden oder sich entsprechend zusätzlich zu versichern. Bei der privaten Zusatzversicherung sollten Sie jedoch den gesamten Beitragsaufwand im Verhältnis zu den möglichen Kosten berechnen.

Neben der versicherungstechnischen Betrachtung sollten Sie auch die praktische Umsetzung des Faktors „Gesundheit" im Auge behalten, nämlich die Leistungserbringer Hausarzt, Fachärzte, Apotheken, Kliniken, Reha-Möglichkeiten und nicht zuletzt die Pflegeeinrichtungen.

Prüfen Sie diese Instanzen im Hinblick auf folgende Fragen:

- Nimmt man sich Zeit für Sie?
- Nimmt man Sie ernst?
- Zeigt man Alternativen auf?
- Sind die Wartezeiten lang?
- Werden Sie abgefertigt?
- Dreht man Ihnen zusätzliche Leistungen (IGeL) an, die Sie teuer bezahlen sollen?

Hier spielen das Bauchgefühl und Ihr persönlicher Eindruck eine erhebliche Rolle! In Zweifelsfällen sollten Sie Kontakt zu Ihrer Krankenkasse suchen, die ggf. notwendige Fachleute vermittelt. Informationen findet man oftmals auf der Internetseite der Kasse oder in den übersandten Broschüren – die auch gelesen werden dürfen.

Freizeitgestaltung

Rentner haben nie Zeit – stimmt. Endlich ist der Rentenbescheid da – und mit ihm neuer Stress. Dazu die Erwartungshaltung an sich selbst, all die aufgeschobenen Dinge zu tun, die man jahrzehntelang mental geplant hat: mit dem Motorrad auf die Route 66, vier Wochen Island mit dem Rucksack, zu Fuß über die Alpen etc.

Doch was sind die Gründe dafür, das nicht zu tun, was Sie so gerne tun wollten? Die anderen, die Umstände, das Wetter, die Knochen, die Termine? Sie erklären dezidiert, warum Sie etwas NICHT können. Natürlich könnten Sie nun als (Fast-)Rentner einen VHS-Kurs bei Dipl.-Psych. Dr. Meier-Schmidt-Meerbusch buchen zum Thema „Bald in Rente – meine neuen Lebensinhalte".

Neben der Tatsache, dass Sie noch nicht mal den Rentnerrabatt bei den VHS-Gebühren erhalten, sollten Sie prüfen, ob es bei den Inhalten um mehr geht als nur um neue Erfüllung im Ehrenamt, Umgang mit Krankheit, Alter, Tod.

Wie wäre es denn mit folgenden Projekten für Ihren Ruhestand, die man ja schon mal frühzeitig ins Visier nehmen kann:

- eine eigene Firma gründen (Vorsicht: Hinzuverdienst bei der Rente erfragen) und die Berufserfahrung weiter nutzen
- eigene VHS-Kurse anbieten und so Wissen weitergeben
- einen (bezahlten) Nebenjob annehmen (aber nur, wenn er Ihnen Spaß bringt)
- Artikel für Internetblogs schreiben
- Reisen für Bekannte und Kollegen organisieren
- frühere Hobbys reaktivieren (mal wieder „analog" fotografieren oder Schallplatten auflegen)
- einen Garten anmieten und ein wenig körperlich arbeiten
- sich im eigenen Stadtteil engagieren (schauen Sie mal in die kostenlosen Sonntagsblättchen)
- kulturelle Veranstaltungen organisieren
- einen verrückten Fan-Club gründen
- etwas (ganz) Neues lernen (z. B. russisch kochen, norwegisch sprechen)
- einmal testen, wie weit Sie mit 1.000 Euro und einem Rucksack kommen
- sich rechtzeitig „digital" vernetzen – bevor das nächste Virus kommt

Soziale Kontakte

Mit dem letzten Arbeitstag enden für viele Menschen schlagartig zwischenmenschliche Beziehungen, die jahrelang selbstverständlich waren: Das „Hallo" der netten Kollegin vom Versand auf dem Parkplatz, das „Guten Morgen" am Eingang von Pförtner Walter, die wilde Diskussion über die Bundesliga am Wochenende mit den Kollegen, das „Mahlzeit" in der Kantine – sogar die unfreundlichen Appelle des leicht cholerischen Chefs: „Müller, ich brauche die Zahlen bis gestern!"

Sicherlich gab es bei der Verabschiedung Lippenbekenntnisse wie „Komm mal vorbei" oder „Wir bleiben in Verbindung" – die Realität sieht oftmals anders aus: „Schön, dass du reinschaust, aber du weißt ja: ... – Rentner müsste man sein!" Also schleicht man Richtung Ausgang und wartet auf die Einladung zur Weihnachtsfeier.

Wer in zahlreichen Vereinen organisiert ist, mag jetzt ein wenig lächeln und denken: „Nicht meine Baustelle." Aber bislang war der Verein ein Ausgleich zum anstrengenden Job. Nun kann das lustige Vereinsleben plötzlich recht anstrengend werden. Schließlich hat man nun als Neurentner viel mehr Zeit, sich um den Vereinsnachwuchs zu kümmern, ehrenamtlich den Fußballplatz zu mähen, dort die Werbetrommel zu rühren und beim monatlichen Grillfest den Zapfhahn zu betätigen.

Fangen Sie rechtzeitig mit der Suche nach Ihrer Zufriedenheit an.

Einen Grund, morgens aufzustehen

Der Wecker? Kann man ausschalten. Suchen Sie sich eine bessere Alternative – oder ein neues Projekt!

Fazit

„Geld allein macht nicht glücklich, es ermöglicht aber einen höheren Lebensstandard – und damit in der Regel auch eine höhere Lebenszufriedenheit. Wer wohlhabender ist, hat meist auch größere Chancen auf gute Bildung, eine umfassende Gesundheitsversorgung oder bessere Wohnverhältnisse." – So die Ausführungen der OECD zum Themenfeld „Einkommen".

Zum Themenfeld „Bildung" heißt es: „Untersuchungen zeigen, dass gebildete Menschen länger leben, sich aktiver in die Politik und in die Gemeinde, in der sie leben, einbringen, seltener Verbrechen begehen und weniger auf Sozialhilfeleistungen angewiesen sind."

Wir erinnern uns: **AidA**!

Weg frei für die Ehekrise

39,2 Prozent der Ehen scheitern binnen 25 Jahren (Wert aus 2017). Zwar ist der Trend seither in absoluten Zahlen leicht rückläufig, aber immer noch auf hohem Niveau. Auffällig jedoch, dass die „grauen Scheidungen" zunehmen, das heißt nach Ehedauern von 26 Jahren und mehr. Bei diesen geht es dann vorrangig um Geld statt um das Sorgerecht, mit der Folge, dass hohe Vermögenswerte zur Disposition stehen.

Was aber hat Scheidung konkret mit Altersvorsorge zu tun? Leider eine ganze Menge.

In der Regel findet (neben dem Zugewinnausgleich) ein sogenannter Versorgungsausgleich statt, der wertmäßig schnell einen sechsstelligen Betrag erreichen kann. Aus meiner Beratungspraxis kenne ich zahlreiche Beispiele von Personen, die in erster Linie scheidungsbedingt in ihr Rentenunglück rutschten. Oftmals auch deshalb, weil Hass und Wut die treibenden Kräfte waren und das Hirn ein Sabbatjahr einlegte. Gefühlt sind derartige Rentenkatastrophen schlimmer als eine vorzeitige Erwerbsminderung!

Dabei ist der Versorgungsausgleich nur das Finale eines Prozesses, an dem unzählige Beteiligte versuchen, ihre Interessen – oft monetärer Art – durchzusetzen, jedoch auf Kosten der eigentlichen Opfer: Mann, Frau, Kind(er).

Anwälten, Gutachtern, Mediatoren, Gerichten bietet sich hier ein munteres Schlachtfeld, an dem sich trefflich Geld verdienen lässt. Nutzen diese dann noch geschickt die unterschwellige Macht der Medien, Politik, diverser Verbände und Kirchen für eigene Zwecke, ist die nächste Kreuzfahrt gerettet – natürlich in einer Balkonkabine.

Eigentlich sollte man juristischen Rat suchen, wenn noch alles im Lot ist. Jedoch macht man sich mit einer solchen Aussage wenige Monate vor der Hochzeit natürlich keine Freunde, weder als zukünftiger Ehepartner noch als Trauzeuge, Freund, Elternteil oder Kollege. An dieser Stelle versagt das alte Sprichwort „Reden ist Silber, Schweigen ist Gold“ im Sinne einer weitsichtigen Planung gehörig.

Ein gut formulierter Ehevertrag kann so manches Leid vermeiden helfen und diszipliniert zugleich vielleicht auch ein wenig.

Deine AidA-Strategie

Das Thema Ehevertrag und Co. anzusprechen kann problematischer sein, als am Totensonntag über die Witwenrente zu reden. Einen wirklich guten Zeitpunkt zu finden ist schwierig, weil das, was den Nachbarn passiert ist, für uns undenkbar ist.

Kommunikation und Wertschätzung als Garant für eine gelungene Ehe? Möglicherweise. Die Schweizer Entwicklungspsychologin Pasqualina Perrig-Chiello sieht als Hauptgründe für Scheidungen bei Älteren die Entfremdung, die Unverträglichkeit und erst an dritter Stelle eine neue Liebe (vgl. www.welt.de/134807534).

Aber auch mit 50 oder 60 hat man noch das Recht auf persönliches Glück, auch wenn es möglicherweise recht teuer wird.

Hochzeitstag vergessen, Zahnpastatuben-Ignoranz oder „Meine Mutter hatte doch Recht"-Genörgel – mit ein wenig Selbstdisziplin lassen sich nervige Konflikte schon im Entstehen vermeiden.

Nach einer aktuellen OECD-Studie („Dare to share" vom 20.02.2017) unterliegen Väter, die Zeit mit ihren Kindern verbringen, einem geringeren Scheidungsrisiko und sind subjektiv zufriedener mit ihrem Leben sowie physisch und psychisch gesünder als weniger engagierte Väter. Also, auf zum nächsten Fußballplatz!

Wenn es bei Ihnen gut läuft, seien Sie dankbar! Werden Sie nicht zum ungefragten Beziehungstippsgeber, sondern beherzigen Sie die Grundkompetenz Nummer 1: Klappe halten.

Tipps vom Rentenmechaniker:

Der Versorgungsausgleich ist ein bitteres Thema. Hier werden bezogen auf die Ehezeit sämtliche Rentenanwartschaften aufgeteilt. Sofern hier große Differenzen herrschen, wird es für beide Ehepartner teuer: Einer muss zunächst deutlich abgeben, aber beide müssen danach autark ihren Lebensunterhalt bestreiten. Immerhin: Das Versorgungsausgleichsgesetz lässt seit 01.09.2009 mehr Gestaltungsmöglichkeiten zu.

Gut zu wissen: Die Versorgungsausgleichskasse steht neben der gesetzlichen Rentenversicherung als Zielversorgung für extern geteilte Anrechte aus Betriebsrenten zur Verfügung.

- Der Ausgleichspflichtige kann seine Verluste durch Einzahlungen in die Rentenversicherung ausgleichen. Das kostet ihn etwa 25.000 Euro pro 100 Euro Rentenverlust. Bei 400 Euro sind das locker 100.000 Euro.
- Es empfiehlt sich, während der Ehe auf homogene Versorgungsentwicklungen zu achten und geeignete Stellschrauben zu nutzen. Für Hausfrauen/-männer können zum Beispiel freiwillige Beiträge eingezahlt werden. Noch besser ist es, sich den Alltag um Kinder, Haushalt und Beruf gleichmäßig aufzuteilen. Hierbei gilt es wirtschaftliche Potenziale (vor allem für Frauen) neu zu entdecken. In diesem Sinne auch die OECD-Studie „Dare to Share" (vgl. www.oecd-ilibrary.org).

- Geschiedene verlieren den Anspruch auf Hinterbliebenenrenten. Im fortgeschrittenen Alter kann das richtig teuer werden. Verstirbt der Ausgleichsberechtigte nach Ablauf von drei Jahren nach seinem Rentenbeginn, bleibt die Rentenminderung beim Ausgleichspflichtigen trotzdem erhalten – lebenslang. Anderenfalls kann beim Versorgungsträger die Rücknahme der Kürzung beantragt werden (sog. Anpassung). Weitere Anpassungsfälle können bei Unterhaltsfällen oder zeitlich unterschiedlich entstehenden Leistungsansprüchen verschiedener Versorgungsträger entstehen. Mehr unter „Rente und Scheidung" auf der Internetseite der DRV. Und wer sich nochmals „traut": Die Mindestehedauer für einen neuen Anspruch auf Hinterbliebenenrente beträgt grundsätzlich ein Jahr!
- Teuer wird auch ein Verlust einer bislang günstigen Krankenversicherung, zum Beispiel über einen beihilfeberechtigten Beamten. Nach der Scheidung muss unter Umständen eine private Vollkostenversicherung abgeschlossen werden. Kosten: 500 bis 700 Euro – im Monat!

Fazit

Diese Krise ist vermutlich die teuerste und es gilt, sie nicht nur aus emotionalen Gründen abzuwenden. Oder zumindest im Krisenfall einen vernünftigen Umgang miteinander zu pflegen. Im Streitfall verdienen Dritte gerne sehr gut an Ihnen mit!

Planspiele für die Rente

50 – die Jugend des Alters

„50 ist das neue 40" – auch nicht schlecht, wenn einem so der nette Autoverkäufer noch einen Mercedes SLK andrehen möchte, obwohl man heimlich schon mehrmals in der praktischen B-Klasse Probe gesessen hat. Und sich die Bandscheibe freute.

Aber was ist „alt"? Diese Kernfrage begleitet uns nun schon über viele Kapitel. Ist „alt" immer noch so schlimm wie zu Beginn Ihrer **AidA**-Reise? **Alles ist Deine Altersvorsorge** – ein tröstlicher Gedanke, da er doch einen Prozess beschreibt, den wir täglich erleben dürfen, ohne daran zu verzweifeln. Im Gegenteil, wir gewöhnen uns an die Vorstellung, dass das Leben eine fließende Abfolge von Phasen ist und wir das Alter bereits in Phase EINS in diesen Prozess integriert haben. Die Folge ist eine konstruktive Entwicklung eines sehr persönlichen Altersvorsorgeprozesses, der auch mit 50 „Lust auf mehr" macht.

Also stellen wir uns neuen Aufgaben, wobei wir gelegentlich ein wenig stolz zurückblicken dürfen, was wir schon alles „geschafft" haben. Das heißt nicht, dass die Vergangenheit einfach seelenlos abzuhaken ist, sondern vielmehr als gutes Fundament für unsere neuen Projekte dient:

- Beruflich sind Sie mit Anfang 50 in aller Regel fest etabliert, Beförderungen nicht mehr an der Tagesordnung und Vorruhestandsregelungen (noch) nicht in Sicht. Inwieweit durch das Corona-Virus neue Arbeitszeit- oder Überbrückungsmodelle bis zu einem (unfreiwilligen) Renteneintritt entstehen, ist derzeit völlig unklar – allerdings sollte man auch auf die Zwischentöne in den Medienberichten verstärkt achten (z. B. 4-Tage-Woche, Lohnzugeständnisse, unbezahlte Freistellungen).

8

- Stopp: Ist eine Vorruhestandsregelung wirklich in Ihrem Sinne? Der harte Schnitt von 100 Prozent Job in 100 Prozent Ruhestand entspricht nicht unbedingt unserem **AidA**-Gedanken! Laut Focus 14/2019 wollen 58 Prozent, nach einer Befragung durch das berufliche Netzwerk XING, nach dem Eintritt ins Rentenalter beruflich aktiv bleiben. Und zwar weg mit der Opferrolle aus Arbeitnehmerzeiten.
- Daraus folgt, sich alternativ heute einmal Gedanken über ein „bisschen Sofort-Rente" zu machen: Sabbatmonat/-jahr, vom

Außendienst in den Innendienst wechseln, unbezahlter Urlaub oder Arbeitszeitreduzierung um 10, 20 oder 25 Prozent.

- Vielleicht auch der härtere Schnitt: Selbstständigkeit zunächst als Nebentätigkeit, um den Markt für „mehr" zu testen?
- Abgabe von Sonderaufgaben: Betriebs- oder Personalrat, nebenberufliche Lehrkraft, unbezahlte Vertretungsfunktionen, Schatzmeister im Hundeverein oder Schließung von „Hotel Mama" zumindest unter der Woche und jedes dritte Wochenende.

Diese Liste lässt sich beliebig ergänzen. Es ist jetzt einfach an der Zeit, sein Leben der neuen Leistungsfähigkeit anzupassen. Das bedeutet zwar, dass der erste Lack ein wenig ab ist, aber umso mehr gilt es, die Patina in gutem Pflegezustand zu halten – kein Problem, solange die tragenden Teile nicht durchgerostet sind.

Nach einem gemeinsamen Bericht der OECD und der EU-Kommission vom 23.11.2016 unter dem Titel „Gesundheit auf einen Blick: Europa 2016" sterben jährlich in der EU über 550.000 Menschen im Erwerbsalter vorzeitig an chronischen Erkrankungen wie Herzinfarkt, Schlaganfall, Diabetes oder Krebs. Der wirtschaftliche Schaden alleine in Deutschland wird auf 21 Milliarden Euro geschätzt!

Das 2015 verabschiedete Präventionsgesetz stärkt die Grundlagen für eine bessere Zusammenarbeit der Sozialversicherungsträger, Länder und Kommunen in den Bereichen Prävention und Gesundheitsförderung – für alle Altersgruppen und in vielen Lebensbereichen. Prävention – eigentlich einer der weichen Faktoren – jedoch mit einer erheblichen Wirkung, die nicht nur in Euro bewertet werden darf.

Deine AidA-Strategie

Man müsste mal abnehmen, die Ernährung umstellen, sich mehr bewegen oder alte Freundschaften aktivieren. Nicht man – Sie!

Das Projekt „Müsste" lebt davon, in kleinen Schritten konkret umgesetzt zu werden. Ansonsten droht der bekannte „Neujahrsvorsatz-Kollaps".

Fett und Zucker sind Rohstoffe, die tonnenweise auf der Erde verschoben werden. Wenige verdienen daran richtig gut, die Endverbraucher sind die Verlierer. Achten Sie bei Ihren Einkäufen auf die Länge der „Zutatenliste" bei verarbeiteten Lebensmitteln – je länger, meist umso schlimmer. Außerdem werden Fett und Zucker unter den unterschiedlichsten Bezeichnungen angegeben (mehr unter: www.codecheck.info).

Viele Menschen scheuen sich, die medizinischen Vorsorgeuntersuchungen ab einem gewissen Lebensalter zu nutzen. Nur knapp 50 Prozent aller Frauen (ab 20 Jahre) gehen regelmäßig zur Krebsfrüherkennung, bei den anspruchsberechtigten Männern (ab dem 45. Lebensjahr) sind es noch nicht einmal 20 Prozent (www.krankenkassen.de, www.onmeda.de).

6 Euro pro Tag x 365 Tage x 17 Jahre = 37.230 Euro ohne Zinsen. Dividiert durch 1.500 als angenommenes Privateinkommen = 24,82 Monate Freizeit. Oder 49,64 Monate Teilzeitbeschäftigung. Wie? Geben Sie doch einfach mit 50 das Rauchen auf. Freiwillig und nicht in der Reha-Klinik nach dem ersten Schlaganfall.

Tipps vom Rentenmechaniker:

- Der Antrag auf Teilhabeleistungen („Kur" oder „Umschulung") für Versicherte (G0100) mit seinen Anlagen dient auch einer kritischen Selbsteinschätzung der privaten, beruflichen und gesundheitlichen Situation.
- Sollten Sie diesen Antrag stellen wollen, sprechen Sie vorher mit Ihrem Arzt darüber. Oftmals werden die Befundberichte „zwischen Tür und Angel" verfasst, ohne den Patienten direkt vor sich zu haben. Oder noch einfacher: Nutzen Sie den schlanken Zugang zu den Präventionsleistungen der Rentenversicherung über: www.rv-fit.de
- Prüfen Sie die bezuschussten Gesundheitsangebote Ihrer Krankenkasse wie Gesundheitsurlaub, Programme für chronisch Kranke oder Präventionsangebote. Mehr auf der Internetseite Ihrer Krankenkasse unter „Leistungen". Auch in vielen Betrieben gibt es entsprechende Programme.
- Haben Sie keine Angst vor den Auswirkungen einer Arbeitszeitreduzierung oder von Sabbatical-Lösungen. 17 Jahre Teilzeit zu 75 Prozent bedeuten einen Rentenverlust von gerade einmal 145 Euro brutto bei einem Durchschnittsverdiener. Hingegen kostet Sie ein Abschlag von 14,4 Prozent nach 45 Jahren gut 222 Euro, sofern Sie nicht die abschlagsfreie Altersrente an besonders langjährig Versicherte erreichen.

Lassen Sie sich in Bezug auf Ihre individuellen Möglichkeiten rechtzeitig beraten.

- Sollten Sie bereits in diesen recht jungen Jahren eine Hinterbliebenenrente beziehen, prüfen Sie die Auswirkungen der Hinzuverdienstmöglichkeiten gründlich: Zum einen findet eine einkommensabhängige Kürzung dieser Rente statt, zum anderen hat ein verändertes Einkommen Auswirkungen auf die eigene Rentenhöhe.

Fazit

Wehret den Anfängen: Nehmen Sie die ersten Warnzeichen Ihres Körpers ernst. Schon kleine Verhaltensänderungen können Schlimmeres verhindern. Ein gelegentlicher Blick in die kostenlose Apotheken-Umschau kann nicht schaden – erst recht in Zeiten von Corona.

Die Rente und ihre Betriebsunfälle

Ging es in den vorangegangenen Kapiteln meist um den Aufbau einer guten und erfolgreichen Altersvorsorge, sollten wir jetzt einen konkreteren Blick auf mögliche Störfeuer im Ablaufmanagement richten. Nennen wir es einfach „Betriebsunfälle" im „Projekt RENTE". Zur Erinnerung: Eine „auskömmliche" Rente ist (systembedingt) nur demjenigen vergönnt, der möglichst lange Zeit hohe Beiträge einzahlt und einen abschlagsfreien Leistungsbeginn wählt – auch wenn der Job auf Lebenszeit zum Auslaufmodell wird.

Betriebsunfälle im „Projekt RENTE":

Ehescheidung

Das Thema Versorgungsausgleich und seine möglichen erheblichen Auswirkungen haben wir bereits in Kapitel 7 thematisiert, so dass die Scheidung hier nur noch einmal aus Vollständigkeitsgründen auftaucht.

Erwerbsminderung

Eine Erwerbsminderung löst die Frührente aus gesundheitlichen Gründen aus. Meist fällt diese Rentenart nicht plötzlich und unerwartet vom Himmel, sondern hat zumeist eine längere (Kranken-) Vorgeschichte. Natürlich gibt es tragische Unfälle oder unerwartete

Krankheiten, die zum Rentenfall führen, aber in der Praxis sind es eben diese langjährigen Prozesse, die dann ihr unrühmliches Ende in Form einer vollen bzw. teilweisen Erwerbsminderungsrente finden.

Dabei stehen psychische Leiden bei den anerkannten Erwerbsminderungen immer stärker im Vordergrund. Von den rund 162.000 im Jahr 2019 bewilligten Erwerbsminderungsrenten wurden 41,7 Prozent (Männer: 35,3 Prozent, Frauen: 47,8 Prozent) wegen psychischer Erkrankungen (Erstdiagnose) zuerkannt. Es folgten Skeletterkrankungen (vor allem Bandscheibenleiden), Krebs und Herz-/Kreislaufleiden. Oftmals bedingt erst eine Kombination aus verschiedenen Beschwerden in der Summe die Einschränkungen der Erwerbsfähigkeit auf unter drei bzw. unter sechs Stunden täglich.

Die (finanziellen) Folgen sind erheblich: endgültiger Wegfall des Gehalts und Ersatz durch eine deutlich niedrigere Rentenleistung (trotz Verbesserungen zum 01.01.2019) sowie kaum noch eine Chance, die ursprünglich anvisierte Altersversorgung aufzubauen. Oftmals kann selbst das (höhere) Krankengeld nicht für (maximal) 78 Wochen in Anspruch genommen werden, da die Krankenkasse(n) das Gestaltungsrecht schnell einschränken und zum Rentenverfahren zwingen (über Anträge auf Reha-Maßnahmen).

Tipp: Spätestens mit dem Wegfall der Lohnfortzahlung im Krankheitsfall sollte eine Rentenberatung zur Entwicklung der weiteren Strategie eingeholt werden.

Arbeitslosigkeit

Nach maximal zwei Jahren endet das Arbeitslosengeld I und damit die Einzahlungen für das Rentenkonto. Je länger die Zeit bis zum regulären Renteneintritt andauert, umso gravierender die Folgen. Meist wird eine vorgezogene – mit Abschlägen behaftete – Rente in Anspruch genommen, um dem Druck von Jobcenter und Co. zu entgehen – auch wenn seit dem 01.01.2017 eine neue Unbilligkeitsverordnung die „Zwangsverrentung" entschärft (mehr unter: www.bmas.de, Stichwort: Unbilligkeitsverordnung).

Niedriges Einkommen

Hier gilt es zu unterscheiden, ob dieses freiwillig (z. B. durch Teilzeitarbeit) oder fremdbestimmt erzielt wurde. Eine Rente von gut 957 Euro nach 35 Jahren basiert auf einem Einkommen von 80 Prozent des Durchschnittsverdienstes, das heißt etwa 2.700 Euro im

Monat. Empfänger vom Mindestlohn (derzeit 9,50 Euro/Stunde: ca. 1.660 Euro/Monat) sind davon weit entfernt. Das Grundrentengesetz von Minister Heil sieht eben diese (bis zu) 80 Prozent als Bemessungsgrundlage für die Rentenberechnung vor und zwar durch eine nachträgliche Aufwertung der niedrigen Löhne. Klüger wäre m. E. ein deutlich höherer Mindestlohn (ca. 15 Euro/Stunde), um auch im Hier und Jetzt die Lebensleistung zu würdigen. Gleichzeitig würde die Beitragsbezogenheit der gesetzlichen Rente gestärkt werden.

Gebrochene Versicherungsbiografien

Einige Jahre Selbstständigkeit ohne Rentenbeiträge, Auslandsaufenthalte (ohne Rentenansprüche im Gastland), Langzeitarbeitslosigkeit, lange Krankheitsphasen ohne Einkommen, persönliche Auszeiten unterschiedlicher Art, unentgeltliche Mitarbeit im Familienbetrieb, Gelegenheitsjobs, Zeiten mit Sozialhilfebezug, Inhaftierung oder lange Ausbildungszeiten bedeuten ebenfalls in ihrer Summe den Verlust von erheblichen Ansprüchen. Nach Aussage des Wirtschaftsforschers Bruno Kaltenborn ist der Anstieg des Grundsicherungsbedarfs insbesondere bei jüngeren Rentnern (unter 70) besonders ausgeprägt (seine Schätzung: Anstieg von aktuell 3,3 Prozent auf 4,3 bis 5,5 Prozent im Jahr 2030).

Zur Erinnerung: Ein durchschnittliches Renteneinzahlungsjahr bedeutet aktuell 34,19 Euro Monatsrente. Besonders dramatisch sind die Fälle, in denen sich eine Kombination aus diesen Betriebsunfällen ergibt.

Deine AidA-Strategie

Ursache und Wirkung – oder Versuch und Irrtum? Bei vielen Menschen scheint sich ihre Altersvorsorge und manchmal auch der Zeitpunkt des Renteneintritts eher zufällig und fremdbestimmt zu entwickeln.

Eine erfolgreiche Altersvorsorge ist eher selten ein Zufall. Wenn ich also weiß, dass bestimmte Faktoren eine negative Wirkung auf meine spätere Rente haben werden, warum versuche ich nicht, diese Parameter zu kontrollieren?

Nehmen Sie einmal jedes der oben beschriebenen Störfeuer und prüfen für sich selbst, ob Sie einen Plan B haben. Wenn noch alles im Lot ist – Glückwunsch. Ansonsten entwickeln Sie schleunigst Lösungen für den Fall der Fälle, solange Ihnen noch Zeit dafür bleibt! Handeln durch Einsicht!

Tipps vom Rentenmechaniker:

- Der durchschnittliche Rentenzahlbetrag am 31.12.2017 einer vollen Erwerbsminderungsrente (West) betrug 781 Euro – das sind lediglich 59,1 Prozent des Zahlbetrags einer Altersrente an besonders langjährig Versicherte (Zahlbetrag: 1.321 Euro – Quelle: Deutsche Rentenversicherung; www.statistik-rente.de). Die Erweiterung der Zurechnungszeit ab 2019 hat bei Neuzugängen den Zahlbetrag deutlich erhöht (teilweise mehr als 100 Euro). Bestandsrentner gehen bislang leer aus. Beim Bundessozialgericht ist allerdings aufgrund einer erfolgreichen Nichtzulassungsbeschwerde ein Revisionsverfahren in einem Musterstreitverfahren anhängig (Az. B 13 R 100/20 B).

  Tipp: Betroffene sollten sich auf der Internetseite des Sozialverbands Deutschland e. V. über den Fortgang des Verfahrens informieren, um rechtzeitig einen Überprüfungsantrag im Rahmen der vierjährigen Verjährungsfrist zu stellen.

- Der Weg in eine Erwerbsminderungsrente ist oftmals physisch und psychisch sehr belastend: Lange Krankheitszeiten bedeuten Stress im Job, der Krankengeldbezug wird von der Krankenkasse penibel beobachtet und begleitet, möglicherweise sind diverse Reha-Verfahren (auch unfreiwillig) Bestandteil des Verfahrens und zu guter Letzt spielen ggf. Agentur für Arbeit und Jobcenter in diesem Konzert noch mit.

  Tipp: Führen Sie penibel Protokoll ab Tag 1 Ihrer Arbeitsunfähigkeit, wenn es sich um gravierende Erkrankungen handelt: Diagnosen, Arztgespräche, Leistungsfähigkeitsprotokoll (auch für Alltagstätigkeiten) im Tagesverlauf, Therapieverlauf, subjektive Faktoren etc.!

- Lassen Sie sich rechtzeitig, am besten ab Beginn dieser Lebenskrise helfen: Betriebs- oder Personalrat, Betriebsarzt, öffentliche Rechtsberatung (in einzelnen Bundesländern), Beratung durch die Sozialleistungsträger selbst oder durch versierte Rechtsanwälte oder Rentenberater.

- Im Fall der Ablehnung einer Rente haben Sie die Möglichkeit, Widerspruch und im Fall einer erfolglosen Zurückweisung auch Klage einzureichen. Diese Maßnahmen sind für Sie kostenlos und sollten immer mit einer Akteneinsicht verbunden sein. In vielen Fällen ist die Einschaltung eines Bevollmächtigten (z. B. auch über den Sozialverband Deutschland) sinnvoll. Fragen Sie auch bei Ihrer Rechtsschutzversicherung bezüglich einer Kostenübernahme nach.
- Ein spezielles Angebot für Unternehmen: Die Deutsche Rentenversicherung bietet mit ihrem Firmenservice eine Vielzahl von Informationen rund um die Themen gesunde Beschäftigte, Rente und Altersvorsorge sowie Sozialabgaben an. Der Firmenservice berät Arbeitgeber, Betriebsärzte, Betriebsräte und Schwerbehindertenvertretungen bei allen Fragen rund um das Leistungsspektrum der gesetzlichen Rentenversicherung (Tel.: 0800/1000 453).

Fazit

Beachten Sie bitte, dass Ihre (wertvolle) Lebenszeit nicht unendlich ist. Ein Grund mehr, bestimmte Handlungen und Entscheidungen bewusst(er) umzusetzen. Möglicherweise sichert eine rechtzeitig beantragte **teilweise** Erwerbsminderungsrente den (teilweisen) Verbleib im Erwerbsleben bis 67!

Rente im Visier – jetzt wird's konkreter

Letztes Jahr noch den langjährigen Kollegen vom Versand in die Rente verabschiedet, vor einigen Wochen mit der Praktikantin über die Rente mit 80 gelacht und heute Morgen plötzlich das Schreiben der Personalabteilung mit der unverbindlichen Frage, wann man denn den Ausstieg plane – schließlich will sich das Unternehmen fit machen für 2030 plus X.

Plus X – das ist immerhin schon in 11 Jahren.

„Damit wir Ihnen ein Angebot für einen Vorruhestand unterbreiten können, bitten wir um Übersendung einer aktuellen Rentenauskunft. Möglicherweise ergeben sich für Sie durch die neue Flexirentenregelung seit 2017 weitere Alternativen."

Vorruhestand, Flexirente, Zeitwertkonto (Wertguthaben), Rentenauskunft? Eben noch der Macher in Abteilung IV, der die jährlichen Renteninformationen brav abheftete, und jetzt das!

„DAS" ist der Moment, der jeden von uns treffen wird: die Überlegung, wann geht es eigentlich in Rente? Und wie? Und was kommt danach? Kommt danach überhaupt noch etwas außer Seniorenteller, Busfahrt nach Weimar, Rollator und Pflegegrad X?

Kein Grund zur übermäßigen Panik. Sie haben auf unserer **AidA**-Reise bereits gelernt, dass es Dinge gibt, die man nicht unbedingt ändern, aber dennoch gestalten und steuern kann.

Die Sache mit dem Renteneintritt ist so ein „Ding". Nur weil das Gesetz vorsieht, dass der Jahrgang 1963 mit 66 Jahren und zehn Monaten die Regelaltersgrenze erreicht hat, berechtigt das nicht dazu, die Mitglieder dieses Jahrgangs heute pauschal als „alt" zu bewerten. Die Personalabteilung muss dennoch nachvollziehbar planen und selbst sollte man rechtzeitig Überlegungen anstellen, wie sich die 24 Stunden „zu Hause" um des Familienfriedens willen gestalten lassen.

Zunächst sind zur Freude des kleinen Rentenmechanikers einige Grundlagen zu klären:

Ab wann habe ich eigentlich einen Anspruch auf eine Altersrente? Wann kann ich frühestmöglich in Rente gehen?

Grundvoraussetzung ist das Erreichen eines bestimmten Lebensalters sowie die Erfüllung einer Mindestversicherungszeit (Wartezeit). Und natürlich ein Rentenantrag!

Auch wenn in den Medien bereits über die Rente mit 70 berichtet wird, gilt derzeit für die Regelaltersrente die Altersgrenze von 67 Jahren (ab Jahrgang 1964). Mit diesem Alter und einer Mindestversicherungszeit von fünf Jahren kann die Rente ohne jegliche Hinzuverdienstbeschränkungen in Anspruch genommen werden.

Sofern ein früherer Rentenbeginn gewünscht wird, kann dieser bereits mit 63 Jahren realisiert werden. Allerdings ist hier eine Wartezeit von 35 Jahren zu erfüllen, wobei dabei neben allen Beitragszeiten auch Schul- oder Hochschulzeiten, Arbeitslosigkeiten ohne Leistungsbezug oder die Erziehung von Kindern bis zum 10. Lebensjahr mitgerechnet werden.

Im Fall einer nachgewiesenen Schwerbehinderung (Grad der Behinderung mindestens 50, kann der Rentenbeginn auf 62 Jahre (ggf. früher für Jahrgänge bis 1963) vorverlegt werden. Zu beachten ist bei diesen Rentenarten, dass die Rentenhöhe doppelt durch fehlende Einzahlungen und zusätzliche Abschläge negativ beeinflusst wird.

Eine besondere (sehr beliebte) Rentenart gibt es seit Mitte 2014 für Menschen, die 45 Jahre an Pflichtbeitragszeiten nachweisen können. Hier ist ein Rentenbeginn ohne Abschlag bereits mit 65 Jahren möglich. Derzeit befindet sich diese Rentenart sogar noch in einer Übergangsphase, da zum Beispiel der Jahrgang 1957 mit 63 und zehn Monaten in den Genuss der abschlagsfreien Rente kommt. Bei den 45 Jahren werden neben Pflichtbeiträgen (z. B. aus einer Beschäftigung, auch Minijob, Krankengeldbezug, Pflege von Angehörigen) auch Zeiten der Kindererziehung bis zum 10. Lebensjahr angerechnet. Zeiten von Arbeitslosigkeit oder auch freiwillige Einzahlungen sind nur eingeschränkt anrechnungsfähig.

Unabhängig von diesem „Rentenkorridor", der das Lebensalter 62 bis 67 umfasst, existieren zahlreiche Regelungen (z. B. aus dem Tarif- und Arbeitsrecht), die ein früheres Ausscheiden aus dem Erwerbsleben ermöglichen, ohne gleichzeitig die gesetzliche Rente in Anspruch zu nehmen (z. B. Altersteilzeit, die neue Brückenteilzeit, Arbeitszeitkonten oder Sabbatical-Lösungen). Selbstverständlich kann auch ein beliebiger Rentenbeginn nach 67 gewählt werden, um Rentenzuschläge zu erhalten, sofern beispielsweise keine arbeitsrechtlichen Gründe dagegen sprechen.

Tipp: Einen Rentenbeginn- und Rentenhöhenrechner finden Sie unter www.deutsche-rentenversicherung.de (Online-Dienste). Empfehlenswert ist auch die Broschüre „Die richtige Altersrente für Sie", die Sie online bestellen können.

Wissenswert: Anstelle der beschriebenen Altersrente kann jetzt der Weg über eine Erwerbsminderungsrente finanziell günstiger sein, sofern gesundheitliche Einschränkungen vorliegen! Sprechen Sie diese Option in den Beratungen frühzeitig an!

Wie viel Rente werde ich bekommen? Reicht die Rente zum Leben? Welche Abzüge werde ich haben?

Entgeltpunkte, Zugangsfaktor und aktueller Rentenwert sind die Hauptfaktoren für die Rentenhöhe. Aktueller Rentenwert: Die monatliche Rente bezogen auf einen sogenannten Entgeltpunkt (seit 01.07.2020 – West: 34,19 Euro, Ost: 33,23 Euro). Dieser Wert ist seit 1957 dynamisch und der entscheidende Faktor bei den jährlichen Rentenanpassungen.

Entgeltpunkte ergeben sich, wenn das eigene Jahresbruttogehalt durch das entsprechende Durchschnittsgehalt aller Versicherten (2021: 41.541 Euro) dividiert wird. Bei einem Gehalt von 41.541 Euro demnach 1,000 Entgeltpunkte. In bestimmten Fällen (z. B. freiwilliger Wehrdienst oder Kindererziehung) werden gesetzlich vorgegebene Werte zugeordnet. Diese individuellen Punkte werden für jedes Jahr dem Rentenkonto gutgeschrieben und am Ende addiert.

Im nächsten Schritt wird diese Summe mit dem Zugangsfaktor (Steuerelement für Ab-/Zuschläge) multipliziert. Dieser beträgt 1,0, wenn eine Rente ohne Abschlag gezahlt wird.

Im Fall eines vorgezogenen Rentenbeginns (z. B. 63 statt 67) ergeben sich Abschläge – pro Monat 0,3 Prozent. Das bedeutet hier mit 63 Jahren: 48 Monate x 0,3 Prozent = 14,4 Prozent! Der Zugangsfaktor beträgt jetzt nur noch 0,856 – die Entgeltpunkte verringern sich somit um 14,4 Prozent.

Verschiebe ich jedoch den Rentenbeginn über die Regelaltersgrenze von 67 Jahren nach vorne, erhöht sich der Wert nach einem Jahr auf 1,06, was einem Zuschlag von 6 Prozent (pro Monat: 0,5 Prozent) entspricht.

Rentenhöhe (brutto) bei einer jährlichen Gutschrift von 1,0 Entgeltpunkten ab dem 20. Lebensjahr, ab 01.07.2020	
Rente mit 63	1.258,47 Euro
Rente mit 65	1.427,77 Euro*
Rente mit 67	1.606,93 Euro
Rente mit 68	1.739,59 Euro
Rente mit 70	2.017,21 Euro

*sofern die Voraussetzungen für die Altersrente an besonders langjährig Versicherte **nicht** erfüllt sind; ansonsten 1.538,55 Euro

Bei der Ermittlung der Entgeltpunkte spielt es keine Rolle, zu welchem Zeitpunkt im Erwerbsleben sie erworben wurden: Eine Reduzierung der Arbeitszeit einige Jahre vor der Rente kann durchaus positive Effekte haben, wenn sie mit einem späteren Rentenbeginn verbunden wird. Die durch Abschläge „verlorenen" Punkte lassen sich übrigens ab dem 50. Lebensjahr ganz oder teilweise ausgleichen. Diese Einzahlung (auch in Raten) kann steuerlich als Vorsorgeaufwendung geltend gemacht werden.

Möglicherweise bietet Ihnen der Betrieb auch an, ein sogenanntes Wertguthabenkonto (Zeitwertkonto oder Langzeitarbeitskonto) einzurichten, auf welchem Sie Entgelte für potenzielle Ausfallzeiten ansparen können, zum Beispiel Elternzeit, Pflegezeit, Vorruhestand oder Teilzeit. Sie gehen also in Vorleistung und die nicht ausgezahlten Entgelte (Brutto-Entgelte zuzüglich Arbeitgeberanteile der Sozialversicherungsbeiträge) werden mittels einer Wertguthabenvereinbarung (ggf. im Tarifvertrag/in einer Betriebsvereinbarung geregelt) bei Ihrem Arbeitgeber hinterlegt. Erst zu einem späteren Zeitpunkt, den Sie im Prinzip frei bestimmen können, werden diese Entgelte wirksam. Möglicherweise ergeben sich so steuerliche Vorteile, da Sie die Steuerprogression ein wenig austricksen können. Zudem kann die Einkommensanrechnung bei Hinterbliebenenrenten günstiger ausfallen, da der Gesamtlohn auf einen längeren Zeitraum verteilt wird und so der anzurechnende Monatswert sinkt (mehr unter: www.bmas.de, Broschüre und Checkliste „Wertguthaben"; www.arbeitszeit-klug-gestalten.de). Niedrigzins: Beachten Sie bitte, dass die Entwicklung des Guthabens hierdurch deutlich (negativ) beeinflusst wird und geplante Freistellungen so kürzer ausfallen können.

Im Jahr 2017 ist das Gesetz zur Flexibilisierung des Übergangs vom Erwerbsleben in den Ruhestand und zur Stärkung von Prävention und Rehabilitation im Erwerbsleben (Flexirentengesetz) in Kraft getreten. Ziel ist es, den Übergang vom Erwerbsleben in den Ruhestand flexibler zu gestalten und gleichzeitig die Attraktivität für ein Weiterarbeiten über die reguläre Altersgrenze hinaus zu erhöhen.

Die Flexirente ist allerdings keine neue Rentenart, um beispielsweise ab 58 oder 60 beruflich kürzer zu treten. Sie bietet (lediglich) mehr Spielräume für Hinzuverdienstgestaltungen bei den bekannten Renten vor Erreichen der Regelaltersgrenze, den Erwerbsminderungsrenten sowie einige Zusatzoptionen für bislang nicht gekannte Beitragszahlungen.

Daneben wurden Präventionsleistungen, Kinderheilverfahren und Nachsorgeleistungen als Regelleistung verbindlich in den Leistungskatalog der Rentenversicherung aufgenommen. Rechtzeitig informiert, verlieren unliebsame Schnellschüsse wie „bis Ende der Woche sollten Sie sich für oder gegen diesen Aufhebungsvertrag entschieden haben" viel von ihrem Schrecken. In der Praxis kommt es regelmäßig vor, dass Arbeitnehmern nur wenig Zeit bleibt, eine derart gravierende Entscheidung zu treffen. Und nicht immer erhalten Sie kurzfristige Beratungstermine bei Anwalt, Rentenversicherung, Renten- oder Steuerberater.

Weiterhin ist zu beachten:

- Die genannten Rentenbeträge sind regelmäßig Brutto-Werte vor Steuern und Sozialabgaben.
- Als Rentner erhalten Sie keine Sonderzahlungen oder Gratifikationen (13. Monatsgehalt). Letztere sind in der Monatsrente „integriert", da ihre Jahresgehälter „verbeitragt" wurden.
- Vor Erreichen der Regelaltersgrenze gelten Hinzuverdienstgrenzen, die allerdings coronabedingt (befristet bis 31.12.2021: 46.060 Euro p. a.) angehoben wurden.
- Nicht immer beginnen alle vorhandenen Altersversorgungen zu einem identischen Zeitpunkt.
- Die Bedarfe während des Rentenbezugs können sich ändern: Kostspielige Fernreisen entfallen irgendwann, Ausgaben für Haushaltshilfe oder Gesundheit kommen hinzu. Ist der Auszahlungsplan darauf eingestellt?
- Einkommensabhängige Hinterbliebenenrenten müssen neu berechnet werden.
- Spätestens mit 54 Jahren sollten Sie sich Gedanken über Ihre Kranken- und Pflegeversicherung als Rentner machen – insbesondere wenn Sie privat versichert sind. Ein Wechsel nach dem 55. Lebensjahr in die gesetzliche Versicherung ist grundsätzlich nicht mehr möglich. Seit 01.08.2017 wird der Zugang zur „preiswerten" Krankenversicherung der Rentner (KVdR) durch die Anrechnung von jeweils drei Kinderjahren auf die Vorversicherungszeit erleichtert (mehr unter: www.ihre-vorsorge.de/magazin/lesen/private-krankenversicherung-so-funktioniert-die-rueckkehr-in-die-gesetzliche.html).

Deine AidA-Strategie

Frühes „Proben" des Rentnerdaseins

Sich frühzeitig mit dem zukünftigen Rentnerdasein zu befassen ist ähnlich wie das Trainieren einer fiktiven Arbeitslosigkeit: Das altbekannte Sprichwort „Spare in der Zeit, dann hast du in der Not" hat seine Berechtigung und Sie sollten es für Ihr neues Einnahmen-/Ausgaben-Management beherzigen – das gilt für alle Lebensbereiche.

Zeitmanagement

Das Wochenende ist einfach zu kurz: Studien belegen, dass Menschen über 40 maximal eine Erwerbstätigkeit von 30 Stunden in der Woche zu empfehlen ist. Warum also statt 2 zu 5 nicht einfach 3 zu 4 arbeiten (freie Tage im Verhältnis zu Arbeitstagen).

Endlich abspecken

Endlich abspecken: Nicht nur bei sich selbst, sondern auch bei Auto, Kleiderschrank, Elektroniksammlung oder Hobbyraum. Weniger ist mehr: mehr Zeit, mehr Raum für Visionen ...

Soziale Kontakte festigen

Neue (analoge und digitale) Kontakte suchen, solange man noch fit ist: Wanderverein, VHS-Kurs, Kirche, Stadtteil oder Bürgerhäuser, Tierheim etc. Vertrauen muss schließlich über die Zeit erarbeitet werden.

Kampf den Marotten

Jeder hat welche – doch im Alter werden sie meist schlimmer. Wieder einmal haben Sie die Chance, diese zu erkennen und eine neue Sichtweise zu entwickeln – das erleichtert auch den Umgang mit anderen und macht Sie nicht zum mürrischen Rentner von nebenan, der am Ende nur noch die Falschparker aufschreibt.

Tipps vom Rentenmechaniker zur Flexirente:

- Bislang konnten ab Zahlung einer Altersvollrente vor Erreichen der Regelaltersgrenze (z. B. ab 63) keine weiteren Beiträge mehr eingezahlt werden. Seit dem 01.01.2017 ist das nun möglich, etwa über eine Beschäftigung (Minijob) oder als Pflegeperson. So erhöht sich eine vorgezogene Altersrente ab Erreichen der Regelaltersgrenze. Auch über diesen Termin sind über eine Beschäftigung (mit einer Verzichtserklärung zur Versicherungsfreiheit gegenüber dem Arbeitgeber) weitere Einzahlungen möglich, die dann jeweils ab 01.07. des Folgejahres rentensteigernd wirken. Besonderheiten gelten im Fall einer nicht erwerbsmäßigen Pflege über das Regelalter hinaus. Dazu ist meist eine Beratung notwendig (Stichwort: 99 Prozent-Teilrente).

- Die bislang sehr starren Hinzuverdienstregelungen weichen einer stufenlosen Anrechnung. Zudem entfällt die monatliche Betrachtung zugunsten einer kalenderjährlichen Prüfung. Pro Kalenderjahr sind jetzt 6.300 Euro rentenunschädlich. Früher waren das nur 450 Euro pro Monat mal 12 + 2 Gehältern im Jahr. Ein unzulässiges Überschreiten führte bei der Altersrente zu einer knallharten Kürzung um mindestens 1/3 des monatlichen Zahlbetrags. Nunmehr werden „nur" 40 Prozent des übersteigenden Einkommens gleitend angerechnet und so Härtefälle vermieden. Im Corona-Jahr 2021 gilt ein Grenzwert von 46.060 Euro (2020: 45.590 Euro).

- Das Prüfverfahren der Rentenversicherung selbst ist ein wenig gewöhnungsbedürftig: Werden Sie voraussichtlich (eigene Schätzung) nur bis 6.300 Euro verdienen, besteht kein Grund zur Sorge. Schätzen Sie im Rahmen einer Prognose ein höheres Einkommen, werden 40 Prozent des übersteigenden Betrags abgezogen und Sie erhalten eine Teilrente. Im Folgejahr findet allerdings zum 01.07. eine Überprüfung (Spitzabrechnung) bis auf den letzten Cent statt und es wird abgerechnet. Dann drohen Nach- bzw. Rückzahlungen. Weiterhin ist ein Hinzuverdienstdeckel zu beachten, der sich aus dem höchsten Entgelt der letzten 15 Jahre ergibt. Unter den Online-Rechnern der Deutschen Rentenversicherung findet sich auch ein Flexi-Rentenrechner.

- Hinsichtlich Krankenversicherungsbeiträgen und Besteuerung ändert sich durch die Flexirente nichts. Die Vorteile beim guten, alten Minijob bedingt durch eine Pauschalbesteuerung und Beitragsfreiheit für Monatseinkommen bis 450 Euro wird nicht „aufgebohrt". Es gilt also genau zu rechnen (nach Steuern und nach Sozialabgaben).

- Die Ausgleichszahlung zur Vermeidung von (lebenslangen!) Rentenabschlägen ist – wie schon erwähnt – ab dem 50. Geburtstag möglich. Möglicherweise stehen jetzt größere Geldbeträge (z. B. aus Erbschaften oder Versicherungen) zur Verfügung, die verrentet werden sollen. Ebenso können freiwillige Beiträge immer bis zur Regelaltersgrenze (ab Jahrgang 1964: 67 Jahre) auch bei einem Rentenbezug eingezahlt werden. Denken Sie an die mögliche steuerliche Absetzbarkeit.

- Hausintern existieren bei der Deutschen Rentenversicherung hunderte von Auslegungsfragen zur Flexirente. Möglicherweise wird der ein oder andere Sachverhalt zukünftig neu beurteilt bzw. durch Rechtsprechung neu entschieden werden. In Kapitel 11.4 finden Sie eine Checkliste mit dem Schwerpunkt „Flexirente". Anstelle einer vorgezogenen Altersrente kann ein (begründetes) Ausweichen auf eine Erwerbsminderungsrente finanziell sinnvoll sein – ggf. über einen Antrag auf eine medizinische Teilhabeleistung (Reha-Antrag).

Fazit

„Man braucht 20 Jahre, um sich einen Ruf zu erarbeiten und es braucht nur 5 Minuten, um ihn zu ruinieren. Wenn man das im Kopf behält, geht man einige Dinge anders an." – Warren Buffett

Feintuning des Rentenbeginns

Der Countdown beginnt

Countdown wird oft als ein Herunterzählen für ein bestimmtes Ereignis, zum Beispiel an Silvester vor Mitternacht oder den Beginn einer Fußballweltmeisterschaft, definiert. Doch Countdown bedeutet auch „Zeitkontrolle".

Synonyme für „Kontrolle" aus synonyme.woxikon.de: Bedacht, Einblick, Erfahrung, Ruhe, Souveränität, Umsicht, Verständnis, Besonnenheit, Einsicht, Kenntnis usw.

Diese positiv besetzten Begriffe sind unser gesamtes Leben über präsent und begleiten uns durch alle Phasen – also auch in der Vorbereitungszeit vor Rentenbeginn.

Werfen wir noch einmal ein Blick auf die wichtigsten Lebensfelder, die wir ohnehin einer ständigen Überprüfung unterziehen sollten:

Arbeit

- Wie lange macht mir diese Arbeit noch Spaß?
- Wie hat Corona meine Arbeit verändert?
- Wird meine Arbeit (weiter) wertgeschätzt?
- Überhaupt: Ist mein Job sicher und macht er Sinn?
- Möchte ich bestimmte Projekte noch beenden?
- Gibt es alternative Formen für meine Arbeit (z. B. Homeoffice)?
- Sind neue Formen der Arbeitszeit denkbar? Ist ein anderer Arbeitsort eine Alternative?
- Ist die Bezahlung fair? Ist ein Aufstieg noch möglich?
- Werden Überstunden ausgeglichen? Wie? Wann?
- Erfülle ich Sonderaufgaben, die ich bereits abgeben möchte?
- Gibt es neue Projekte, die ich umsetzen möchte? Auch über den Rentenbeginn hinaus?
- Wie kann ich erworbenes Wissen an (jüngere) Kollegen weitergeben?
- Ist ein Wechsel von abhängiger Beschäftigung in eine Selbstständigkeit oder umgekehrt denkbar? Oder vielleicht eine Kombination aus beidem?

- Wie möchte ich meine Freizeit nutzen, zum Beispiel im Ehrenamt, Sportverein und Co.?

Wohnen

- Ist die Wohnsituation derzeitig/zukünftig befriedigend?
- Sind Wohnort, die Infrastruktur, das soziales Umfeld, das Klima noch passend?
- Ist die Größe noch so notwendig? Wie verhält es sich mit den Kosten, der Bewirtschaftung? Wie steht es um die Barrierefreiheit und Energieeffizienz (www.bmwi.de)?
- Wünsche ich mir eine neue Wohnform (z. B. in einem Mehrgenerationenhaus)?
- Vielerorts sind die Mieten deutlich gestiegen – inwieweit bin ich davon betroffen?
- Oder möchte ich mein Haus zum Beispiel auf Leibrentenbasis verkaufen (mehr hierzu: www.deutsche-seniorenliga.de/infomaterial)?

Materielle Situation

- Bestehen noch Schulden?
- Sind Rücklagen für unerwartete Ausgaben gebildet?
- Bestehen noch Unterhaltspflichten?
- Sind die Ansprüche an die gesetzliche Rente, betriebliche Altersvorsorge(n) oder Privatrenten vollständig geklärt? Wann bestehen Ansprüche und in welcher Höhe? Nettobeträge erfragen!
- Ist die Vermögensaufstellung aktuell?
- Sind Kranken- und Pflegeversicherung für das Alter geklärt?
- Sind Regelungen für einen Notfall getroffen? Vorsorgevollmacht? Patientenverfügung? Betreuungsverfügung? Bestattungsverfügung? Sowie entsprechende Vollmachten? Notfallordner für Hinterbliebene? Testament (www.vorsorgeregister.de und www.bmjv.de: Themen Vorsorge und Patientenrechte)?
- Versicherungscheck vornehmen (z. B. Kündigung überflüssiger Versicherungen, Tarif-/Anbieterwechsel)?

Lebenssinn

- Ist die Ehe/Beziehung gefestigt?
- Wie ist das Verhältnis zu Familie und Kindern?
- Wie steht es um den Freundeskreis? Sollte man sich um weitere soziale Kontakte bemühen?
- Wie sieht es aus mit Hobbys? Gibt es neue Ideen für die künftige Freizeitgestaltung?
- Was bewegt mich, liefert mir einen Grund, morgens früh aufzustehen – auch ohne Arbeit?
- Sind alte Streitigkeiten noch ausräumbar?
- Soll ich mir noch ein (älteres) Haustier zulegen?

Körperliches und seelisches Wohlbefinden

- Wie fit bin ich überhaupt? Wann war der letzte Gesundheitscheck?
- Besteht eine Anfälligkeit für Zivilisationskrankheiten (z. B. Diabetes, Bluthochdruck)?
- Oder liegen sogar bestätigte Diagnosen vor?
- Welche Möglichkeiten gibt es: Reha-Maßnahmen? Verhaltensänderungen? Coaching? Wie lassen sich Prävention und Prophylaxe aktiv gestaltet?
- Welche Maßnahmen hinsichtlich Ernährung, Bewegung, soziale und emotionale Belastungen/Entlastungen kann ich treffen?
- Habe ich einen besten Freund/eine beste Freundin?

Diese kleine Lebenssituations-Checkliste soll Sie erneut ermutigen, über die fünf wesentlichen Lebensbereiche gut orientiert zu sein, bevor Sie ins Rentenglück starten.

365 Tage

So langsam lohnt es sich schon, die Sonderangebote nach den Champagner-Schnäppchen zu durchforsten: In genau einem Jahr soll dann Schluss sein mit den täglichen Ritualen, die einen über 40 Jahre begleitet haben: Ich werde Rentner. Und das ist gut so, denn an den anderen Dingen im Leben soll sich im Prinzip nicht allzu viel ändern.

Schließlich bedeutet das Rentnersein nicht, untätig in den Ecken zu sitzen und auf die nächste Mahlzeit zu warten.

Warum sollten Sie auch? Die Kinder, die Ex-Kollegen, die Nachbarn, die Discounter-Angebote am Montag und Donnerstag oder den Postboten – keiner hat schließlich darauf gewartet, dass Sie plötzlich Rentner sind. Deshalb sollten Sie Ihre Erwartungshaltung an die anderen herunterschrauben und sich zuallererst um sich selbst kümmern – vor allem um die Dinge, die einfach jetzt – etwa ein Jahr vorher – erledigt werden sollten. Manches wird Sie an das letzte Kapitel erinnern, nur werden jetzt die Fragen, die Zahlen und auch die Antworten konkreter greifbar:

Arbeitgeber (Personalabteilung/Betriebsrat)

Was ist zu klären?	Bemerkungen	erl.
Zuerst: Gespräch mit dem unmittelbaren Vorgesetzten	An Wissenstransfer denken!	
Kündigung/Aufhebungsvertrag/Termine/Fristen klären	Personalabteilungen sind oft nicht vor Ort!	
Sonderzahlungen, Prämien, evtl. Rückforderungen, Resturlaub prüfen		
Betriebsrente: Rentenhöhe/Rentenbeginn, Gestaltungsmöglichkeiten (z. B. Kapitalwahlrecht) etc. (vgl. Standmitteilung)	Auch an frühere Arbeitgeber denken!	
Firmenwagen und andere Privilegien klären		
Nachfolger einarbeiten; Kollegen/Kunden informieren		
(Sonder-)Projekte abschließen, Nachfolger finden		
Sonstiges: Ausstand organisieren/Firmeneigentum zurückgeben etc.		
Weitere Beschäftigung denkbar? Beratervertrag?		

9

Rentenversicherung

Was ist zu klären?	Bemerkungen	erl.
Versicherungsverlauf vollständig? Auslandszeiten vorhanden?		
Rentenhöhe nach Abzug Krankenkassenbeiträge/Steueranteil überprüfen: Welche Rentenart strebe ich an? Evtl. kann eine Erwerbsminderungsrente günstiger sein!	Alle Renten, insbesondere Betriebsrenten, im Auge behalten!	
Krankenkassenstatus (über die Kasse) prüfen (Stichwort KVdR), evtl. Kassenwechsel sinnvoll? **Achtung:** Auch Leistungen und Ortsnähe im Auge behalten!	Im Einzelfall kann eine Verschiebung des Rentenantrags sinnvoll sein!	
Hinzuverdienstmöglichkeiten erörtern/ Teil- bzw. Flexirente	vgl. Kapitel 11.4	
Auswirkungen des Rentenbezugs auf andere Sozialleistungen prüfen	z. B. Unfall- oder Witwenrente	
Antrag auf Schwerbehinderung (noch) sinnvoll?		
Reha-Verfahren (Antrag) letztmalig prüfen	sofern die Rentenversicherung als Kostenträger infrage kommen soll	
Termin für den Rentenantrag (In- und Ausland) festlegen		
Rentensplitting oder Hinterbliebenenrente prüfen/berechnen		

Finanzen

9

Was ist zu klären?	Bemerkungen	erl.
Einnahmen/Ausgaben ab Rentenbeginn in einer Übersicht festhalten		
Wegfallende Ausgaben		
Hinzukommende Ausgaben (z. B. Mobilität/Reinigungskraft)	Bedarfe erkennen/ klären	
Hinzukommende Einnahmen (einmalig/ regelmäßig)	z. B. aus privater Vorsorge	
Restschulden und zugehörige Termine prüfen/klären		

Was ist zu klären?	Bemerkungen	erl.
Neujustierung der Asset-Allokation im Depot		
Rücklagen für Notfälle klären (von wem wie verfügbar)		
Besteuerung der Rentenbezüge klären Termin mit dem Steuerberater vereinbaren	siehe auch: www.bmf-steuerrechner.de	
Vorsorgevollmachten etc. klären	Vorsorgeordner anlegen!	

Tipp:

Wertvolle Hilfestellung leistet dazu „Die Neue Vorsorge-Mappe" aus dem Walhalla Fachverlag, ISBN 978-3-8029-1327-3.

Freunde und Bekannte

Was ist zu klären?	Bemerkungen	erl.
Ehegatte/Partner in die Rentenpläne einweihen		
Familie/Freundeskreis neu aufstellen		
Hobby/Verein etc.: neue Funktionen annehmen		
An Kinder und Enkelkinder denken		
Ehrenamt/Nebenjob/Selbstständigkeit definieren		
An die Nachbarn denken		
Soziale Netzwerke etc.		

Rentnertypisches und alles, was vergessen wurde

Was ist zu klären?	Bemerkungen	erl.
VHS-Kurs „In Rente – was nun?" besuchen		
Neues Auto mit leichterem Einstieg aussuchen		
Kleiderschrank in Richtung gedeckter Farben umrüsten (oder auch nicht)		
Endlich entrümpeln		

Was ist zu klären?	Bemerkungen	erl.
Den Haushalt als Lebensinhalt entdecken		
„Die Zeitschrift für den Rentner" abonnieren, um endlich mitreden zu können	Wobei eigentlich?	
Jüngere Ärzte rechtzeitig selbst (!) suchen		
Das Krankenhaus/Pflegeheim meiner Wahl benennen		
Meine (neuen) AidA-Visionen ggf. auf einem Extra-Blatt festhalten!		

Fazit

Wenn Sie diese kleine Liste mit einem Lächeln abarbeiten, hat die **AidA**-Strategie gewirkt.

Tipp: Einzelne Punkte können auch drei, fünf oder zehn Jahre vor Rentenbeginn angegangen werden! Für ungeduldige Rentenanwärter einen Blick wert: www.senioren-ratgeber.de

Endlich: Der Rentenantrag!

Irgendwann „erwischt" es jeden: Wir müssen zum „Rentenamt".

Rentenantrag – Rentenbeginn – Krankenversicherung der Rentner – Betriebsrente – Abfindung – Abschied. Ein neuer und unbekannter Lebensabschnitt ist erreicht.

Der Rentenantrag ist viel mehr als ein bloßer formaler Akt. Der Antrag bezeichnet einen Zeitpunkt, der Sie zwingt, sowohl über Ihr vergangenes als auch über Ihr bevorstehendes Leben nachzudenken.

In diesem Kapitel erwartet Sie Neurentner Werner N. Er steht stellvertretend für die zahllosen Rentenantragsteller, die mir in den letzten Jahren gegenüber saßen.

Beispiel:

Im Wartebereich einer Beratungsstelle der Deutschen Rentenversicherung in Norddeutschland: Werner N. (der Name ist erfunden und etwaige Ähnlichkeiten mit realen Personen sind rein zufällig) blättert oberflächlich in einer Broschüre „Tipps für Altersrentner", während seine Frau Edith mit ihrer besten Freundin per WhatsApp chattet. Werner N. legt die Broschüre zur Seite und wird auf einmal sehr nachdenklich, fast ein wenig sentimental: 49 Jahre sind vergangen, seitdem er mit seiner Lehre begann: damals am 01.04.1971! Bei Möller und Kaufmann, einem kleinen Fahrradgeschäft in der Neustadt, das es seit Jahren nicht mehr gibt. Nach der Prüfung zum Fahrradmechaniker hatte er immerhin noch fast sechs Jahre als Geselle gearbeitet und gleichzeitig die Meisterschule besucht. Dann die Anzeige im Weserkurier „Suchen dringend Facharbeiter für unsere Automobilproduktion" – vom Fahrrad zur edlen Karosse. Tatsächlich landete Werner in der Autoproduktion und schaffte es letztlich bis zum Schichtleiter der Cabrio-Fertigung. Dazu das Häuschen, die Kinder, die perfekte Organisatorin Edith, die alles genial im Griff hat, neben Kindern, Küche und Kirche ihr Architekturstudium erfolgreich beendete und seither weltweit Eisenbahnbrücken projektiert.

Fast ein halbes Jahrhundert (Berufs-)Leben sind vorbei: Zum 01.03.2021 wird es ernst: Rentenbeginn. Davor Resturlaub und Überstunden abfeiern, Schreibtisch ausräumen und den Ausstand organisieren.

„Herr N. bitte" – ein Mann mittleren Alters steht im Wartebereich und schaut auf das Ehepaar. Fast pünktlich wird Werner zu seinem Termin aufgerufen. „Schönen guten Tag zusammen, wir gehen bitte ein Stockwerk höher. Dazu müssten wir die Treppe benutzen – ist das o. k. für Sie?" – Werner erschrickt ein wenig: gestern der junge Mann in der Straßenbahn, der ihm den Sitzplatz anbot. Heute soll er nicht mal eine Handvoll Stufen schaffen.

Das Büro wirkt zweckmäßig eingerichtet. Neben den üblichen Möbeln und der EDV einige Pflanzen und Bilder sowie diverse Stapel an Unterlagen, die nach Arbeit aussehen. Dazu ein Ständer mit einem Flyer zur Altersvorsorge.

9

„Herr N., Sie möchten heute Ihre Altersrente beantragen." Werner zuckt förmlich zusammen: Altersrente – einen Begriff, an den er sich noch sehr gewöhnen muss. Seine Frau stößt ihn in die Seite: „Jetzt ist es soweit, mein Lieber! Pack mal die Dinge aus, die man uns bei der Terminvereinbarung gesagt hat." Werner legt die Krankenkassenkarte auf den Tisch, dazu den Sozialversicherungsausweis, den Personalausweis und die Geburtsurkunden der Kinder. Die letzte Lohnabrechnung, der letzte Versicherungsverlauf sowie der Lehrvertrag und der Gesellenbrief folgen aus der Aktentasche, die ihn die letzten 25 Jahre treu und brav begleitet hat.

„Dann wollen wir mal. Seien Sie ganz entspannt; wir nehmen den Antrag online auf." Der Berater sortiert sich die Unterlagen in einer bestimmten Reihenfolge und los geht's: Name, Anschrift, Bankverbindung. Das läuft ja wie geschmiert. – „Das Rentenkonto ist ja vor einigen Jahren geklärt worden."

Rentenanträge, Anträge auf Kontenklärung, Beitragszahlungen oder Beitragserstattung, Beratungen zu Fragen des Vorruhestands, der Altersteilzeit oder des vorzeitigen Renteneintritts, Beratungsgespräche zur Altersvorsorge, zu Fragen der Rehabilitation, Umschulung oder der angrenzenden Rechtsgebiete wie Steuern, Grundsicherung, Krankenkasse und Co. usw. – das ist der Aufgabenbereich eines Beraters bei der Deutschen Rentenversicherung.

Und nicht zu vergessen die unfreiwillig freiwillige Arbeit als Hobbypsychologe in den verschiedenen Ausnahmesituationen des menschlichen Lebens wie Tod des Partners, plötzliche Arbeitslosigkeit, unerwartete Krankheit oder auch die verzweifelte Omi, die ihren Dackel nicht mit ins Altenheim nehmen darf. Diese Dinge finden sich jedoch in keiner Stellenbeschreibung wieder.

Lehrzeit, Studium, Arbeitslosigkeit, Selbstständigkeit, Auslandsaufenthalt, Kinder, Scheidung, Rentenbezug – im Zeitraffer werden nochmals viele Phasen des (Erwerbs-)Lebens durchgespielt. Viele Fragen im Rentenantrag verbinden sich unweigerlich mit Erinnerungen von höchst persönlichen Erlebnissen: der ersten Liebe, dem Verlust eines Menschen, dem Zwangsverkauf des Reihenhauses oder die langwierige Regenerationsphase nach einer schweren Krankheit.

Fortführung des Beispiels:

„Beziehen oder erwarten Sie weitere öffentliche Leistungen?" Der Berater wendet seinen Blick vom Bildschirm zu Werner. „Wie meinen Sie?", Werner zuckt zusammen.

„Werner, mein Lieber – träumst du schon wieder?" Edith schubst ihn von der Seite an und erklärt dem Berater: „Sie müssen entschuldigen, aber seit einer Woche liegt ihm das mit der Rente ganz schön im Magen. Aber ganz ehrlich: Was Sie so alles wissen wollen, das ist ja fast das gesamte Leben!"

Fast das gesamte Leben! – Die technokratischen Statistiker in den Rentenbehörden reden im Regelfall von einer Anzahl an Versicherungsjahren (rentenrechtlichen Zeiten) und den dazugehörigen Entgeltpunkten für einen bestimmten Musterversicherten. Dazu Rentenbezugszeiten und möglichen abgeleiteten Renten (z. B. Hinterbliebenenrenten).

Für denjenigen jedoch, der in Rente geht, für den ein neuer Lebensabschnitt beginnt, bedeutet es sprichwörtlich die „Abrechnung seines Lebens". Und das sind nicht nur Entgeltpunkte. Der Rentenbescheid als Zwischenfazit für 62, 63 oder 67 Lebensjahre. Ich glaube, kein anderer Moment im Leben ist so unmissverständlich und unverrückbar wie dieser. Hier und heute werden die Lebensjahre abgerechnet – bei der Rente „nur" in seelenlosen Entgeltpunkten.

Manch einem wird gerade hier bewusst, dass viele andere Lebensbereiche plötzlich und unerwartet ebenfalls auf den Prüfstand kommen: die 30 kg Übergewicht, die sich nach dem 40. Geburtstag auf den Leib gemogelt haben, verbunden mit latentem Diabetes, der Gicht und der Arthrose; die Kontakte aus der Jugend, die man nicht gepflegt hat; der verstaubte Hobbyraum, der dringend entrümpelt werden müsste, oder die 23 Hochzeittage, die man vergessen hat.

Um dem Tag des Rentenantrags entspannter entgegenblicken zu können, unterstützt Sie die folgende Checkliste bei der Vorbereitung.

Checkliste: Rentenantrag (Vordruck R0100/R0101/R0810/R0815 für die Altersrente)

Die benötigten Unterlagen bei persönlicher Antragstellung entnehmen Sie der Terminbestätigung, die Sie von Ihrer Beratungsstelle der Deutschen Rentenversicherung erhalten haben. Bei einem persönlichen Termin in einer Beratungsstelle wird der Antrag online aufgenommen, so dass die genannten Vordrucke grundsätzlich entbehrlich sind.

Corona-Ticker: Aktuell werden persönliche Beratungen auf das absolut Notwendigste beschränkt! Alternativ werden die Beratungen und Antragstellungen telefonisch vorgenommen: Terminvereinbarungen erfolgen direkt über die jeweilige Beratungsstelle der DRV. Beratungsstellensuche über: www.deutsche-rentenversicherung.de

9

Wichtig: Sie sollten ca. fünf Monate vor Rentenbeginn einen Termin vereinbaren, der etwa drei Monate vor Rentenbeginn stattfinden sollte (bei Auslandsbezug jeweils zwei Monate früher).

Sollten Sie in der Aufregung nicht alle Unterlagen finden oder sofort griffbereit haben, können Sie diese problemlos nachreichen. Am besten erstellen Sie eine eigene Liste mit Fragen, die Sie unbedingt zum Termin mitnehmen sollten!

Möglicherweise sind im Einzelfall ohnehin noch spezielle Nachweise nötig. Nachfolgend eine modifizierte Aufstellung der benötigten Nachweise aus der täglichen Beratungspraxis:

- gültiger Personalausweis oder Reisepass
- Sozialversicherungsausweis bzw. -nummer
- Angaben zur Bankverbindung (IBAN/BIC)
- Name und Anschrift Ihrer Krankenkasse (Elektronische Gesundheitskarte, sofern vorhanden)
- Angaben über die Krankenversicherungsverhältnisse ab 01.01.1992 (Name der Krankenkasse und Dauer der Versicherungszeit) und Geburtsurkunden aller (!) Kinder
- Ihre persönliche Steueridentifikationsnummer (siehe Informationsschreiben der Finanzverwaltung/Steuerbescheid/Gehaltsabrechnung)
- Schwerbehindertenausweis/Bescheid über vorliegende Schwerbehinderung
- Geburtsnachweise der Kinder
- evtl. Altersteilzeitvertrag/Vorruhestandsvereinbarung
- bei Antragstellung durch dritte Person: Vollmacht oder Betreuungsurkunde und gültiger Personalausweis/Reisepass
- Angaben über die Höhe Ihres aktuellen/zukünftigen Bruttoverdienstes sowie Name und Anschrift Ihres Arbeitgebers
- evtl. Ausländische Versicherungsnummer(n)
- Nachweis über den aktuellen Bezug von Sozialleistungen (Unfallrente, Arbeitslosengeld etc.)
- evtl. letzter Versicherungsverlauf (Rentenauskunft) der Rentenversicherung
- Angaben zur Betriebsrente(n) (Name/Anschrift der zahlenden Stelle/n, Aktenzeichen, auch von ehemaligen Arbeitgebern)

Folgendes wird unter Umständen in der Terminbestätigung genannt, ist bei geklärtem Rentenkonto meist entbehrlich:

- evtl. Sozialversicherungsausweis der ehemaligen DDR
- evtl. Vertriebenenausweis oder Spätaussiedlerbescheinigung
- Nachweise über Berufsausbildungen (Lehrvertrag, Facharbeiterbrief, Gesellenbrief, Kaufmannsgehilfenbrief o. Ä.)
- Nachweise über Schul-, Fachhochschul-, Hochschulzeiten ab Vollendung des 17. Lebensjahres sowie über Wehrdienstzeiten
- evtl. Versicherungskarten und Aufrechnungsbescheinigungen
- Nachweis über Umschulungen etc.
- Nachweise über ausländische Versicherungszeiten
- Scheidungsurteil (wegen Versorgungsausgleich)

Zusätzlich bei Antrag auf Erwerbsminderungsrente:

- Vorbereitete zusätzliche Formulare R0210/R0215/G0115 (ggf. zusenden lassen)
- Medizinische Unterlagen der letzten zwei Jahre (z. B. Krankenhausbefunde/Entlassungsberichte/Gutachten)
- Formlose Aufstellung des Krankheitsverlaufs mit Angaben zur subjektiven Leistungsfähigkeit (alle Lebensbereiche betrachten)
- ggf. aktuelle Befundbericht(e) des/der behandelnden Ärzte (diese/r werden in der Regel aber auch von der Rentenversicherung selbst angefordert) sowie eine Auflistung Ihrer behandelnden Ärzte mit Anschrift/Telefonnummer
- ggf. Bewilligungsbescheide privater Berufsunfähigkeitsversicherungen

Zusätzlich bei Anträgen auf Hinterbliebenenrenten (Vordruck R0500/R0501):

- Sterbeurkunde(n)
- Heiratsurkunde/Partnerschaftsurkunde
- Abstammungsurkunde bei Waisenrenten
- Sozialversicherungsnummer des Verstorbenen
- Angaben über die Krankenversicherungsverhältnisse des Verstorbenen ab 01.01.1992

- Ausbildungsnachweis bei Waisenrenten über das 18. Lebensjahr hinaus
- Angaben zum eigenen Einkommen (siehe Vordruck R0660)
- Da die Rente aus dem Versicherungskonto des Verstorbenen bewilligt wird, sind ggf. Nachweise/Angaben zu diesem Konto erforderlich. Rentenbescheid, falls der Verstorbene bereits Rentner war.
- Nachweis vom Rentenservice über gezahlte Vorschussleistung

Sonderfälle (Vordrucke über die kostenfreie Servicenummer erfragen: 0800/1000 4800):

- Scheidungsurteil (Erziehungsrente/Witwenrente nach dem vorletzten Ehegatten/Witwenrente an vor dem 01.07.1977 geschiedene Ehegatten)
- Nachweis über erhaltene Unterhaltszahlungen (Witwenrente an vor dem 01.07.1977 geschiedene Ehegatten)
- Nachweise über anderweitige Hinterbliebenenversorgungen (Witwenrente nach dem vorletzten Ehegatten)

Hinweis: Im Einzelfall werden weitere Nachweise benötigt, auf deren Nennung aus Gründen der Übersichtlichkeit verzichtet wird.

Schön ist das Rentnerleben

Der Rentenbescheid

Nun hat der kleine Rentenmechaniker seinen großen Auftritt, denn es ist „geschafft"!

Nach etwa vier bis sechs Wochen liegt er dann endlich im Briefkasten: der Rentenbescheid. Die Abrechnung unseres Versicherungslebens in Entgeltpunkten bis auf die vierte Stelle hinter dem Komma.

Fortführung des Beispiels aus Kapitel 9:

Mit leicht zittrigen Händen öffnet Werner den dicken Umschlag aus Berlin:

„Sehr geehrter Herr N.,

auf Ihren Antrag vom 02.11.2020 erhalten Sie Altersrente an besonders langjährig Versicherte. Die Rente beginnt am 01.03.2021. Der Betrag von 1.896,23 Euro wird erstmalig zum 31.03.2021 auf das angegebene Konto überwiesen."

Geschafft. Lochen. Abheften. Fertig?

„Jeder zweite Rentenbescheid ist falsch." Seitdem ich bei der Rentenversicherung arbeite (1985), höre ich diese Aussage regelmäßig. Was ist daran wirklich richtig? Arbeitet die Rentenkasse wirklich so schlampig oder sogar absichtlich falsch, um Geld zu sparen? Oder dient diese Aussage nur, um einen höheren Zulauf für die honorarpflichtigen Rentenberater zu generieren?

Da in einem Rentenbescheid Daten von 40, 45 oder noch mehr Jahren erfasst sind und an diesem Prozess zig Personen beteiligt sind, können selbstverständlich Fehler passieren – sowohl mit Auswirkung in die eine als auch in die andere Richtung. Richtig, es gibt auch Renten, die zu hoch sind – und damit falsch berechnet!

Aber: Wenn Sie sich bereits vor der Rente im Rahmen einer Kontenklärung regelmäßig um die erfassten Daten gekümmert haben, kann am Ende nicht mehr allzu viel schief gehen.

Trotzdem sollten Sie sich bei aller Freude über den baldigen Renteneintritt noch einmal die Zeit nehmen, diesen Bescheid gründlich zu prüfen oder prüfen zu lassen.

Zunächst einmal können Sie sich an eine Beratungsstelle der Rentenversicherung wenden. Dort lassen sich zwar die grundsätzlichen

Fragen besprechen und klären, jedoch wird kaum einer der Berater die Zeit finden, den dicken DIN A4-Ordner detailliert mit Ihnen durchzugehen, um alleine 100 und mehr Meldungen zur Sozialversicherung zu prüfen – Anmeldungen, Jahresmeldungen, Stornos, Änderungsmeldungen, Abmeldungen etc. Dazu die Fragen nach Ausbildungen, Kindererziehung, Ausland, Arbeitslosigkeiten etc. Ähnliches gilt für die ehrenamtlich tätigen Versichertenberater oder Versichertenälteste der Rentenversicherungsträger.

Gegen Honorar (geregelt im Rechtsanwaltsvergütungsgesetz – RVG) übernehmen das selbstverständlich auch freie Rentenberater (www.rechtsdienstleistungsregister.de; www.rentenberater.de), die somit ausschließlich Ihnen gegenüber verpflichtet sind. Sollten Sie diese Ausgabe scheuen, leistet die folgende Checkliste eine erste Hilfe:

Zu prüfen	**in Ordnung?**	**Anmerkungen**
Beantragte Rentenart (z. B. Regelaltersrente) korrekt? Wurde ein ggf. laufendes Verfahren auf Feststellung als schwerbehinderter Mensch berücksichtigt?		Bei Fehlern: Widerspruch!
Rentenbeginn wie beantragt? Teilrente korrekt?		
Rentenhöhe entsprechend letzter Rentenauskunft? Abweichungen?		
Status Krankenversicherung (KVdR – erkennbar an den Abzugsbeträgen/Zuschuss bei freiwilliger/privater Krankenversicherung) – reduzierter Satz Pflegeversicherung bei Elterneigenschaft berücksichtigt (3,05 %)?		
Nachzahlungsbeträge vorhanden? Aussage zur Abrechnung eindeutig? Zahlungseingang?		
Sofern weitere Sozialleistungen (z. B. Unfallrenten) bezogen werden, kann es zu Kürzungen kommen, die Sie verstehen sollten, besser: Fachmann fragen!		

Zu prüfen	in Ordnung?	Anmerkungen
Intensive (chronologische) Prüfung des anliegenden Versicherungsverlaufs (Referenz letzter geprüfter Verlauf/eigene Unterlagen). Nachfolgend die wichtigsten Prüfpunkte:		
Beschäftigungsbeginn korrekt?		
Berufsausbildung(en) gekennzeichnet, (Zusatz-)Entgelt letztes Ausbildungsjahr korrekt aufgeteilt?		
Weitere Ausbildungen (auch im Ausland) erfasst?		
Beitragszeiten Ost/West korrekt?		
Bruttoentgelte stimmig/Ausschläge erklärbar (z. B. Teilzeit)?		
12 Monate pro Kalenderjahr erfasst?		
Wehrdienst/Wehrübungen?		
Krankheitszeiten/Mutterschutz/ Arbeitslosigkeiten vollständig?		
Zusatz-/Sonderversorgungszeiten erkennbar?		Ehemalige DDR
Kindererziehungszeiten vollständig?		„Mütterrente"
Entgelte für die letzten drei Monate korrekt hochgerechnet? (Achtung: Fehler möglich!)		Sollte überhaupt hochgerechnet werden?
Verfolgungszeiten (DDR) erfasst?		
Minijob-Zeiten erfasst?		
Rentenbezugszeiten erkennbar?		
Ausgleichszahlungen erkennbar?		
Freiwillige Beiträge erfasst?		auch Sondereinzahlungen
Zeiten nach dem Fremdrentengesetz (FRG) erfasst? Bewertung?		
Auslandsbeschäftigung erkennbar?		Zwischenstaatlicher Versicherungsverlauf

10

Zu prüfen	in Ordnung?	Anmerkungen
Freie Anlage vorhanden? Ist der Inhalt selbsterklärend?		
Versorgungsausgleichsdaten korrekt erfasst? Lebt der frühere Ehegatte noch? Ggf. Anpassung beantragen und Rat beim Fachmann einholen		
Bescheid in sich schlüssig? Bei irgendwelchen Unklarheiten Widerspruch oder Überprüfung nach § 44 SGB X beantragen und Fachmann beauftragen.		
Daran denken: Der Bescheid muss ggf. bei Arbeitgebern/Betriebsrententrägern oder anderen Stellen vorgelegt werden!		
Ersten Zahlungseingang prüfen (nachschüssig am letzten Bankarbeitstag im Monat)		

Diese Liste kann wegen der komplizierten Materie keinen Anspruch auf Vollständigkeit erheben. Sie erhalten aber zumindest eine Grundlage, um eine Ersteinschätzung vorzunehmen. Bei Zweifelsfällen legen Sie innerhalb eines Monats nach Zugang des Bescheids Widerspruch ein und lassen sich entsprechend beraten. Denken Sie daran, dass auch nur 5 Euro fehlende Rente sich in 20 Jahren auf 1.200 Euro summieren – ohne Rentenerhöhungen.

Deine AidA-Strategie

Wenn Sie regelmäßig Ihr Versicherungskonto bei der Rentenversicherung gepflegt haben, wird auf der Zielgeraden alles glatt gehen. Ein entspannter Renteneintritt ist die gerechte Belohnung.

Wir haben es ja schon an vielen Stellen angesprochen: Der Rentenbescheid ist kein Freifahrtschein für das Nichtstun. Gerade jetzt haben Sie die Chance, unerfüllte Träume mit einer hoffentlich soliden finanziellen Grundlage umsetzen zu können. Einzig die Spielregeln zum Hinzuverdienst vor Erreichen der Regelaltersgrenze (siehe Renteninformation) sind zu beachten!

Und: Es ist wichtig, weiter Altersvorsorge zu betreiben sowie ein finanzielles Ablaufmanagement vorzunehmen. Auch wenn Sie gerade die ersten Früchte Ihrer Vorsorge abernten, sollten Sie bedenken, dass durch ein früheres Fixieren dieser Erntetermine auf 63, 64, 65 oder 66 Jahre unter Umständen zeitgleich mehrere „Vorsorgetöpfe" fällig werden: Abfindung, Einmalzahlung der privaten Rente, Fälligkeiten der Sparpläne, Lebensversicherungen oder Laufzeitfonds ... Es geht noch was für später, wenn Sie alt sind!

Bei der Prüfung Ihres Rentenbescheids werden Sie eine mehr oder weniger intensive Selbstreflexion Ihres Lebens vornehmen. Schreiben Sie sich diese Gedanken auf und geben Sie sie an die nachfolgende(n) Generation(en) weiter:

Derzeit macht sich die Generation der Millennials, die Altersgruppe zwischen Anfang 20 und Mitte 30, durchaus Sorgen um die eigene Altersvorsorge vor dem Hintergrund von schlechtbezahlten Praktika, Jugendarbeitslosigkeit oder Zwangsteilzeitarbeit. Vielleicht helfen Ihre Erfahrungen auch aus sehr wechselhaften Zeiten weiter, dieser Generation neuen Optimismus für die Zukunft zu geben.

Fazit

Ist die Ernte eingefahren, gilt es nicht übermütig zu werden. Überlegen Sie insbesondere gut, wie Sie mit Einmalzahlungen umgehen. Wenn diese zu schnell verbraucht sind, kommt unter Umständen der zu frühe Katzenjammer. Letzteres kann auch geschehen, wenn das Finanzamt Sie plötzlich auffordert, rückwirkend als Rentner Steuererklärungen für mehrere (!) Jahre abzugeben. Daher: Kommen Sie dieser Verpflichtung zeitnah und fristgerecht nach – insbesondere bei Einkommensänderungen. Auch die Erben werden es Ihnen danken.

War's das schon?

Das war's dann also: Arbeitsleben vorbei und ab sofort Rentner – für immer frei und nicht forever young.

„Keine Angst – Sie gewöhnen sich dran. Und zwar schneller als Sie heute meinen." Schon oft verabschiedete ich meine Neurentner mit diesen oder ähnlichen Worten. Meist sind es Männer, die etwas mehr Zuspruch nach dem letzten Eintrag im elektronischen Rentenantrag benötigen.

Denn: Bei der persönlichen Antragsaufnahme muss nicht einmal mehr unterschrieben werden. Es fehlt somit diese finale Therapie zum Abschluss dieses Lebensabschnitts. Laut dem Bundesinstitut für Bevölkerungsforschung liegt die künftige Lebenserwartung beispielsweise für 65-jährige Männer bei weiteren 18,1 und für gleichaltrige Frauen bei 21,3 Jahren (vgl. www.bib.bund.de – Stichwort: fernere Lebenserwartung). Der Rentenversicherungsbericht 2018 sieht für das Jahr 2030 jeweils ein Jahr mehr. Dieses Wissen sollte Ihnen für eine vernünftige Grundüberlegung helfen, vor allem, wenn man berücksichtigt, dass es sich nur um einen Durchschnittswert handelt.

„Lebe jeden Tag so, als wäre es dein letzter!" – so ein bekannter Sinnspruch. Oder auch: „Wir können dem Leben nicht mehr Tage geben, aber den Tagen mehr Leben." Fakt ist, dass der durchschnittliche 65-jährige Mann nun noch 6.611,025 Tage zu leben hat – nach oben offen. 6.611,025 Tage sind zum Beispiel 472,22 Luxusurlaube zu je 14 Tagen. Nehmen wir an, dass so eine Reise 2.400 Euro kostet, so ist das Rentnerleben 1,13 Mio. Euro wert!

Es liegt nur an Ihnen, wie Sie Ihre Restlebenszeit bewerten.

Deine AidA-Strategie

Endlich Zeit?

Endlich Zeit zu haben, auch wenn Rentner angeblich doch nie Zeit haben. Was also ist richtig? Zeit ist relativ, Zeit ist unendlich und Zeit ist vergänglich. „Carpe diem – Genieße den Tag." – der einzelne Tag ist das, was wir greifen, fühlen und (er-)leben können. Gestern ist definitiv vorbei und morgen liegt in einer ungewissen Zukunft. Sie haben 6.611,025 plus X Tage davon.

„Das mache ich später, wenn ich in Rente bin." Sofern Sie sich tatsächlich noch an die vielen Vorhaben erinnern, sollten Sie sich langsam an die Abarbeitung machen. Schließlich wollen die 6.588,4 Tage mit neuem Leben gefüllt werden. Vielleicht schreiben Sie sich rechtzeitig einfach auf, was „später" erledigt werden soll.

Wirken für die Nachwelt

„Es soll mal was von mir übrig bleiben, wenn ich nicht mehr bin." Ein sehr schöner Gedanke, nur ist es unwahrscheinlich, dass Ihr Wohnort Ihnen mit einer Statue gedenkt. Aber vielleicht mit Bäumen.

„Unverrückbar und furchtlos sorgen sie Tag für Tag dafür, dass es sich in unserer Stadt gut leben lässt. Sie produzieren Sauerstoff, spenden Schatten und Windschutz, binden Staub und bringen vitale Natur in unsere Nachbarschaft. Bäume sind Nahrungsquelle und Herberge für Vögel, Insekten und Kleinlebewesen." (www.ortsamt-hemelingen.de). Fragen Sie bei Ihrer Gemeinde nach und denken Sie auch an die spätere Löschung Ihres Wirkens im digitalen Netz (digitales Erbe).

Das Geschäft mit der Angst

Viele Werbestrategien arbeiten massiv mit den Ängsten der Kunden, denen Produkte oder Dienstleistungen verkauft werden sollen. Letztlich gehen diese zurück auf das AIDA-Marketing-Modell des Amerikaners Elmo Lewis im Jahre 1898. Die vier großen Buchstaben der bekannten Kreuzfahrtschiffe stehen für:

A: Attention (Aufmerksamkeit)
I: Interest (Interesse)
D: Desire (Wunsch)
A: Action (Handlung)

Bei der Wunscherzeugung kommen dann die Emotionen ins Spiel und Angst ist eine der gefährlichsten. Es gilt somit ein gesundes Verhältnis zu dieser zu entwickeln und sein eigenes Chancen-/Risiko-Profil zu definieren. Auch im Hinblick auf Demenz, Alzheimer oder Pflegeheim.

Mal was Neues probieren

Jonglieren zum Beispiel. Durch die fließenden Bewegungen beim Werfen und Fangen werden Körper und Hirn sehr gut durchblutet. Das Gehirn bekommt auf diese Weise Sauerstoff, beide Gehirnhälften müssen zusammenarbeiten – das fördert die Wahrnehmung.

Die Gehirnhälften sind über einen Balken mit etwa 300 Millionen Nervenleitungen miteinander verbunden. Beim Jonglieren wird diese Region ganz besonders aktiviert. Gleichzeitig wird das Protein BDNF gebildet, das für das Wachstum neuer Gehirnzellen sorgt. Forscher der Universität Regensburg fanden in einer Studie im Jahr 2004 heraus, dass das Gehirnvolumen der Probanden nach regelmäßigen Jonglage-Übungen zunahm (Quelle: www.zeit.de/karriere/beruf/2012-10/konzentration-gehirnleistung-jonglage).

Fazit

Im Idealfall sind jetzt bei Ihnen im Kopf viele Bilder, Visionen und Ideen entstanden, die durch das Spannungsverhältnis des Erlebten und Gelernten ein neues Denken für einen wundervollen Lebensabschnitt auslösen. Vielleicht ist es aber auch das gute Gefühl, als „Nomade“ den Moment im Hier und Jetzt zu erleben. Vielleicht bei einem Waldspaziergang: Ein solcher soll laut Experten heilen helfen bei psychosomatischen Leiden, Burnout, Angst- und Paniksyndromen, bei Suchtproblemen und Lebenskrisen (Stichworte: Waldmedizin, Waldbaden).

Die ultimativen Renten-Tipps

Nun nähern wir uns dem Ende unserer kleinen Reise, auf der Sie das Thema Altersvorsorge ein wenig anders kennengelernt haben. Natürlich können und wollen wir uns den Realitäten des Rentenrechts, den Entwicklungen der Finanzmärkte, den oft nicht nachvollziehbaren politischen Entscheidungen oder unerwarteten privaten Schicksalsschlägen nicht entziehen.

Aber wir sollten uns mit einigem Selbstbewusstsein, mit gewissem Interesse, mit Verantwortung für uns selbst, für die Familie und letztlich für die Gesellschaft dieser Herausforderung stellen, die unser Rentnerleben für immerhin 15, 20 oder noch mehr Jahre entscheidend prägen wird. Eine Lebenszeit, die durchaus qualitativ recht hochwertig gestaltet werden kann.

Die **AidA**-Strategie möchte Sie bereits sehr früh motivieren, sich einen guten Zugang zu der Überlegung „Altwerden“ zu verschaffen, indem Sie positiv über Ihren eigenen Alterungsprozess – beginnend im Kreißsaal – denken: bei der Berufswahl, im Supermarkt an der Käsetheke, beim CO_2-neutralen Kleiderkauf auf dem Flohmarkt, bei der Krankengymnastik, die sich über elende 30 Minuten hinzieht oder der leidigen – aber wertschätzenden – analogen Weihnachtspost bis hin zur konkreten Auseinandersetzung mit Rentenversicherung, Banken, Versicherungen und Baufinanzierungen.

Hätte ich mal das Rauchen aufgegeben. Hätte ich doch den Abschluss des Studiums nachgeholt. Hätte ich als Selbstständiger bloß Rentenbeiträge gezahlt. – Die späte Reue holt einen recht unsanft beim Finale der Altersvorsorge ein. Der Fehlkauf eines Sakkos, eines

Smartphones und selbst eines Autos lässt sich mit vertretbarem Aufwand korrigieren.

Selbst ein Immobilienfehlinvestment – obwohl vom Volumen schon sehr erheblich – ist, zumindest wenn es durchdacht stattgefunden hat, korrigierbar. Eine schlechte Rente sehr oft nicht mehr. Wenn dann die Lösung mit 57 Jahren heißt Lottoladen, Günther Jauch oder Banküberfall (solange noch Bargeld im Umlauf ist), bleibt oft nur noch der finale Gang zum Grundsicherungsamt. Meist ist das dann auch nur eine Abfolge von erfolgten unerfreulichen Abhängigkeiten bis hin zu diesem unrühmlichen Abgang. Über die fernere Lebenserwartung ab diesem Zeitpunkt haben wir bereits gesprochen: 6.588,4 Tage plus X.

Was sind nun also die ultimativen Renten-Tipps, die uns glücklich zu unserer Rentenmillion treiben lassen?

Es gibt sie! Nur nicht in der von uns gewünschten (bequemen) Form – quasi als Instant-Produkt im täglichen Sofortismus-Wahn.

Genauso wenig, wie Sie in sieben Tagen mit der Super-Slim-Turbo-Diät 14 Pfund abnehmen werden. Oder Ihre verfahrene Ehe, die missliche berufliche Situation oder die schwierige Kindheit mit einem Ratgeber für 14,99 Euro therapieren können. Auch der Online-Kurs für 299 Euro wird das nicht schaffen. Und Therapeuten, Coaches oder Trainer sind meist sich selbst verpflichtet bei Stundensätzen von 100 Euro aufwärts.

Doch es ist gut, dass Sie diese Erkenntnis nun gewonnen haben, denn schließlich ist Selbsterkenntnis der erste Weg zur Besserung: Handeln durch (späte) Einsicht. Und kein Grund zu verzweifeln. Die **AidA**-Strategie lässt Sie schließlich nicht hängen.

Also: Verfallen Sie nicht in blinden Aktionismus. Beginnen Sie mit ganz kleinen Zielen, die Sie aufschreiben und regelmäßig kontrollieren. Vielleicht stehen Sie 5 bis 10 Minuten eher morgens auf, um einfach mehr Zeit für sich selbst zu haben. Oder Sie entrümpeln Ihr Handy auf der Fahrt zur Arbeit im Zug von den dritt- und viertbesten Nervensägen, die Ihnen dauernd „witzige" Videos schicken. Oder überdenken beim nächsten Einkauf vor der Kasse den Inhalt Ihres Einkaufswagens. Fett und Zucker schicken zwar keine Videos, dafür übelst sinnlose Kilos.

Gleich, was Sie jetzt unternehmen: Sie tun es für sich selbst. Wenn Sie dann mal Post von der Rentenkasse bekommen, sind Sie trainiert und motiviert, sich auch mit dieser auseinanderzusetzen. Genau wie mit Ihrer Bank, Ihrem Arzt oder der nervigen Versicherungstante.

Jeden Tag ein bisschen Rente und **AidA** wirkt: **A**lles **i**st **d**eine **A**ltersvorsorge!

Quo vadis, Rente?

Wie geht es weiter – mit der guten, alten, sicheren Rente?

Eine Frage, die uns spätestens seit der Zeit umtreibt, in der der Ausspruch von Ex-Arbeitsminister Norbert Blüm zahllose Plakate zierte: „Die Rente ist sicher!" Dieser allseits bekannte Spruch wurde im Laufe der Zeit zahlreich modifiziert: „ ... aber die Höhe nicht" – „... nur in der Höhe variabel" – „... wie lange noch?" etc.

Am 25.11.2016 stellte die damalige Bundesministerin für Arbeit und Soziales Andrea Nahles ein Gesamtkonzept zur Alterssicherung vor, das letztlich als „kompromissbehaftet" mehr Fragen als Antworten aufweist, vor allem im Hinblick auf dessen Finanzierbarkeit im Rahmen der viel beschworenen Generationengerechtigkeit. Daran werden sich auch die Rentenvisionen der Parteien im Bundestagswahlkampf 2021, 2025, 2029 ... messen lassen müssen. Dagegen waren die Ergebnisse der von Bundesminister Hubertus Heil am 03.05.2018 eingesetzten Rentenkommission im März 2020 eher enttäuschend, da wichtige Impulse vor allem für die jüngere Generation schlicht fehlten. Aber auch die geburtenstarken Jahrgänge hätten gute Antworten verdient ...

Ich möchte abschließend einen persönlichen und auch provozierenden Ausblick auf die Alterssicherung im Jahre 2051 geben. Dazu habe ich neun Thesen erstellt, die teils auf meinen persönlichen Erfahrungen der letzten 30 Jahre beruhen, teils der Verantwortung derer gewidmet sind, die zum einen die geburtenstarken Jahrgänge noch mit Anstand abwickeln, zum anderen sich selbst Gedanken für die eigene Rentenzeit machen müssen. Jedoch gilt zu bedenken: Gedanken müssen auch mutig in Taten umgesetzt werden können.

1. These: Rentenversicherung ade

Die gesetzliche Rentenversicherung (und weitere soziale Sicherungssysteme) wird es im Jahre 2051 in dieser Form nicht mehr geben. Das System (und seine Akzeptanz) basiert auf dem Grundgedanken einer ungestörten Vollzeiterwerbsbiografie mit Löhnen deutlich oberhalb des aktuellen Mindestlohns von gut 9 Euro. Viele Änderungen im Rentenrecht seit 1992 haben dazu geführt, dass ein größerer Teil der Neurentner Rentenleistungen unterhalb des Sozialhilfeniveaus beziehen wird. Hinzu kamen die wirtschaftsfreundlichen Maßnahmen der Agenda 2010 sowie die Hartz-Gesetze. Aktuell arbeiten 22,5 Prozent der Arbeitnehmer in Deutschland im Niedriglohnsektor (Österreich: 14,8 Prozent; Schweden: 2,6 Prozent; Europa: 17,2 Prozent – Quelle: IAQ-Report 6/2018), das heißt diese Menschen erhalten weniger als 2/3 des mittleren Lohns – obwohl der deutsche Wirtschaftsmotor jahrelang bis zur Corona-Krise boomte. Die Lebens- und Erwerbslebensentwürfe der jüngeren Generationen streben im Rahmen einer in Echtzeit gelebten Work-Life-Balance neue Rentenbiografien an, die das heutige Sozialgesetzbuch VI (Rentenversicherung) nur das greise Haupt schütteln lässt. Die Einführung einer steuerfinanzierten Lebensleistungsrente (Grundrente) zum 01.01.2021 stützt diese These zusätzlich. Inwieweit die Verbesserungen im Betriebsrentenstärkungsgesetz (z. B. Förderbeträge für Geringverdiener) das heutige Mehrschichtensystem stabilisieren, darf kritisch hinterfragt werden.

2. These: Neue Werte

Die derzeit bereits stattfindende Werteverschiebung „Weg vom Besitzen“ hin zum „Nutzen und Teilen“ wird sich auch aus ökonomischen und ökologischen Beweggründen fortsetzen. Dadurch werden Ansprüche auf Renten und andere Sozialleistungen, eben noch existierende Versorgungslücken oder auch Ethik- und Gerechtigkeitsdiskussionen in einem völlig neuen Licht erscheinen. Geldwerte werden zum Teil durch Sachwerte wie Wohn-, Nutz-, Mobilitäts-, Bildungs-, Gesundheits- und Versorgungsrechte ersetzt werden. Eine Chance auch für diejenigen, die am Rand der Gesellschaft stehen oder diese bewusst ablehnen.

3. These: Die Rente wird SMART

Die neue Rente wird SMART(er) werden:

Spezifisch(er): Klare Definitionen der neuen Sicherungsfunktionen (siehe 2. These) im Gesamtkontext einer ausgewogenen und gerechten Finanzierung. Ein Aufweichen der biometrischen Risiken: alt, krank, pflegebedürftig und tot.

Messbar(er): Stetige Überprüfung des Erfolgs von investiven Maßnahmen wie Reha/Zeitrenten/Umschulungen unter Berücksichtigung der Eigenverantwortung der versicherten Person.

Akzeptiert(er): Ist das Ziel „Rente" weiter angemessen, attraktiv oder motivierend? Zwischenziele als Systemstütze formulieren.

Realistisch(er): Ressourceneinsatz vs. Zielerreichung, ehrliche und zeitnahe Information der Beteiligten. Die säulenübergreifende Renteninformation steht in den Startlöchern: also alle maßgeblichen Werte als Gesamtversorgung auf einen Blick.

Terminiert(er): Die weiter steigende (allerdings auch einkommensabhängige!) Lebenserwartung als flexible Rechen- und Motivationsgröße. Neudefinition des Renteneintritts auch im Interesse einer Generationengerechtigkeit unter Schaffung neuer Übergangsmodelle Arbeitsleben – Ruhestand.

4. These: Erben neu gedacht

Das Erbrecht passt sich der demografischen Entwicklung an. Angehäufte Vermögenswerte werden früher (vor dem Tode des Erblassers) und breiter – gesteuert – verteilt werden. Erbschaften werden stärker denjenigen zufließen müssen, die als aktive Generation (Stichwort: Jugendarbeitslosigkeit oder Zuwanderung) die neuen Rentenbezieher finanzieren. Steuerliche Freibeträge sind nur in Abhängigkeit von Einzahlungen in Gemeinschafts- oder Sozialsysteme möglich.

5. These: Neues Geld, neue Währung?

Bedeutet, dass nicht wie bisher weiter die Notenpressen anzuwerfen sind. Möglicherweise sind die Europäische Zentralbank, der Euro oder gar die EU (Stichwort: Brexit) bald Geschichte. Geld wird wieder stärker an reale (neue) Werte gekoppelt. Pro Volkswirtschaft kann so nur eine bestimmte Menge an Geld in Umlauf gebracht werden, um ein stabiles Zinsniveau als eine der Grundlagen für Altersvorsorge zu gewährleisten. Ist zum Beispiel Infrastruktur (z. B. kostenlose Mobilität, öffentliche Sicherheit, Wasser- und Energieversorgung) oder ein Recht auf „gutes Wohnen" das „neue" Geld? Staatsfonds in anderen Ländern (z. B. Norwegen – www.nbim.no) investieren aus unterschiedlichen Motiven das aktuelle Geld ihrer Bürger weitgestreut meist sachwertorientiert (z. B. Aktien oder Immobilien).

Sachwert schlägt Geldwert! Kommt die diskutierte Deutschlandrente doch noch?

6. These: Ein Grundeinkommen kommt

Damit würden viele der heutigen Bedürftigkeitsprüfungen entfallen – gerade auch im Alter oder bei Invalidität. Die ursprüngliche Idee einer Grundrente nach 35 „Grundrentenjahren" ohne Bedürftigkeitsprüfung von Minister Heil ging zumindest in diese Richtung. Warum sollten nur Rentner mit einer definierten Lebensleistung von diesem Gedanken profitieren und nicht auch derjenige, der seine Bereitschaft zur Lebensleistung im Hier und Jetzt zur Verfügung stellt? Bis zum 10.11.2020 konnte man sich für das erste Pilotprojekt zum bedingungslosen Grundeinkommen in Deutschland bewerben (www.pilotprojekt-grundeinkommen.de). Pilotprojekte werden jedoch meistens quer finanziert, so dass ein späteres flächendeckendes Grundeinkommen nicht bedingungslos sein kann, sondern bestenfalls gesellschaftsfähig. Aktuell steht eine ähnlich gelagerte Forderung der SPD nach einem Bürgergeld im Raum.

7. These: Arbeitsmarkt 5.0

Die steigende Lebenserwartung wird den Arbeitsmarkt neu definieren. Aufgaben, die wirtschaftlich betrachtet eher dem Gemeinwohl (z. B. Erzieher, Altenpfleger oder Rettungsassistenten) oder einer „Systemrelevanz" dienen, erfahren eine deutliche gesellschaftliche und monetäre Aufwertung. Die Corona-Situation kann hier als Katalysator positiv wirken. Einkommen werden stärker entsprechend den sozialen, kommunikativen und emotionalen Kompetenzen verteilt werden. Statt jahrelang Bedürftigkeitsleistungen zu zahlen, werden Beschäftigungsgesellschaften Menschen in „Lohn, Brot und Lebenssinn" bringen.

Außerdem: Prävention statt Schadensregulierung. So löst eine neu definierte Berufsunfähigkeit in Anlehnung an die Erwerbsbiografie den Anspruch auf altersgerechte Beschäftigung aus – anstelle einer finalen Rentenleistung! Mehr unter: www.iao.fraunhofer.de

8. These: Investive Sozialpolitik

Die neu zu ordnenden Sozialversicherungsträger werden nach investiven Ansätzen handeln, die stärker an den (Grund-)Bedürfnissen der Menschen ausgerichtet sind: Gesundheit, Bildung, Umwelt,

Wohnen oder Infrastruktur. Eine noch notwendige Umverteilung der Gelder im Rahmen des Umlageverfahrens erfolgt nebenbei maschinell (die Digitalisierung lässt grüßen) im Zusammenwirken mit einem Grundeinkommen.

9. These: Rente 5.0

Rente 5.0 wird ein Produkt gesellschaftlicher Entwicklungen sein, die sich von der Statik und Mechanik des letzten Jahrhunderts verabschiedet – ob es uns passt oder nicht. Eigene Grundkompetenzen, ein gesundes Selbstbewusstsein, die Fähigkeit, Veränderungsprozesse der Gesellschaft mitzugestalten und zu ertragen sowie die Übernahme von Verantwortung(en) sind die neuen Grundlagen für Rente 5.0 – digital und analog.

Update: Grundrente

Zum 01.01.2021 erfolgte die Einführung einer Grundrente für langjährig Versicherte in der gesetzlichen Rentenversicherung:

Rentner benötigen mindestens 33 (idealerweise 35) Jahre an „Grundrentenzeiten" als Zugangsvoraussetzung. Dazu zählen Pflichtbeitragszeiten aus Beschäftigungen/Tätigkeiten, der Kindererziehung und Pflege. Weiter rentenrechtliche Zeiten des Bezugs von Leistungen bei Krankheit und Rehabilitation sowie Berücksichtigungszeiten wegen Kindererziehung (bis zum 10. Lebensjahr) oder Pflege und Ersatzzeiten.

Erreichen diese Zeiten einen Wert von mindestens 30 Prozent des Durchschnittsverdieners (der Minijobber geht jetzt also leer aus), werden sie als Grundrentenbewertungszeiten (max. 35 Jahre) mit dem Faktor 2 aufgewertet – Höchstwert ist 80 Prozent oder 0,8 Entgeltpunkte (EP). Der ermittelte Zuschlag ist um 12,5 Prozent zu kürzen. Voller Zuschlag also nur ab 35 Jahren Grundrentenzeiten – zwischen 33 und 35 Jahren ist dieser gestaffelt.

Haben Sie zum Beispiel 42 Jahre lang nur 40 Prozent (ca. 16.220 Euro p. a.) eines Durchschnittsverdieners verdienen können, werden 35 Jahre mit 0,75 EP und sieben Jahre mit 0,4 EP angerechnet: 29,05 EP = 993,22 Euro Monatsrente (brutto). Vergleichswert ohne Grundrente: 574,39 Euro. Rundungsdifferenzen sind möglich. Die Grundrente ist also kein absoluter Mindestzahlbetrag, sondern eine Aufwertung vorhandener Entgeltpunkte maximal mit dem Faktor 2 (minus 12,5 Prozent auf den Aufwertungswert).

Diese Neuregelungen gelten für **alle** Rentenbezieher – also auch für Bestandsrentner am 01.01.2021. Alle Bescheide ergehen von Amts wegen. Ein Antrag ist nicht erforderlich. Erste Bescheide werden für Mitte 2021 erwartet, da die verwaltungsmäßigen Kapazitäten erst noch geschaffen werden müssen.

Möglicherweise währt die Freude über die Zuschläge nur kurz: Minister Heil konnte sich nicht mit dem Wunsch nach einer einkommensunabhängigen Grundrente durchsetzen. Somit werden Einkünfte (aber nicht Vermögenswerte!) über einem Freibetrag ganz oder teilweise angerechnet. Dieser beträgt 1.250 Euro für Ledige und 1.950 Euro für Verheiratete. Einkünfte werden dann zu 60 Prozent angerechnet – ab 1.600/2.300 Euro zu 100 Prozent. Als Einkünfte gelten das zu versteuernde Einkommen nach § 2 Abs. 5 EStG, der steuerfreie Teil der Rente sowie Einkünfte aus Kapitalvermögen. Die Einkommen sollen in einem automatisierten Verfahren von den Finanzbehörden gemeldet werden.

Zuletzt: Den Grundrentenzuschlag gibt es für alle Rentenarten und er wird auch ins Ausland gezahlt.

Unterschätzt: Der neue Freibetrag (§ 82a SGB XII), der ab 33 Jahren bei der Berechnung der (weiter bestehenden) Grundsicherung echte Verbesserungen (mindestens 100 Euro im Monat) bedeutet, sowie die recht hohen Einkommensfreibeträge bei der Einkommensanrechnung. So kann der Grundrentenzuschlag unter anderem bei Ehepaaren durchaus (teilweise) wirksam werden, die sich niemals mit dem Thema Grundsicherung auseinandergesetzt hätten (siehe Fallbeispiele zur Grundrente auf der Internetseite der DRV). Neu: die Broschüre des BMAS: „Die Grundrente kommt".

Vorläufige Einschätzung: Den Lebensentwurf ausschließlich anhand dieses Modells auszurichten, ist eher unklug und nicht sehr weitsichtig. Vielleicht aber motivieren die „Grundrentenzeiten" endlich zu einem erfüllteren Erwerbsleben, da diesen zum Beispiel Zeiten der Arbeitslosigkeit fremd sind. Dies wäre durchaus im Sinne unserer **AidA**-Strategie. Für Bestandsrentner oder rentennahe Jahrgänge mit jahrelanger Bezahlung im Niedriglohnsektor ergeben sich durchaus wünschenswerte Leistungsverbesserungen, zumal weitere Freibeträge bei Bedürftigkeitsleistungen existieren. Rentner, die ein stark schwankendes Arbeitsentgelt erzielten, müssen beachten, dass am Ende erst nach einer Durchschnittsermittlung Zuschläge ermittelt werden – oder eben auch nicht. Die Einkommensanrechnung provoziert weiteres Ungemach. Von anderen Ungerechtigkeiten einmal abgesehen – to be continued.

Schlussbemerkung

Mit dieser dritten Auflage meines Ratgebers möchte ich Sie ermutigen, dieses elementare Thema RENTE selbstbewusst und mit Optimismus anzugehen. Auch wenn viele Menschen die „Rentenangst“ umtreibt, gibt es doch weltweit weitaus schlimmere Probleme und Krisen, als die letzten Euros für das Rentenkonto zu optimieren. Vielleicht hilft Ihnen die Vorstellung: „Was würde ich wohl in 30 Jahren von den Entscheidungen halten, die ich heute (nicht) getroffen habe?“ als finaler Stups (Neudeutsch: Nudging) weiter. Trotz oder gerade wegen Corona ... bleiben Sie gesund!

Arbeitshilfen

Wichtige Vorsorgedaten

Tabelle 1: Gesetzliche Rentenversicherung 2021	
Beitragssatz 2021	18,6 %
Beitragsbemessungsgrenze* (allgemeine Rentenversicherung)	7.100 EUR (West); 6.700 EUR (Ost)
Aktueller Rentenwert bis 30.06.2020	33,05 EUR (West); 31,89 EUR (Ost)
Aktueller Rentenwert ab 01.07.2020	34,19 EUR (West); 33,23 EUR (Ost)
Bezugsgröße	3.290 EUR (West); 3.115 EUR (Ost)
Durchschnittliche Arbeitsentgelte p. a.	38.901 EUR (2019) 40.551 EUR (2020) vorläufig 41.541 EUR (2021) vorläufig
Mindestbeitrag freiwillige Versicherung*	83,70 EUR (fiktives Einkommen: 450 EUR)
Höchstbeitrag freiwillige Versicherung*	1.320,60 EUR (fiktives Einkommen: 7.100 EUR)
Regelbeitrag* versicherungspflichtige Selbstständige	611,94 EUR (fiktives Einkommen: 3.290 EUR)
Verdienstgrenze Minijob*	450 EUR
Freibetrag* für volle Witwenrente	902,62 EUR (fiktiver Nettowert)
Erhöhungsbetrag* pro Kind	191,46 EUR (fiktiver Nettowert)
Absetzbare Vorsorgeaufwendungen (92 %) p. a.	25.786,80 EUR (ledig); 51.573,60 EUR (verheiratet)

* monatlich

Tipp: Mehr Zahlenmaterial liefert die Broschüre „Zahlen und Tabellen" der Deutschen Rentenversicherung Nordbayern unter: www.deutsche-rentenversicherung.de/BayernSued/DE/Ueber-Uns/Publikationen/Zahlen-u-Tabellen-Artikel.html

Wichtig: Die nachfolgenden Rechenbeispiele entsprechen den Werten ab 01.07.2020.

Tabelle 2: Monatliche Rentenbeträge (Jahrgang 1964 und jünger – keine Schwerbehinderung)

Versicherungszeit von/bis (Lebensalter)	Anzahl der Beitragsjahre	Durchschnittliche Entgelthöhe in %	% *	Renteneintritt	Rentenhöhe (brutto) West
20 – 63	43	50	– 14,4	63	629,23 EUR
20 – 63	43	100	– 14,4	63	1.258,47 EUR
20 – 63	43	150	– 14,4	63	1.887,70 EUR
20 – 65	45**	50	– 7,2	65	713,89 EUR
20 – 65	45**	100	– 7,2	65	1.427,77 EUR
20 – 65	45**	150	– 7,2	65	2.141,66 EUR
20 – 67	47	50	0	67	803,47 EUR
20 – 67	47	100	0	67	1.606,93 EUR
20 – 67	47	150	0	67	2.410,40 EUR
20 – 69	49	50	+ 12,0	69	938,17 EUR
20 – 69	49	100	+ 12,0	69	1.876,35 EUR
20 – 69	49	150	+ 12,0	69	2.814,52 EUR

* Abschlag/Zuschlag

** Altersrente an langjährig Versicherte (Sofern die Voraussetzungen der Altersrente an besonders langjährig Versicherte erfüllt werden, entfällt der Abschlag.)

Tabelle 3: Auswirkungen des Wechsels „Vollzeit auf Teilzeit“ am Beispiel eines Durchschnittsverdieners 100 %

Vollzeit 100 % von/bis (Lebensalter)	Teilzeit 75 % von/bis (Lebensalter)	Entgeltpunkte ohne Abschlag	% *	Renteneintritt	Rentenhöhe (brutto) West
20 – 50	51 – 63	39,75	– 14,4	63	1.163,35 EUR
20 – 50	51 – 65	41,25	– 7,2	65	1.308,79 EUR
20 – 50	51 – 67	42,75	0	67	1.461,62 EUR
20 – 50	51 – 69	44,25	+ 12,0	69	1.694,46 EUR

11

Tabelle 3: Auswirkungen des Wechsels „Vollzeit auf Teilzeit" am Beispiel eines Durchschnittsverdieners 100 %					
Vollzeit 100 % von/bis (Lebensalter)	**Teilzeit 75 % von/bis (Lebensalter)**	**Entgeltpunkte ohne Abschlag**	**% ***	**Renteneintritt**	**Rentenhöhe (brutto) West**
20 – 55	56 – 63	41,00	– 14,4	63	1.199,93 EUR
20 – 55	56 – 65	42,50	– 7,2	65	1.348,45 EUR
20 – 55	56 – 67	44,00	0	67	1.504,36 EUR
20 – 55	56 – 69	45,50	+ 12,0	69	1.742,32 EUR
20 – 60	61 – 63	42,25	– 14,4	63	1.236,52 EUR
20 – 60	61 – 65	43,75	– 7,2	65	1.388,11 EUR
20 – 60	61 – 67	45,25	0	67	1.547,10 EUR
20 – 60	61 – 69	46,75	+ 12,0	69	1.790,19 EUR

* Abschlag/Zuschlag

Hinweis:

Die Rentenhöhen zwischen Tabelle 2 und 3 können nur für einen Durchschnittsverdiener verglichen werden. Beispiel: Der Wechsel in Teilzeitarbeit ab 60 Jahren kostet bei einem Rentenbeginn mit 67 Jahren 59,83 Euro Monatsrente (1.606,93 Euro – 1.547,10 Euro).

Tipp: Die hier angesetzten 75 Prozent können auch als grober Richtwert für die Entgelte von Vorruhestandsmodellen angenommen werden.

Tabelle 4: Riester-Rente	
Grundzulage	175 EUR p. a. (bis 2017: 154 EUR)
Kinderzulage	300 EUR p. a. (185 EUR p. a., wenn Kind vor 2008 geboren)
Einsteigerbonus	200 EUR (einmalig bis zum 25. Lebensjahr)

Tabelle 4: Riester-Rente	
Zusätzlich	Günstigerprüfung (§ 10a EStG – ggf. Steuervorteil)

Tabelle 5: Förderquoten Riester-Rente (ohne Steuervorteile, da diese individuell berechnet werden)

Einkommen	Kinderanzahl (ab 2008 geboren)	Eigenbeitrag	Zulagen	Förderquote
18.000 EUR	0	545 EUR	175 EUR	24,31 %
40.000 EUR	0	1.425 EUR	175 EUR	10,94 %
18.000 EUR	1	245 EUR	475 EUR	65,97 %
40.000 EUR	1	1.125 EUR	475 EUR	29,69 %
18.000 EUR	2	60 EUR	775 EUR	92,81 %
40.000 EUR	2	825 EUR	775 EUR	48,44 %
18.000 EUR	3	60 EUR	1.075 EUR	94,71 %
40.000 EUR	3	525 EUR	1.075 EUR	67,19 %

Tipp: Nutzen Sie den kostenlosen „Riester"-Förderrechner unter: www.ihre-vorsorge.de – Höchstförderung: 2.100 Euro p. a.

Tabelle 6: Werte für die Bruttoentgeltumwandlung (Betriebliche Altersversorgung)

2019	3.216 EUR
2020	3.312 EUR
2021	3.408 EUR

Bei der Bruttoentgeltumwandlung zahlt der Vorsorgesparer über den Betrieb einen Teil seines Bruttogehalts in einen Altersvorsorgevertrag ein. Der Staat fördert dies durch die Ersparnis von Steuern und Sozialversicherungsbeiträgen. Letzteres bedeutet jedoch geringere Sozialleistungen (Rente, Krankengeld, Arbeitslosengeld; vgl. Tabelle 7). Seit dem 01.01.2018 ist ein weiterer Betrag in der o.a. Höhe steuerfrei umwandelbar (bis 31.12.2017: 1.800 Euro). Neue Verträge ab 2019 muss der Arbeitgeber mit gesparten Sozialabgaben (pauschal 15 Prozent) bezuschussen – Altverträge ab 2022. Betriebsrenten nach dem neuen Sozialpartnermodell (BRSG) ab 2018 immer.

Auszahlungen im Alter müssen versteuert werden, bei in der Regel niedrigerem Steuersatz – ebenso fallen bei gesetzlich Krankenversicherten die vollen Krankenkassenbeiträge an.

Tabelle 7: Rentenverluste (Gesetzliche Rentenversicherung) durch Entgeltumwandlung 2021

Jährlicher Umwandlungsbetrag	Anzahl der Jahre	Rentenverlust monatlich*
1.200 EUR	10	9,88 EUR
2.400 EUR	10	19,75 EUR
3.408 EUR	10	28,04 EUR
1.200 EUR	25	24,69 EUR
2.400 EUR	25	49,38 EUR
3.408 EUR	25	70,12 EUR
1.200 EUR	40	39,51 EUR
2.400 EUR	40	79,01 EUR
3.408 EUR	40	112,20 EUR

* auf Basis der Werte von Januar 2021 (ohne Dynamisierung)

Die Versorgungslücke (Invalidität, Alter, Pflegebedürftigkeit und Tod)

Dieser Abschnitt dient als kleine Hilfestellung, um den jeweiligen Vorsorgebedarf für sich individuell zu ermitteln. Die Versorgungslücke „Alter" kann naturgemäß in jungen Jahren nur vage abgeschätzt werden und muss daher regelmäßig neu berechnet werden.

Hinweis:

Für eine monatliche Nettorente von 100 Euro benötigen Sie heute ein Kapital von ca. 28.950 Euro (nach Steuern/Krankenkasse). Um die Ecke denken: Vielleicht lassen sich 100 Euro auf der Ausgabenseite einsparen!

Schritt 1: Versorgungsbedarf je Versorgungsfall ermitteln (Ausgabenseite)

Relevanz/Dringlichkeit	Konkreter Bedarf	Monatsbedarf
Rechtliche sowie vertragliche Verpflichtungen	■ Verträge (z. B. Versicherungen) ■ Schuldentilgung (z. B. Kredit) ■ Unterhaltszahlungen ■ Altersvorsorge	
Lebensunterhalt und Arbeit	■ Wohnen (mit Nebenkosten) ■ Lebensunterhalt allgemein ■ Reparaturen ■ Mobilität (Auto/ÖPNV) ■ Gesundheit/Körperpflege ■ Bildung ■ Kommunikation ■ Mehrbedarf (Alter/Invalidität)	
Lebensqualität +	■ Lebensstandard plus ■ Urlaub ■ Freizeit und Kultur ■ Hobby ■ Individuelle Ausgaben	
Summe	**Zuschlag von 10 bis 15 %**	

Schritt 2: Aktuelle Einkommens-/Lebenssituation

Einkommensquelle	Einkommensart	Monats-betrag (netto)
Arbeit	■ Gehalt/Lohn/Prämien ■ Selbstständigkeit ■ Nebentätigkeit	
Sozialversicherung/Staat	■ Renten ■ Beihilfen ■ Wohngeld ■ Fürsorgeleistungen (z. B. ALG II)	
Vermögen/Privat	■ Mieten ■ Zinsen und Dividenden ■ Sonstiges	
Einmal /Sondereinnahmen		
Sonstiges		
Einnahmen Partner/Dritte Personen		
Summe		

Schritt 3: Einkommens-/Lebenssituation im jeweiligen Versorgungsfall (z. B. Alter)

Einkommensquelle	Einkommensart	Monats-betrag (netto)
Arbeit	■ Betriebsrente(n) ■ Nebentätigkeit ■ Weiterarbeit bis ...	
Sozialversicherung/Staat	■ Renten u. a. ■ Beihilfen ■ Wohngeld ■ Fürsorgeleistung	

Einkommensquelle	Einkommensart	Monatsbetrag (netto)
Vermögen/Privat	■ Mieten ■ Zinsen ■ Privatrenten ■ Riester-/Rürup-Rente ■ Sonstiges	
Einmal-/Sondereinnahmen	In Monatsbeträge umrechnen – Faustformel: dividiert durch 300	
Sonstiges		
Einnahmen Partner/Dritte		
Summe		

Schritt 4:

Summe der Einnahmen im jeweiligen Versorgungsfall minus jeweiliger Versorgungsbedarf = positiv (keine Versorgungslücke) = negativ (Versorgungslücke)

Schritt 5: Maßnahmen, sofern je Versorgungsfall die dann ermittelten Einnahmen den jeweiligen Bedarf unterschreiten

Versorgungsfall	Versorgungsziel	Notwendige Maßnahme
Erwerbsminderung	■ Schuldentilgung ■ Unterhalt sichern	Abschluss einer Berufsunfähigkeitsversicherung
Arbeitslosigkeit	Lebensstandard halten	Bildung von Rücklagen
Tod	■ Schuldentilgung ■ Unterhalt der Familie sichern ■ Ausbildung der Kinder sichern	Risikolebensversicherung
Vorruhestand	Leben für X Monate von Kapital	Kapitalbildung durch Sparplan-Abschluss

Versorgungsfall	Versorgungsziel	Notwendige Maßnahme
Altersrentner	Zusatzrente	Abschluss einer Rentenversicherung; Bildung von Sparguthaben zwecks Verrentung
Aktiv im Alter	Zusatzeinkommen (befristet)	Bildung von frei verzehrbarem Kapital
Pflegefall	Gute Pflege	Abschluss einer geeigneten Zusatzpolice

Hinweis:

Je Versorgungsfall werden Einkünfte und Bedarfe unterschiedlich sein. Deshalb ist eine Mehrfachanalyse erforderlich! Berücksichtigen Sie auch Mehrbedarfe (z. B. Haushaltshilfe) und Einsparpotenziale.

100 Euro Monatsrente

Folgende Richtwerte sollen Ihnen helfen, den monatlichen Sparaufwand besser einzuschätzen.

Annahme: Für 100 Euro Monatsrente (brutto) benötigen Sie heute in der gesetzlichen Rentenversicherung ca. 22.600 Euro. Bei einem gleichbleibenden Beitragssatz von 18,6 Prozent und einer angenommenen Inflation von 1,5 Prozent erhöht sich dieser Zielwert entsprechend (Rentenbeginn mit 67 Jahren).

Nachfolgende Tabelle gibt Ihnen Richtwerte für den monatlichen Sparaufwand bei bestimmten Verzinsungssätzen.

Sparbeginn ab	Zielwert (gerundet)	Sparrate bei 1,5 %	Sparrate bei 5,0 %	Sparrate bei 8,2 %
17. Lebensjahr	47.000 EUR	53 EUR	18 EUR	6 EUR
25. Lebensjahr	42.000 EUR	60 EUR	25 EUR	10 EUR
35. Lebensjahr	36.000 EUR	74 EUR	39 EUR	20 EUR
45. Lebensjahr	31.000 EUR	100 EUR	65 EUR	43 EUR
55. Lebensjahr	27.000 EUR	172 EUR	138 EUR	111 EUR
67. Lebensjahr	23.000 EUR	–	–	–

Hinweis:

Sie können gerne mit individuellen Werten rechnen, zum Beispiel mit den Vermögensrechnern unter: www.ihre-vorsorge.de

Checkliste Flexirente

Die Flexirente ist keine eigene Rentenart, sondern vielmehr die umgangssprachliche Bezeichnung für die aktuellen Hinzuverdienstregeln. Eine Beratung durch im Renten- und Steuerrecht sachkundige Personen ist unbedingt angeraten. Ebenso sind arbeits- und betriebsrentenrechtliche Regelungen zu beachten! Diese Checkliste dient zur Vorbereitung auf das Gespräch mit Rentenversicherung, Rentenberater, Steuerberater und Arbeitgeber usw.

Hinweis:

Hausintern existieren bei der Deutschen Rentenversicherung hunderte von Auslegungsfragen zur Flexirente. Möglicherweise wird der ein oder andere Sachverhalt zukünftig neu beurteilt bzw. durch Rechtsprechung neu entschieden werden.

Folgende Punkte sind zu klären:

- Mein (frühester) Rentenbeginn **ohne** Abschlag: ___.___.______
- Mein (frühester) Rentenbeginn **mit** Abschlag: ___.___.______
- Regelaltersgrenze erreicht am: ___.___.______ (siehe Renteninformation)
- Wunschrentenbeginn: ___.___.______
- Arbeit über die Regelaltersgrenze hinaus denkbar? → Rentenzuschläge (6 % p. a. plus weitere Beiträge)
- Meine Krankenversicherung im Rentenbezug (Status/Beitrag)
- Meine Besteuerung der Rente(n)/weiterer Leistungen im Alter → Nettoeinkommen → ggf. Steuerberater aufsuchen
- Mögliche Einkommensanrechnungen (z. B. bei einer Hinterbliebenenrente) oder Anrechnung einer Unfallrente?
- Ist ein Minijob (450 Euro/Monat) angedacht?

- Ist eine darüber hinausgehende (realistische) Beschäftigung/Selbstständigkeit angedacht? Umfang? Verdienst? Verhältnismäßigkeit?
- Falls ja: Prüfung des Hinzuverdienstdeckels. Erläuterung Prognose und Spitzabrechnung durch den Berater.
- Bedürftigkeits-Check: Grundsicherung/Sozialhilfe kurz- oder langfristig denkbar oder vermeidbar? Freibeträge genutzt?
- Weitere Beiträge ab Rentenbeginn (Umfang/Höhe/Zeitraum)?
  - Pflichtbeiträge aus Beschäftigung?
  - Beiträge aus Minijob?
  - Beiträge durch Pflegetätigkeit?
  - Pflichtbeiträge als Selbstständiger (auch über Künstlersozialkasse = günstiger!)?
  - Freiwillige Beiträge?
  - Ausgleichszahlung der Rentenminderung (§ 187a SGB VI)?

  Hinweis: Vorsorgeaufwendungen sind steuerlich absetzbar! Arbeitgeberbeteiligung (ggf. mit Steuervorteilen) klären (Hinweis: § 3 Nr. 28 und § 24 Nr. 1 EStG).
- Ist ein Verzicht auf Versicherungsfreiheit ab Regelaltersgrenze (Aktivierung der Arbeitgeber-Anteile) sinnvoll? Frage an Berater: Weitere Einzahlung rechnet sich nach ca. _____ Jahren.
- Zahlung der Regelaltersrente zu 99 Prozent sinnvoll? Grund: Weitere Beitragszahlungen durch Pflegetätigkeit wirken langfristig rentenerhöhend. Ebenso können weiter freiwillige Einzahlungen erfolgen!
- Zahlung eventueller Rentenzuschläge ab wann?
- Zahlbarkeit einer möglichen Betriebsrente trotz Teilrente (Höhe/Zeitpunkt)?
- Einbeziehung weiterer Leistungen ab Rentenbeginn (Riester/Privatrente etc.)?
- Besonderheiten (z. B. Arbeitsrecht/Auswirkungen auf Dritte)?
- Strategie Rentenbeginn/Planung → Antragstellung (Fristen)

  Hinweis: Der Hinzuverdienst wird neuerdings als Jahreswert betrachtet → ggf. können „alte" Beschäftigung und ein Rentenbezug sich so einige Monate rentenunschädlich überschneiden, da im Kalenderjahr 6.300 Euro rentenunschädlich sind!

Beispiel: Verdienst 2.000 Euro/Monat – Wunschrentenbeginn 01.01.2021 – möglicher (frühester) Rentenbeginn 01.10.2020.

Lösung: Vorverlegen des Rentenbeginns auf den 01.10.2020! Im Jahr 2020 wird die Hinzuverdienstgrenze von 6.300 Euro eingehalten (3 x 2.000 Euro = 6.000 Euro). Es handelt sich somit um einen reinen „Mitnahmeeffekt, der früher so nicht denkbar war!

Deshalb: Prüfen Sie (immer – auch bei weiterer Beschäftigung) ab dem **frühest**möglichen Rentenbeginn in Monatsschritten das Zusammentreffen von Einkommen und (ggf. gekürzter) Rente. Evtl. sind in der Jahressumme auch Teilrentenbeträge günstiger als die möglichen Vollrentenbeträge.

Und: Eine vollständig weggefallene Rente kann immer wieder neu beantragt werden:

Beispiel: Fritz Meyer, geboren am 15.06.1957, verdient 7.000 Euro monatlich. 45 Beitragsjahre vorhanden. Höchste Entgeltpunkte (letzte 15 Jahre): 2,05 – Rentenhöhe 1.800 Euro. Herr Meyer möchte wie bisher bis zum Erreichen der Regelaltersgrenze im Mai 2023 durcharbeiten.

- Regelaltersrente möglich ab: 01.06.2023
- Abschlagsbehaftete Altersrente ab 01.07.2020 denkbar – jedoch nicht gewünscht
- Abschlagsfreie (!) Altersrente an besonders langjährig Versicherte als Voll-/Teilrente wie folgt möglich (ab 01.05.2021):

Rentenbeginn	Jährlicher Hinzuverdienst in EUR	Rentenhöhe mtl. in EUR	Jahressumme der Rente in EUR	Bemerkungen
01.05.2021	56.000,00	1.468,67	11.749,33	
01.06.2021	49.000,00	1.702,00	11.914,00	Maximaler Wert 2021
01.07.2021	42.000,00	1.800,00	10.800,00	Keine Kürzung
01.08.2021	35.000,00	1.800,00	9.000,00	Keine Kürzung

Renten-beginn	Jährlicher Hinzuver-dienst in EUR	Ren-ten-höhe mtl. in EUR	Jah-res-sum-me der Rente in EUR	Bemerkungen
01.09.2021	28.000,00	1.800,00	7.200,00	Keine Kürzung
01.10.2021	21.000,00	1.800,00	5.400,00	Keine Kürzung
01.11.2021	14.000,00	1.800,00	3.600,00	Keine Kürzung
01.12.2021	7.000,00	1.800,00	1.800,00	Keine Kürzung

Wichtig: 2022/2023 muss völlig neu gerechnet werden. Annahme: Hinzuverdienstgrenze wieder 6.300 Euro p. a.

Renten-beginn*	Jährlicher Hinzuver-dienst in EUR	Ren-ten-höhe mtl. in EUR	Jah-res-sum-me der Rente in EUR	Bemerkungen
01.01.**2022**	84.000,00	0	0	bzw. Wegfall
01.02.2022	77.000,00	0	0	
01.03.2022	70.000,00	0	0	
01.04.2022	63.000,00	0	0	
01.05.2022	56.000,00	143,33	1.146,64	Neuantrag!
01.06.2022	49.000,00	376,67	2.636,69	
01.07.2022	42.000,00	610,00	3.660,00	
01.08.2022	35.000,00	843,33	4.216,65	
01.09.2022	28.000,00	1.076,67	4.306,68	Maximaler Wert 2022
01.10.2022	21.000,00	1.310,00	3.930,00	
01.11.2022	14.000,00	1.543,33	3.086,66	
01.12.2022	7.000,00	1.776,67	1.776,67	Für 2023 neue Prog-nose abgeben!
01.01.**2023**	35.000,00**	843,33	16.816,65	Ab Regelalter 06/2023 volle Rente
01.02.2023	28.000,00	1.076,67	16.906,68	Maximaler Wert 2023
01.03.2023	21.000,00	1.310,00	16.530,00	

11

Renten-beginn*	Jährlicher Hinzuver-dienst in EUR	Ren-ten-höhe mtl. in EUR	Jah-res-sum-me der Rente in EUR	Bemerkungen
01.04.2023	14.000,00	1.543,33	15.686,66	
01.05.2023	7.000,00	1.776,67	14.376,67	
01.06.2023	egal	1.800,00	12.600,00	

* Neurentner als auch Weiterzahlungen von Bestandsrentnern wie im Beispiel Fritz Meyer.

**Es ist nur der Hinzuverdienst bis zum Monat des Erreichens des Regelalters zu berücksichtigen.

Wichtiger Hinweis: Auch im Jahr 2021 gilt (Corona bedingt) eine erhöhte Hinzuverdienstgrenze von 46.060 Euro (2020: 44.590 Euro) anstelle von 6.300 Euro p. a. Dadurch sind im Jahr 2021 deutlich höhere Rentenzahlbeträge möglich als voraussichtlich 2022, wenn wieder die bisherige Grenze von 6.300 Euro angesetzt wird!

Fazit: Herr Meyer kann trotz Weiterarbeit (!) wie bisher über 32.000 Euro (Brutto) an Rentenleistungen (ohne Abschlag) bis zum 31.05.2023 einstreichen. Nebenbei sichert er sich einen höheren steuerlichen Freibetrag durch den früheren Renteneintritt. Allerdings freut sich das Finanzamt auf die nachzuzahlenden Steuern aus der Rente …

Stichwortverzeichnis